北京志愿服务发展研究会支持指导

社区志愿服务创新与发展

——北京市回天地区志愿服务调查报告

党秀云　曹仕涛　等著

中国国际广播出版社

图书在版编目（CIP）数据

社区志愿服务创新与发展：北京市回天地区志愿服务调查报告 / 党秀云等著.
北京：中国国际广播出版社，2022.3
ISBN 978-7-5078-4941-7

Ⅰ.①社… Ⅱ.①党… Ⅲ.①社区管理－志愿－社会服务－调查报告－昌平区 Ⅳ.①D669.3

中国版本图书馆CIP数据核字（2021）第126918号

社区志愿服务创新与发展——北京市回天地区志愿服务调查报告

著　　者	党秀云　曹仕涛　等
策划编辑	李　卉
责任编辑	林钰鑫
校　　对	张　娜
设　　计	国广设计室
出版发行	中国国际广播出版社有限公司［010-89508207（传真）］
社　　址	北京市丰台区榴乡路88号石榴中心2号楼1701 邮编：100079
印　　刷	天津市新科印刷有限公司
开　　本	640×940　1/16
字　　数	280千字
印　　张	25
版　　次	2022年3月　北京第一版
印　　次	2022年3月　第一次印刷
定　　价	68.00元

版权所有　盗版必究

目　录

绪　论 / 001

　　一、社区志愿服务 / 002

　　　　（一）志愿服务 / 002

　　　　（二）社区志愿服务 / 003

　　　　（三）社区志愿服务的特点 / 005

　　二、我国社区志愿服务的发展 / 007

　　　　（一）发展的背景 / 007

　　　　（二）发展的历程 / 009

　　　　（三）发展的成就 / 013

　　三、社区志愿服务在社区治理中的作用 / 016

　　　　（一）参与社区建设与治理 / 017

　　　　（二）满足社区服务需求 / 018

　　　　（三）维护社区公共价值 / 019

　　　　（四）推动社区和谐发展 / 020

　　　　（五）提高社区自治能力 / 021

第一章 社区志愿服务需求与供给 / 022

一、回天地区志愿服务供给 / 023
（一）供给类型 / 023
（二）供给规模 / 027
（三）供给成效 / 028

二、回天地区志愿服务需求 / 032
（一）秩序安全需求 / 034
（二）环境保护需求 / 034
（三）生活服务需求 / 035
（四）特殊群体服务需求 / 036
（五）卫生健康需求 / 037
（六）文体娱乐需求 / 037

三、回天地区志愿服务需求与供给中存在的主要问题 / 038
（一）供给项目较少 / 038
（二）供给频率较低 / 039
（三）供给形式单一 / 040
（四）供需关系失衡 / 043

四、促进社区志愿服务供需有效对接的对策建议 / 047
（一）整合社区志愿服务供给资源 / 047
（二）提升社区志愿服务专业化水平 / 050
（三）拓宽社区志愿服务供给渠道 / 051
（四）优化社区志愿服务供需结构 / 055

第二章 社区志愿服务组织建设与发展 / 057

一、回天地区志愿服务组织建设与发展现状 / 057
（一）志愿服务组织建设与发展的特点 / 057

(二）志愿服务组织建设与发展的环境 / 061

(三）志愿服务组织建设与发展的成效 / 066

二、回天地区志愿服务组织建设与发展中存在的主要问题 / 070

(一）组织价值目标存在偏差 / 072

(二）能力提升机制有待完善 / 073

(三）外部支持力量亟须加强 / 079

三、促进社区志愿服务组织建设与发展的对策建议 / 082

(一）提升社区志愿服务组织的价值圈 / 082

(二）增强社区志愿服务组织的能力圈 / 085

(三）扩大社区志愿服务组织的支持圈 / 088

第三章　社区志愿服务队伍建设与管理 / 093

一、回天地区志愿者的招募与注册 / 093

(一）志愿者招募 / 093

(二）志愿者注册 / 098

二、回天地区志愿者的培训与日常管理 / 102

(一）志愿者的培训 / 102

(二）志愿者日常管理 / 107

三、回天地区志愿服务队伍建设的成就与经验 / 113

(一）回天地区志愿服务队伍建设的成就 / 113

(二）昌平快乐自由行志愿服务队建设的经验 / 116

四、回天地区志愿服务队伍建设中存在的主要问题 / 120

(一）志愿服务队伍人员结构性失衡 / 120

(二）志愿服务队伍专业化培训欠缺 / 123

(三)志愿服务队伍稳定性存在不足 / 125

(四)志愿服务队伍管理体系不完善 / 130

五、促进社区志愿服务队伍建设与管理的对策建议 / 133

(一)优化志愿服务队伍人员结构 / 133

(二)加强志愿服务队伍专业培训 / 134

(三)重视志愿服务队伍发展质量 / 135

(四)完善志愿服务队伍管理体系 / 136

第四章 社区志愿服务活动开展与管理 / 138

一、回天地区志愿服务活动开展与管理现状 / 138

(一)社区志愿服务活动的类型 / 139

(二)社区志愿服务活动的特点 / 142

(三)社区志愿服务活动开展与管理体系 / 144

二、回天地区志愿服务活动开展与管理的成功案例 / 146

(一)案例概述 / 146

(二)案例评述 / 148

三、回天地区社区志愿服务活动开展与管理存在的问题 / 149

(一)整体规划有所欠缺 / 150

(二)专业能力存在不足 / 150

(三)管理体制机制不甚健全 / 152

(四)管理模式不够成熟 / 155

四、促进社区志愿服务活动开展与管理的对策建议 / 159

(一)提升整体规划水平 / 159

(二)提高专业管理能力 / 160

（三）完善管理体制机制 / 163
　　（四）深化志愿服务活动项目运作 / 166

第五章　社区志愿服务活动中的居民参与 / 170

一、回天地区志愿服务参与现状 / 170
　　（一）参与人员构成 / 170
　　（二）参与服务情况 / 174
　　（三）回天地区志愿服务典型案例 / 178

二、回天地区居民参与社区志愿服务存在的主要问题 / 182
　　（一）居民参与的意愿不强 / 182
　　（二）居民参与的能力不足 / 186
　　（三）居民参与的形式老旧 / 188
　　（四）居民参与的渠道不畅 / 191

三、回天地区居民参与社区志愿服务的制约因素 / 194
　　（一）外部制约因素 / 194
　　（二）内部制约因素 / 203

四、促进居民参与社区志愿服务的对策建议 / 205
　　（一）提高居民参与意愿 / 205
　　（二）提升居民参与能力 / 210
　　（三）创新居民参与方式 / 212
　　（四）畅通居民参与渠道 / 216

第六章　社区志愿服务激励机制创新 / 221

一、回天地区志愿服务激励的相关举措 / 221
　　（一）制度激励 / 221

（二）物质激励 / 222

（三）精神激励 / 222

二、回天地区志愿服务激励的成功案例 / 223

（一）案例概述 / 223

（二）经验总结 / 226

三、回天地区志愿服务激励机制存在的主要问题 / 229

（一）激励形式不全面 / 229

（二）激励定位不准确 / 231

（三）激励过程不完整 / 233

（四）激励认识不到位 / 234

（五）激励体系不完备 / 235

四、健全社区志愿服务激励机制的对策建议 / 236

（一）强化政府激励 / 236

（二）加强社会激励 / 240

（三）创新内部激励 / 244

（四）完善自我激励 / 246

第七章 社区志愿服务参与社区治理的模式创新 / 249

一、社区志愿服务参与社区治理的主要模式 / 249

（一）政府推动参与模式 / 249

（二）邻里守望参与模式 / 250

（三）"三社联动"参与模式 / 251

二、回天地区志愿服务参与社区治理的模式创新 / 252

（一）组织参与模式创新 / 253

（二）居民参与模式创新 / 254

　　（三）项目参与模式创新 / 255

　　（四）队伍参与模式创新 / 257

三、回天地区志愿服务参与社区治理的成效 / 258

　　（一）参与队伍逐渐壮大 / 258

　　（二）参与活动日趋丰富 / 259

　　（三）参与能力不断提升 / 259

　　（四）参与态度更加积极 / 260

四、回天地区志愿服务参与社区治理模式创新存在的问题 / 260

　　（一）参与体制不健全 / 261

　　（二）参与力量薄弱 / 264

　　（三）多元主体参与不足 / 269

五、促进社区志愿服务参与社区治理模式创新的对策建议 / 270

　　（一）建立健全参与制度 / 271

　　（二）强化参与主体力量 / 273

　　（三）推动多元主体参与 / 276

第八章　社区志愿服务项目化运营与管理 / 279

一、回天地区社区志愿服务项目化运营与管理现状 / 279

　　（一）项目化运营与管理的类型 / 279

　　（二）项目化运营与管理的模式 / 280

　　（三）项目化运营与管理的成效 / 282

二、回天地区志愿服务项目化运营与管理的成功案例 / 283

　　（一）案例概述 / 284

（二）案例分析 / 286

三、回天地区志愿服务项目化运营与管理存在的问题 / 296
（一）项目开发专业性不足 / 297
（二）项目规划战略性不强 / 298
（三）项目执行效率不高 / 300
（四）项目评估机制僵化、不灵活 / 303
（五）项目成果转化率不高 / 304

四、国内社区志愿服务项目化运营与管理经验借鉴 / 306
（一）国内经验 / 306
（二）国内经验启示 / 307

五、促进社区志愿服务项目化运营与管理的对策建议 / 309
（一）构建合作式项目化管理模式 / 309
（二）提升志愿服务项目规划与开发专业度 / 311
（三）推进志愿服务项目执行管理机制建设 / 314
（四）深化志愿服务项目评估与结果管理 / 317

第九章　社区志愿服务"互联网⁺"平台建设与运行 / 320

一、回天地区志愿服务"互联网⁺"平台建设与运行现状 / 320
（一）平台总览 / 320
（二）平台类型 / 321
（三）平台特点 / 324

二、回天地区志愿服务"互联网⁺"平台建设与运行成效 / 326
（一）覆盖面扩大 / 326
（二）便捷性提高 / 327

（三）关注度提升 / 327

三、回天地区志愿服务"互联网⁺"平台建设与运行中的问题 / 329

（一）社区自建平台困难 / 329

（二）平台功能不完善 / 331

（三）平台兼容度不高 / 334

（四）平台活跃度较低 / 336

四、促进社区志愿服务"互联网⁺"平台建设与运行的建议 / 338

（一）完善平台建设架构 / 338

（二）优化平台功能设计 / 340

（三）提升平台兼容程度 / 343

（四）强化平台宣传推广 / 344

第十章 社区志愿服务体系创新与能力提升 / 346

一、新时代社区志愿服务创新与能力提升面临的机遇与挑战 / 346

（一）志愿服务面临的机遇 / 346

（二）志愿服务面临的挑战 / 348

二、社区志愿服务创新与能力提升的未来趋势 / 351

（一）社区志愿服务多样化 / 351

（二）社区志愿服务专业化 / 353

（三）社区志愿服务品牌化 / 353

（四）社区志愿服务精准化 / 354

（五）社区志愿服务特色化 / 355

（六）社区志愿服务法治化 / 355

（七）社区志愿服务国际化 / 356

（八）社区志愿服务网络化 / 357

（九）社区志愿服务共治化 / 358

（十）社区志愿服务智慧化 / 359

三、促进社区志愿服务创新与能力提升的对策建议 / 360

（一）构建"一核五层"体系 / 360

（二）遵循"二维四端"路径 / 363

（三）优化创新与能力提升机制 / 368

后　记 / 383

绪　论

近年来，随着改革开放快速发展，以及市场化、工业化和城市化的加快发展，志愿服务已经成为社会生活的重要组成部分。越来越多的志愿服务进入社区，满足了人民对提高社区服务质量、完善社区建设、创新社区治理等美好生活的需要。

2019年1月17日，习近平总书记在天津和平区新兴街朝阳里社区调研时强调，志愿服务是社会文明进步的重要标志，是广大志愿者奉献爱心的重要渠道。① 作为促进社区文化与社区进步的重要载体与工具，社区志愿服务具有激发社区活力、满足社区多样化服务需求、营造和谐社区氛围和推动民主社会发展的重要功能，是创新社区治理不可分割的重要组成部分。如何通过社区志

---

① 新华社.习近平为志愿者点赞：你们所做的事业会载入史册［EB/OL］.（2019-01-18）［2021-08-08］.http://www.gov.cn/xinwen/2019-01/18/content_5359059.htm.

愿服务制度化、常态化的建设，有效推动基层社会治理创新，理应引起理论界和实务界的高度重视。

一、社区志愿服务

（一）志愿服务

志愿服务是人类社会文明演进过程中出现的社会生活方式，是人类在社会发展过程中自发产生的利他行为活动。关于现代志愿服务的缘起，英国著名学者迈克尔·郝德森认为，志愿服务可以追溯到古罗马时期或更早的宗教性慈善服务。人们一般认为，现代意义上的志愿服务起源于19世纪初西方的宗教性慈善服务。《志愿行动——中国社会的探索与践行》一书指出："由于受基督教博爱思想以及人道主义价值观的影响，慈善服务催生了欧洲大陆和美国的志愿服务。"[1]关于志愿服务的含义，联合国教科文组织认为："志愿服务是一种利他行为，是指人们在正式（非私人）场合中，在一段时期内自愿、无偿地贡献自己的时间和专业技术。"我国的《志愿服务条例》指出，志愿服务是志愿者、志愿服务组织和其他组织自愿无偿向社会或者他人提供的公益服务。具体而言，志愿服务是公民个人基于道义、信念、良知、爱心和责任，利用自己的时间、技能、资源、善心为他人、社区和社会提供的一种公益性服务。[2]

---

[1] 沈杰.志愿行动——中国社会的探索与践行[M].北京：人民出版社，2009：9.
[2] 党秀云.论志愿服务的常态化与可持续发展[J].中国行政管理，2011（03）：50-54.

作为一种人类文明的生活方式，志愿服务具有自愿性、无偿性、公益性和组织性的基本特征。自愿性是指志愿者参与志愿服务出于本人意愿，而非外力强迫。无偿性是指志愿者参与志愿服务不以获取报酬或营利为目的。公益性是指志愿服务符合公共服务精神，充满人性光辉与道德关怀。组织性是指志愿服务具有群体认同和专业化取向，但并不排斥"非正式志愿服务"，志愿服务组织也为"非正式志愿服务"搭建资源整合的专业运作平台。

根据不同的分类标准，可以将志愿服务划分为不同的类型。从服务内容来看，志愿服务可以分为社会福利类、文化娱乐类、医疗卫生类、环保类、治安类、救援类、权益类等；从服务的组织程度来看，志愿服务可以分为有组织的志愿服务和无组织的志愿服务；从服务的专业程度来看，志愿服务可以分为专业性的志愿服务和一般性的志愿服务；从服务的范围和规模来看，志愿服务可以分为大型活动的志愿服务、特殊人群的志愿服务、社区志愿服务等。无论什么类型的志愿服务，核心要素都应该符合志愿服务的定义和基本特征。

（二）社区志愿服务

社区志愿服务是志愿服务的重要内容，也是社区服务的重要组成部分。其中，社区是指若干社会群体或社会组织聚集在某一个领域里所形成的生活上相互关联的大集体，这个集体当中的人会发生各种关系，推进区域里的人和整个区域的共同发展。[①]我

---

① 陆士桢，马彬.志愿服务与基层社会治理[J].社会治理，2018(11)：38-44.

们可以理解为：在社区，居民和各类社区组织，通过多元参与和居民互助，以满足社区服务需求推动社区整体的发展。关于社区服务，夏建中在《从社区服务到社区建设、再到社区治理》中提出："社区服务包括特殊服务和一般服务，也就是为特殊对象提供的服务和为一般居民提供的服务。特殊服务是面向各类弱势群体和优抚对象的福利服务，包括老年人、残疾人、贫困者、优抚对象等。这是社区服务最基本的内容和任务，集中体现了社区服务的福利性本质。一般服务是面向普通居民群众的便民利民的日常生活服务。"[1]随着我国社会转型的深入，在社区服务领域，国家、市场和社会这三大行动主体逐渐形成相互协调、形成合力的态势，志愿服务已经成为社区服务的重要组成部分。

民政部等部委联合共青团中央下发的《关于进一步做好新形势下社区志愿服务工作的意见》（民发〔2005〕159号）指出："社区志愿服务是社会组织和个人自愿用自身的时间、技能等资源，在社区为居民和社区慈善事业、公益事业提供帮助或服务的行为。"可以说，社区志愿服务就是志愿者、志愿服务组织和其他组织为解决社区问题，促进社区和谐发展，自愿利用自己的时间、知识、技能等，无偿为社区居民或社区建设提供帮助或服务的过程。经过40多年的政府推动与自主发展，社区志愿服务在参与人数、组织规模、服务领域等方面均获得了长足发展，产生了良好的社会效益，成为新时代社区治理中的一支重要力量，尤其

---

[1] 夏建中.从社区服务到社区建设、再到社区治理——我国社区发展的三个阶段[J].甘肃社会科学，2019(06)：24-32.

在完善社区管理和服务方面扮演着越来越重要的角色。

（三）社区志愿服务的特点

社区志愿服务作为志愿服务的重要组成部分，除具有志愿服务的自愿性、无偿性、公益性、组织性等基本特征外，还有自身的特点。

1. 群众性

社区志愿服务起源于群众并服务于群众。社区志愿服务不仅拥有广泛的群众基础，还成为群众生活的新常态、新风尚，是充满活力与影响力的群众性活动。首先，社区志愿服务是社区与群众联系的一种重要形式，是为共同利益而发生的群体行为和活动方式，也是群众之间相互支撑的具体体现。其次，社区志愿服务是一种非职业行为，普通民众和专业人员都可以参与进来，从而有助于拓展居民的人际交往领域，推动群众积极参与社区服务，成为群众参与社区治理的重要途径。最后，社区志愿服务是群众易于参与的社区服务形式，超越了时间、空间、职业、年龄等限制，呈现出鲜明的群众性特点。

2. 多元性

现代社区构成结构和居民需求的多元性和多样性，决定了社区志愿服务的供给主体、参与途径、参与形式和服务领域均呈现多元化的特点。首先，供给主体多元化。社区居委会、社团组织、企业、志愿团体等供给主体根据自身优势参与社区志愿服务，形成供给主体多元化的格局。其次，参与途径和参与形式多元化。志愿服务组织和社区民众可通过各种形式与途径参与社区志愿服务。最后，服务领域多元化。随着社区功能的变化与发展，社区志愿服务已经超越早期的邻里互助这一单一功能，已经广泛深入医疗保健、心理咨询、就业指导、治安保障、文体娱乐、法律援助等社区公共生活的方方面面。

3. 便捷性

社区志愿服务是以服务社区居民为目的，便捷性就成为社区志愿服务的必然要求。首先，社区志愿服务活动在场地、时间等要素的选择与安排方面，均以方便社区居民为主要考量，社区居民不仅能够便捷地参与志愿服务，也能够便捷地获得志愿服务。其次，社区志愿服务形式多样，不同社区的志愿服务主体可以按照自身特点，自由选择服务形式，使得活动开展更加灵活。最后，信息技术的发展，特别是互联网技术的飞速发展，极大地方便了社区居民发现社区志愿服务项目并参与其中，凸显了社区志愿服务的便捷性特点。

4. 互助性

互助性是社区志愿服务的重要特征，也是社区志愿服务的基本价值追求。社区作为基层社会生活开展的重要场域，是人际交往与互动的重要场所。社区志愿服务不是志愿者个体劳动的集合，而是众多志愿者的集体行动，包括社区居民在内的社区志愿者为社区居民或社区提供的集体服务。在中华民族邻里相伴与守望相助的传统文化基础上，社区开展志愿服务，能够营造出邻里互助友爱、融洽温馨的社区环境，增进社区居民之间的感情交流，促进和谐社区建设，而这正是社区志愿服务互助性特点的真实写照。

二、我国社区志愿服务的发展

我国社区志愿服务的发展离不开城市社区治理体系的发展。党的十九大报告指出："加强社区治理体系建设，推动社会治理重心向基层下移，发挥社会组织作用，实现政府治理和社会调节、居民自治良性互动。"[①] 这也是社区治理体系建设的基本原则和方向。伴随着单位制度的解体、人口持续向社区聚集、城市化带来的新问题和城市社区工作的重点转移，经过40多年的发展，社区志愿服务已经成为城市基层社会治理创新的重要载体，成为推动社区生活不断走向文明美好的重要力量。

（一）发展的背景

1. 单位制度的解体

单位制度的解体为中国城市社区服务的发展提供了必要条件和良好环境。"单位制度是中国半个多世纪以来的一种特有社会现象，是指城市大多数社会成员都被安排在一个个具体的单位

---

① 习近平.决胜全面建成小康社会 夺取新时代中国特色社会主义伟大胜利——在中国共产党第十九次全国代表大会上的报告[EB/OL].（2017-10-18）[2021-08-08]. http://www.gov.cn/zhuanti/2017-10/27/content_5234876.htm.

中，由单位给予他们社会行为的权利、身份和合法性，满足他们的各种需求，代表他们的利益，并控制他们的行为。"[1]为了顺应经济体制改革，"政企分离""事企分离""校企分离"等改革内容要求各类"单位"将其社会服务职能转移到社会中。社区作为社会的构成单位，同时也是"单位人"的生活工作载体，越来越多的"单位人"变成了"社区人"，社区从而成为承接社会服务职能的必然选择。

2. 人口持续向社区聚集

1992年，党的十四大确立了社会主义市场经济体制的改革目标，意味着我国城乡二元结构和体制加快松动，城市化进程也快速推进。与此同时，大量人口涌入社区，与社区的联系日益紧密。涌入社区的居民，不仅要求社区在生活质量上有所提高，而且希望社区在社会保障、社会福利、社会安全等方面提供更多支持，并逐渐把社区作为参与各种社会事务和实现社会价值的重要场所。

3. 城市化带来的新问题

随着我国城市化进程的加快，社区居民的需求日益多元化、复杂化，新的问题层出不穷。比较突出的问题有：①家庭功能弱化问题。1978年，国家开始推行计划生育政策。到20世纪90年代，家庭结构呈现规模小型化、结构核心化的变化，传统家庭遇到了诸如抚育子女、赡养老人等功能的弱化和外移的问题。②城

---

[1] 梁绿琦.中国社区志愿服务的发展历程[J].北京青年政治学院学报，2008，17(04)：5-13.

市人口老龄化问题。1990年人口普查数据与1982年人口普查数据相比,城市老年人口比重从7.4%上升到8.62%,这意味着老年人身体健康、日常照料、文化生活等问题对社区服务的依赖与日俱增。

4. 城市社区工作重点的转移

我国城市民政工作过去主要为部分特殊对象(如困难户、孤寡老人、残疾人和烈军属)提供经济保障和服务保障。[①]据夏建中介绍,1986年,我国经济体制改革的重点由农村向城市转移,民政部根据社会形势发展,提出了开展以社区弱势群体、优抚对象和普通居民为服务对象的城市社区服务的工作要求。同年,时任民政部部长崔乃夫提出了在城市开展社区服务工作的构想,这也成为社区服务正式启动的标志。1987年,"全国社区服务工作座谈会"在武汉召开,会议决定在全国部分城市进行社区服务试点工作,这标志着社区服务在国家层面得以正式倡导与发动。1989年,"全国城市社区服务工作会议"在杭州召开,进一步推动了社区服务工作和新理念在更大范围内开展。同年,《中华人民共和国居民委员会组织法》对相关"社区服务"进行了规定,"社区服务"的法制建设取得重要成果。

(二)发展的历程

在单位制度的解体、人口持续向社区聚集、城市化带来的新

---

① 梁绿琦.中国社区志愿服务的发展历程[J].北京青年政治学院学报,2008,17(04):5-13.

问题和城市社区工作的重点转移的大背景下,政府和市场越来越不能满足社区居民对社区服务的需求。此时,作为满足社区居民需求的社区志愿服务开始出现。"1988年年初,天津市和平区新兴街第一次开展了万户问卷调查,调查结果显示居民急需由社区提供的服务有九大类561项;与此同时,近2000名居民表示愿意参加社区服务,特别是朝阳里居委会的13名居民积极分子于1988年10月自发组织了社区服务小组,开展义务包户服务,成为开展社区志愿服务的新起点。"[1]社区志愿服务自1988年从天津起始,经过30多年的发展,其服务领域、服务项目、服务队伍等多方面都在不断扩大,志愿精神也得到了广泛传播。

第一阶段:社区志愿服务的起步和推广阶段(1988—2003)

1988年,天津市和平区新兴街道朝阳里居委会的13名社区居民自发成立了为民服务志愿者小组,其宗旨是"上为党和政府分忧,下为居民群众解愁",主要活动对象是孤寡老人、残疾人与特困户。1989年3月18日,新兴街道成立了全国首家社区志愿服务协会,拉开了我国城市社区志愿服务有组织进行活动的序幕。随后,社区志愿服务逐渐在全国范围内开展。1993年3月,共青团中央在全国青少年中发起了利用业余时间深入社区参与扶贫帮困、社会公益事业的青年志愿者行动。1994年4月,民政部和中国社会工作者协会联合印发《关于开展社区服务志愿者活动的通知》,社区志愿服务在全国得到推广。1994年12月5日,

---

① 夏建中.从参与社区服务到参与社区治理——论青年志愿者的工作转型[J].青年学报,2019(03):72-79.

中国青年志愿者协会成立，很快成为我国社区志愿服务的重要力量。"1995年，中国青年志愿者协会的'青年志愿者社区援助计划'开始实施，全国各地的大中专学生在寒暑假、周末或课余时间，深入社区开展慈善、文体、科普、环保、法律等形式的社区服务活动。同时，社区青年志愿者服务站也在全国各地逐步建立起来。"[1]2003年，青年志愿者组织广泛同街道、居委会共建文明社区，众多青年志愿者积极参与为社区困难居民排忧解难的"一助一"志愿服务活动。"一助一"长期结对服务使社区志愿服务向常态化发展。总之，自1988年以来，在党和政府的推动下，一方面，社区志愿服务在全国的影响逐渐扩大，越来越多的公众积极参与；另一方面，社区志愿服务不论活动规模，还是服务项目，都对社会产生了广泛影响。

第二阶段：社区志愿服务的巩固和全面发展阶段（2004—2011）

2004年6月，中国社会工作协会社区志愿者工作委员会在北京正式成立。《中国社会工作协会志愿者工作委员会章程》指出，该委员会的宗旨为："坚持以人为本的科学发展观，遵守宪法、法律、法规和国家政策，以弘扬志愿者精神为己任，积极推动社会志愿服务工作的组织化、制度化、规范化建设，广泛开展社会志愿服务活动，促进社会经济、政治、文化的可持续发展，推动社会主义和谐社会建设。"为了巩固和促进社区志愿服务的发展，

---

[1] 梁绿琦.中国社区志愿服务的发展历程[J].北京青年政治学院学报，2008，17(04): 5-13.

一系列政策相继出台。2005年10月27日，民政部等部委联合共青团中央下发《关于进一步做好新形势下社区志愿服务工作的意见》，明确了新形势下做好社区志愿服务工作的总体要求、基本原则、重点领域、运作机制等。2005年12月5日，中国社会工作协会社区志愿者工作委员会为了促进社区志愿服务组织更加规范、有序、健康地发展，全面推动社区志愿服务事业，出台了《中国社区志愿者注册管理办法》，对社区志愿者的招募和注册、管理和培训、评估与表彰做了详细规定。2006年4月9日，国务院印发《关于加强和改进社区服务工作的意见》，明确指出要培育社区服务民间组织，组织开展社区志愿服务活动。2008年10月6日，中央精神文明建设指导委员会印发《关于深入开展志愿服务活动的意见》，指出要"以关爱帮困、便民利民为重点，大力开展社区志愿服务活动，让居民在参与中感受友谊和谐，看到社会美好，享受幸福生活"。至此，社区志愿服务已经逐渐巩固，并在各个方面都有所发展，成为提供社区服务、构建现代社区治理体系的重要载体。

第三阶段：社区志愿服务制度化和规范化发展阶段（2012—   ）

党的十八大以来，我国社区志愿服务进入制度化、规范化的发展阶段。2013年11月14日，民政部、共青团中央印发《关于在全国推广"菜单式"志愿服务的通知》，要求在城乡社区和社会服务机构普遍设立志愿者服务站，建设有专职人员负责、管理制度完善、志愿者信息库完整、方便志愿者参与志愿服务和群众接受志愿服务的基础平台。2014年2月19日，中央精神文明建设指导委员会印发《关于推进志愿服务制度化的意见》，对规范志愿者招募注册、加强志愿者培训管理、建立志愿服务记录制度、健全志愿服务激励机制、完善政策、法律保障等做出了具体规定。2014年3月19日，为了进一步推进社区志愿服务活动经常化、制度化，中央文明办印发《社区志愿服务方案》，对社区志愿服务的总体思路、工作流程、工作要求等做了具体安排。2015年7月22日，中央文明办、民政部、共青团中央等单位颁布《志愿服务信息系统基本规范》，对利用现代信息技术推动志愿服务事业发展明确了规范和要求。2016年5月20日，中央宣传部、民政部等部门联合印发《关于支持和发展志愿服务组织的意见》，对加强志愿服务组织培育、提升志愿服务组织能力、深化志愿服务组织服务等提出了指导性意见。2017年8月22日，《志愿服务条例》颁布，为我国社区志愿服务的制度化、规范化发展提供了强有力的支持。

（三）发展的成就

1. 社区志愿服务组织迅速增多

据民政部统计，近年来我国社区志愿服务组织迅速增多，从2012年的9.3万个增至2018年的12.9万个，增长率为38.7%。以北京昌平区的回龙观、天通苑地区（简称回天地区）为例：2018年，参与社区治理的志愿服务组织（团体）共计1348个，比2017年的175个增加了670.3%。它们主要涵盖以下四类志愿服务组织：第一类是平台型志愿服务组织，如昌平区志愿服务联合会、回龙观社会组织发展服务中心等；第二类是法人社团型志愿服务组织，如回龙观志愿者协会、天通苑志愿者协会等；第三类是地域型志愿服务组织，如回天镇街志愿服务队、126支回天地区志愿服务队等；第四类是专业型志愿服务组织，如禁毒志愿服务队、安全防范志愿服务队、金融知识宣讲志愿服务队、医疗健康志愿服务队等。

2. 志愿者数量稳步增加

《慈善蓝皮书：中国慈善发展报告（2019）》指出，2018年度中国志愿者总量约为1.98亿人，比2017年增加4003万人，增长率为25%。其中，注册志愿者为14 877.88万人，注册率为10.66%；非注册类志愿者为4 932.88万人。以北京昌平区回天地区为例：志愿者人数由2017年的55 314人增至2018年的84 749人，增长率为53.2%。其中，2018年成立的"4+8"社区志愿服务团队和126个社区的"八大员"志愿服务队，吸纳新增注册志愿者6478人。

3. 社区志愿服务类型日益丰富

经过30余年的发展，我国社区志愿服务已经形成4个立足社区生活的完整类型：一是救济型服务，包括社区照料、社区慈善、精神慰藉、情感互动等。二是互助型服务。互助型社区志愿服务一方面是对自发形成的邻里互助形式进行补充，另一方面通过各类组织的介入，为社区提供高质量的社区服务，如"一对一"帮扶互助、社区养老互助、社区博爱互助等。三是公共服务型服务。巩固服务型服务主要是为了弥补国家和市场公共服务功能的失灵，为社区提供共有服务，如社区安全、社区环境等。四是居民参与型服务。社区作为基层居民自治组织，应该成为公民参与的活跃空间，青年志愿者介入社区领导人选举、社区团体建设和管理、公共决策与执行、社区活动组织等事务，是社区志愿服务重要内容。[①]

4. 社区志愿服务品牌深入人心

目前，我国社区志愿服务已经形成种类多样的服务内容，培育了诸多品牌项目。众多社区志愿服务品牌深入社区服务各个领域，成为社区建设的重要组成部分。如："邻里守望"志愿服务、"综合包户"志愿服务、"志愿家庭"活动、"三关爱"活动等社区志愿服务品牌活动在全国范围内开展。在地方，各地结合实际不断创新推出丰富多彩的社区志愿服务品牌活动，如北京昌平区"微笑系列""爱心系列""和谐系列""平安系列"等四大社区志愿服务品牌项目。社区志愿服务品牌的打造，加快了志愿服务融入社区生活，推动了社区志愿服务成为生活新常态、时代新风尚。

5. 社区志愿服务专业化水平不断提高

随着一系列关于志愿服务的法规、政策的出台，志愿服务法治体系进一步完善，社区志愿服务向着制度化、规范化和专业化

---

① 穆青.社区志愿服务的类型、内容与形式[J].北京青年政治学院学报，2008，17(04)：26-31.

发展。越来越多的专业社区志愿服务组织和专业志愿者参与到社区志愿服务领域，有效提升了社区志愿服务的专业化水平。如：北京昌平区回天地区成立了禁毒志愿服务队、安全防范志愿服务队、金融知识宣讲志愿服务队和医疗健康志愿服务队4支专业化志愿服务队，在每个社区建立了一支内含文体员、健康员、帮扶员、宣传员、巡查员、劝导员、环保员、安全员等"八大员"的社区志愿服务队，有效提高了社区志愿服务专业化水平。

三、社区志愿服务在社区治理中的作用

社区治理是指在一定区域范围内政府与社区组织、社区居民共同管理社区公共事务的活动。[①]有学者认为："随着我国社会经济、政治体制改革的深入，社区治理的主体开始由政府这一唯一主体向多元主体发展，社区自治组织、社区非政府组织以及社区居民成为参与社区事务治理的主要力量。"[②]事实上，2017年6月12日，中共中央、国务院印发《关于加强和完善城乡社区治理的意见》（简称《意见》）强调："坚持依靠居民、依法有序组织居民群众参与社区治理，实现人人参与、人人尽力、人人共享。"《意见》进一步明确了社区居民、社区组织在社区治理中的主体地位。

---

① 魏娜.我国城市社区治理模式：发展演变与制度创新[J].中国人民大学学报，2003(01)：135-140.

② 魏娜.我国城市社区治理模式：发展演变与制度创新[J].中国人民大学学报，2003(01)：135-140.

另外,社区治理已经成为供给社区公共物品、满足社区需求、优化社区秩序的有效手段。社区治理水平直接影响广大居民的日常生活、社会的和谐程度。"我国正处于经济转轨和社会转型期,社区治理还存在着人力资源供给不足、专业管理技术落后、治理资金缺乏和对弱势群体关注不够等诸多问题,不能有效满足社区居民的需要。"① 社区志愿服务具有群众性、多元性、便捷性和互助性的特点,在表达居民诉求、提供社区公共服务、居民互动等方面有着独特的优势,恰好能够有效弥补当前社区治理中的不足之处。

(一)参与社区建设与治理

随着我国全面深化改革的推进,社会问题的复杂化与不确定性导致社区集聚了社会改革与发展中的诸多矛盾,使社区治理面临越来越多的压力与挑战。近年来,社区治理受到特别重视。党的十九大报告强调:"加强社区治理体系建设,推动社会治理重心向基层下移,发挥社会组织作用,实现政府治理和社会调节、居民自治良性互动。"② 与此同时,各地基层政权从国家建设和社会治理的角度,围绕"撤街强社""强街扩社"推动了区—街道—

---

① 张红霞.论大学生志愿服务参与社区治理的实现[J].社会科学家,2019(02):152-155.

② 习近平.决胜全面建成小康社会 夺取新时代中国特色社会主义伟大胜利——在中国共产党第十九次全国代表大会上的报告[EB/OL].(2017-10-18)[2021-08-08].http://www.gov.cn/zhuanti/2017-10/27/content_5234876.htm.

社区综合管理体制改革。① 社区在基层社会治理中的主体性地位得到提升。在这一背景下，推动各类主体积极参与到社区治理中已经成为当前社会治理创新的主旋律。社区志愿服务作为志愿者、志愿服务组织和其他组织为社区居民自身和社区建设提供的服务，拓宽了社会基本公共服务的供给渠道，增加了公共服务供给的数量和质量，促进了社会的公平正义。此外，在预防和化解社会冲突与矛盾、维护社区和谐与稳定、增强社区生机与活力等方面，社区志愿服务具有重要支持功能，是社区居民参与社区建设和社区治理的重要实践内容。

（二）满足社区服务需求

当前，人民对美好生活的需求日益增加。党的十九大报告指出："我国稳定解决了十几亿人的温饱问题，总体上实现小康，不久将全面建成小康社会，人民美好生活需要日益广泛，不仅对物质文化生活提出了更高要求，而且在民主、法治、公平、正义、安全、环境等方面的要求日益增长。"② 而社区服务本身就可以满足居民对美好生活的需求，如社区福利服务、社区准商业服务、社区互助服务、社区志愿服务、社区商业服务等。因此，社区服务要凸显"社会性"，要激活、延续社会体系的服务，并将

---

① 胡晓燕，曹海军.社区治理体系和治理能力现代化的思考——基于国家基层政权建设的微观视角［J］.经济问题，2018（01）：8-14.
② 习近平.决胜全面建成小康社会 夺取新时代中国特色社会主义伟大胜利——在中国共产党第十九次全国代表大会上的报告［EB/OL］.（2017-10-18）［2021-08-08］.http://www.gov.cn/zhuanti/2017-10/27/content_5234876.htm.

其与政治体系和市场体系的服务联结起来,建立起相互的关联。①这就意味着社区服务是政府、市场和社会的公共服务在社区的集中体现。社区志愿服务作为满足人民需求而服务社会、服务大众的服务,能够矫正政府和市场在社会服务方面的缺失和失灵,也能够弥补政府和市场在公共服务能力上的局限与不足,有效弥补政府与市场在公共服务中的双重失灵,是实现政府服务、市场服务、社区服务相互弥补、相互衔接的重要桥梁与纽带。社区志愿服务具有参与主体、参与途径和服务领域的多元性,以及要素选择和形式灵活的便捷性特点,能够延伸社区服务的广度与深度,也能够为社区居民输送和提供更加广泛、更加优质、更加多元的社区服务,满足社区民众多样化的美好生活需求。

(三)维护社区公共价值

社区治理的目的不仅是实现人们生活所需要的物质条件保障,还在于提高人们的知识水平和文化素质,改善人际关系和个人品德,以实现社区居民的全面发展。社区志愿服务在社区治理过程中会形成相互帮助、互相尊重、关心有爱等人际关系,这正是我国讲礼仪、重情谊、相互关心的价值取向。与此相应,志愿服务"源自人类心灵深处的道德良知,是一种受道德意志支配的行为,是基于人的良善本能"②。志愿服务倡导的"奉献、友爱、

---

① 田毅鹏,董家臣.找回社区服务的"社会性"[J].探索与争鸣,2015(11):70-74.

② 党秀云.论志愿服务可持续发展的价值与基础[J].中国行政管理,2019(11):118-123.

互助、进步"的志愿精神，能够有效矫正人性中的不完美和人性缺陷，能够充分彰显人性中至善、至仁、至美的本性。[①]可以说，社区志愿服务在维护社会主义核心价值观、引领先进理念与思想、引导社会行为、建设精神文明等方面均能发挥重要作用。

（四）推动社区和谐发展

"社区服务是社区建设的龙头，是社区走向自组织的必要条件，也是构建和谐社区的基础工程。"[②]在社区治理中，和谐社区既包括和谐的人际关系、和谐的人文环境，也包括和谐的社区发展，即意味着社区邻居间的良性联系、人们对社区环境的信任感和安全感、社区未来的可持续发展等。当前，城市中的社区居民，因工作与居住地的分离、居住方式的单元化等，邻里关系出现了疏离化倾向，人际关系变得冷漠，社区在规范、参与、信任、安全等方面出现的问题已经严重影响社区和谐的发展。志愿服务可以增强人与人之间的互助与互动，可以消除彼此之间的疏离感与隔阂，可以促成人与人之间的信任与信赖。[③]在社区志愿服务活动中，社区居民通过交往和邻里互助，不仅能够满足情感需求、人际交往需求等，还有助于形成互惠、诚信和合作的社区

---

① 党秀云.论志愿服务可持续发展的价值与基础［J］.中国行政管理，2019（11）：118-123.
② 杨贵华.构建社区服务体系促进社区和谐发展［J］.东南学术，2006（06）：58-62.
③ 党秀云.论志愿服务可持续发展的价值与基础［J］.中国行政管理，2019（11）：118-123.

行动，推动社区和谐发展。

（五）提高社区自治能力

基层群众自治制度是我国社会主义民主的直接体现，是人民当家做主最有效、最广泛的实现途径。"所谓自治性是指同一社区人们形成的地域关联也即社会利益关系，其组织化、秩序化、规则化和系统化往往不是以行政权力的直接介入为前提，而是以社区成员的相互需要为缘由，通过居民自治组织以一定的契约方式建立起来的。"[①]因此，社区自治是一个集体行动过程，关键在于社区居民参与其中并互相协作。社区志愿服务对居民的公共参与产生积极的影响，是解决社区自治困境的一种有效途径。社区志愿服务具有群众性和互助性的特点，通过社区志愿服务的开展，特别是培育具有本社区特色的品牌活动，能够动员更多的居民从私人空间走到社区公共空间中来，在社区志愿服务和活动中实现居民再组织化，从而为社区居民广泛深入地参与社区公共事务管理营造良好氛围并搭建平台，提高社区的自治水平与自治能力，实现自我管理、自我决策、自我监督和自我服务。

---

① 高春花.论中国城市社区建设的道德价值［J］.道德与文明，2001（01）：55-57+59.

第一章　社区志愿服务需求与供给

回天地区是北京市昌平区的大型居住型社区。回天地区位于北京北部、昌平区最南端，南接海淀区的西三旗地区，北至沙河镇，西邻海淀区的上地信息产业基地，东邻东小口镇。那里有近90万居民居住，人口规模接近一座中等城市，被公认为亚洲第一大社区。回天地区包括众多居民社区，有3个突出的人文特点：一是社区规模大，二是社区居民中以年轻白领为主，三是交通、医疗、教育等基础设施问题较为突出。

回天地区的众多社区组成一个超大型社区。为破解大型社区的治理难题，北京市委、市政府以回天地区为样本，出台《优化提升回龙观天通苑地区公共服务和基础设施三年行动计划（2018—2020年）》（简称《回天行动计划》），探索社区治理新模式，打造社区治理新品牌。"回天有我"志愿服务作为《回天行动计划》的主要表现形式，已经成为吸引、凝聚社会各界力量、社区居民参与社区治理的有效活动载体。

社区志愿服务是一种对他人或社会进行的利他服务，北京市昌平区的社区志愿服务发展历程表明，社区志愿服务不是简单给予和帮助，而是双向促进的过程。因此，社区志愿服务需要充分了解社区居民的需求，从而建立完善的社区志愿服务供给体系。本章围绕社区志愿服务供给和需求问题对回天地区的社区居民、社区工作人员、志愿者、志愿服务组织等不同群体展开调查，探索回天地区如何有效、高质量地提供社区志愿服务，从而满足社区居民的志愿服务需求。

一、回天地区志愿服务供给

（一）供给类型

回天地区的志愿服务组织为社区提供了多种志愿服务，大致可分为9种类型（见表1-1）。

表1-1 社区志愿服务供给类型分布情况

社区志愿服务供给类型	比例
环境卫生	80.23%
社区治安	66.76%
文体娱乐	61.03%
科普及政策宣传教育	36.96%
特殊群体帮扶	29.23%
医疗保健	22.06%
调解邻里纠纷	16.33%

续表

社区志愿服务供给类型	比例
法律咨询	15.47%
其他	6.59%

注：数据来源为本调查组调查结果。[①]

1. 环境卫生类志愿服务

环境卫生类志愿服务是指志愿服务组织对社区主干道、生活小区、沿街商铺等重点区域与公共场所开展卫生清扫、节水护水、垃圾清理、控烟、环保知识宣传、巡河护河、义务植树等志愿服务活动，旨在提升社区卫生环境质量，引导居民树立低碳环保生活理念，共建美好绿色家园。调查结果表明，环境卫生类服务占志愿服务总供给的80.23%。

2. 社区治安类志愿服务

社区治安类志愿服务是指志愿服务组织维护社区正常安全秩序、保障社区居民的生命、财产安全等服务。如：开展治安巡逻，保障社区居民居住安全；开展以"文明、绿色、安全出行"为主题的志愿活动，对社区内交通路口、地铁和校园出口开展交通指引，引导居民文明出行。调查结果表明，社区治安类服务占志愿服务总供给的66.76%。

3. 文体娱乐类志愿服务

文体娱乐类志愿服务是指志愿服务组织为不同年龄段的居民提供文化、体育和娱乐类服务。如：回龙观志愿服务协会开展

---

① 本调查为多项选择题，各类型所占比例之和可能大于100%。

"G+"健步走志愿活动；邀请博西斯顿健康机构将专业的健康运动理念及技能服务于社区居民；社区居委会定期举办体育竞赛和文艺竞赛，包括趣味运动会、儿童书画比赛等志愿服务活动；舞蹈队、剪纸队、器乐队、健身队等专业志愿服务组织依托社区提供的平台和场所开展形式多样的文体娱乐活动，丰富居民娱乐生活。文体娱乐活动的开展有助于增进社区居民、志愿者和居委会交流，共同促进社区健康发展。调查结果表明，文体娱乐类服务占志愿服务总供给的61.03%。

4. 科普宣传类志愿服务

科普宣传类志愿服务是指志愿服务组织利用各种媒介向社区居民宣传科学知识，提高社区居民科学文化素质。调查结果表明，科普宣传类服务占志愿服务总供给的36.96%。

5. 特殊群体帮扶类志愿服务

特殊群体帮扶类志愿服务是指志愿服务组织以指定帮扶对象、定期帮扶、等待弱势群体主动寻求服务等方式为特殊群体提供志愿服务，主要为老年人、残疾人、优抚对象、儿童等社区特殊人群提供医疗救助、生活帮扶等志愿服务。如：围绕敬老爱老、精准扶贫、关爱特殊儿童、帮扶困难青少年等项目，开展以"孝满京城"、温暖衣冬、捐书助学、扶贫慰问、公益课堂、敬老院日间照料等为主题的志愿服务活动，开展以"好书伴成长""智光学校支教""暖暖爱心儿童之家"等特色志愿服务项目，吸引各领域志愿服务群体发挥资源优势，共同参与社区志愿服务。调查结果表明，特殊群体帮扶类服务占总志愿服务供给的29.23%。

6. 医疗保健类志愿服务

医疗保健类志愿服务是指志愿服务组织提供基本医疗保健服务。如：开展"爱耳日""爱眼日"等健康义诊活动，定期为社区居民进行健康义诊和康复咨询。调查结果表明，医疗保健类服务占总志愿服务供给的22.06%。

7. 邻里纠纷调解类志愿服务

邻里纠纷调解类志愿服务是指志愿服务组织调解邻里纠纷，使邻里矛盾大事化小，小事化了，从而避免邻里矛盾升级，维护社会和谐。调查结果表明，邻里纠纷调解类服务占总志愿服务供给的16.33%。

8. 法律咨询类志愿服务

法律咨询类志愿服务是指志愿服务组织为社区居民提供相关法律咨询和普法宣传服务，帮助社区居民增强法律意识和风险防范意识。志愿者依托专业知识，为社区居民开展邻里纠纷和矛盾调解服务，从而促进社区居民友好相处。调查结果表明，法律咨询类服务占总志愿服务供给的15.47%。

9. 其他志愿服务

除了以上8类志愿服务外，还有一些志愿服务组织会根据需要开展其他类型的志愿服务。如：针对社区幼儿家庭教育，开展"幸福社区　悦享你我"志愿活动，充分利用社区全职妈妈资源，组成"妈妈团"，通过经验交流，以"传帮带"的形式协助年轻父母解决家庭养育问题。这些志愿服务特色鲜明，专业性强，能够满足不同家庭的服务需求。调查结果表明，其他服务占总志愿服务供给的6.59%。

（二）供给规模

1.志愿服务组织不断壮大

借助"回天有我"社会服务活动，回天地区积极组织开展志愿服务活动，在活动开展过程中传递志愿精神，不断感召和吸纳志愿者，持续注入新力量。目前，回天地区主要有4种扩大志愿服务组织的方式：一是以回天地区新成立的"4+8"志愿服务团队和126个社区的"八大员"志愿服务队为主体，通过志愿服务活动的开展吸纳新增注册志愿者6478名。二是依托微信小程序"回天有我"大力招募领读人专业志愿者、律师专业志愿者、青少年发展专家志愿者等专业志愿服务人士。三是依托党员、团员与中学生回社区报到机制的构建，吸纳在职党员、团员、高校学生、中学生、社区居民、社会组织成员、社会企业成员、专家学者等成为注册志愿者。四是通过志愿者招募，吸纳回天地区的"快递小哥"为网格员志愿者，充分发挥行业优势参与城市精细化管理。不仅如此，回天地区还通过开展志愿服务活动，招募了大批志愿者，不断充实志愿者队伍，为社区志愿服务工作不断注入力量。有关数据显示，2017年至2018年，回天地区的志愿者由55 314人增至84 749人，增长率为53.2%；志愿者团体由175个增至1348个，增长率为670.3%。截至2019年7月，回天地区的回龙观镇、东小口镇、天通苑南街道、天通苑北街道和霍营街道共有注册志愿者7.9万人，占昌平区注册志愿者总人数的22.5%。

2. 志愿服务供给数量日益增多

随着志愿者队伍不断发展壮大，回天地区的志愿服务范围不断拓展，加上社区志愿服务整合了社会资源，弥补了政府职能和家庭功能的不足，丰富和完善了社会服务体系，志愿服务供给数量也日益增多。如：回天地区组织发动204万人次治安志愿者开展禁毒宣传、反邪教警示宣传教育进课堂、进社区和进部队的活动，排查了矛盾纠纷和安全隐患共计6500余件，使公众禁毒意识和反邪意识不断增强，社区治安明显得到改善。

（三）供给成效

1. 满足居民基本需求

社区居民是社区志愿服务的需求者和受益者。志愿服务能够有效弥补政府和市场力量的不足，为社区居民在政治参与、经济发展、文化娱乐、身心健康、社会生活等方面贡献应有之力。[①] 对居民来说，志愿服务的供给对其生活的影响主要体现在两个方面。

（1）满足居民日常需求

调查发现，回天地区人口总数大，人员构成情况复杂，但社区居民都有志愿服务的需求。从户籍来看，非京籍和京籍社区居

---

① 徐向文，李迎生.志愿服务助力城乡社区自治：主体协同的视角[J].河北学刊，2016，36（01）：164-170.

民对志愿服务的需求偏好不同。京籍人口归属感较强,对自身所在社区的服务需求比较强烈。相对于"熟人社会",在参与调查的社区居民中,非京籍人口占33.47%,他们(尤其是居住时间不长的社区居民)对志愿服务的需求量较大,希望通过志愿服务的帮助使其适应社区环境,尽快融入社区生活。从收入水平来看,不同收入水平的居民对志愿服务的需求也有所不同。不过,回天地区的志愿服务基本能满足社区居民的基本需求。马斯洛需求层次理论认为,人在不同时期总有一种需求占支配地位,他们的经济收入也影响其需求的实现程度。在回天地区被调查的社区居民中,57.09%的社区居民的月收入在5000元及以下,24.02%的社区居民的月收入在5000元至8000元,14.17%的社区居民的月收入在8000元至17 000元。统计数据表明,社区提供的安全卫生、医疗保健、文体娱乐活动等志愿服务能够满足不同收入的社区居民的日常需求,70.58%的社区居民对志愿服务现状表示满意(见图1-1)。

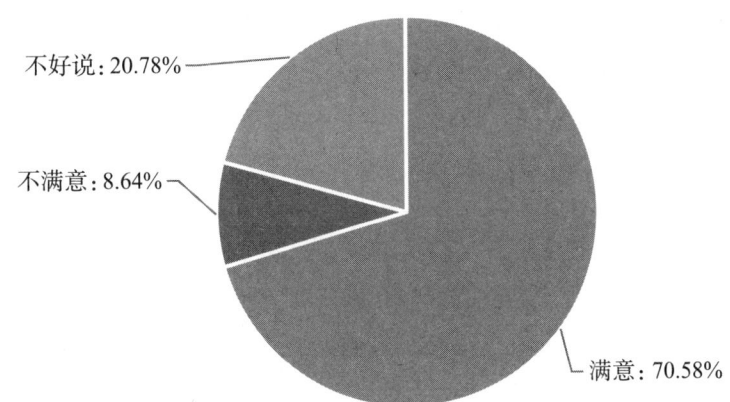

图1-1 社区居民对志愿服务现状满意程度统计结果

（2）满足居民交往需求

社区居民对社区志愿者的"角色认同"营造了"有时间做志愿者、有困难找志愿者""人人为我，我为人人"的良好氛围，形成了"奉献、有爱、互助、进步"的社区志愿服务精神。[①]这种志愿服务的"溢出效应"通过人和人之间的传递，有助于促进人与人之间融洽互助，增进人与人之间互相关怀，拉近彼此之间的距离，消除彼此之间的隔阂，从而增强居民对社区的认同感和归属感，使整个社区形成巨大的向心力和凝聚力，助推社区共同体建设。

2. 促进社会和谐

（1）实现社会资源有效运转

为了让志愿服务组织更好参与社区治理体系建设，回天地区将体制内的工作资源、志愿服务组织的服务资源与镇街、社区和居民的实际需求对接起来，建立了"三环联动网"。第一，建立了社区需求与服务资源输送的定期对接机制。结合镇街、社区的实际情况和切实需求，昌平区社会组织发展服务中心提供了全区社会组织服务项目资源清单，为各镇街、社区（村）提供点单服务。第二，建立了项目化合作机制。针对专业化较强的志愿服务活动，由社区牵头，将组织的专业化服务与志愿服务团队专家资源加以整合，积极促进二者长期合作。第三，着力于畅通志愿

---

① 高和荣.论社区志愿组织与志愿服务的完善——以福建三个社区为例[J].福建论坛（人文社会科学版），2011（04）：152.

服务诉求表达与反馈渠道。充分利用"回龙观社区网"的社会影响力,鼓励居民通过微信公众号后台留言、跟帖留言、论坛留言等方式,反映身边事和对社区建设的意见与建议。

(2)社区认同度与归属感逐步提升

回天地区致力于推动志愿服务,扎根于回天地区的126个社区,以志愿力量助推邻里守望互助,以社区居民的服务需求为根本导向,通过探索志愿服务的思路理念、体制机制与方式方法,巩固和拓展志愿服务的阵地、平台与载体,推进邻里间共建、共治、共享美好家园,从而提升回天地区居民的认同度、获得感、安全感和幸福感。社区工作人员普遍认为,社区开展的各类志愿服务活动以社区居民的服务质量和居民满意度为宗旨,塑造了诚信友爱、团结互助的新型邻里关系。

3. 实现志愿者价值

"奉献、友爱、互助、进步"是志愿服务精神的精髓,是吸引志愿者参加志愿服务的精神动力。在被调查的志愿者中,有78.39%的志愿者认为参加志愿服务活动是基于社会责任感和实现自我价值,有74.19%的志愿者认为参加志愿服务活动是奉献爱心,有35.16%的志愿者认为参加志愿服务活动是受到一些志愿者或志愿服务活动的感化。这说明志愿服务是基于志愿者个人意愿,他们不计报酬地为社会和他人提供服务,提供服务的互动过程促进了个人成长。通过传递志愿服务精神,更多人参与到志愿服务中来,增强了幸福感,实现了自身的社会价值。

4. 推动服务质量提高

志愿服务由原来的"一对一"单项式服务逐渐发展为"多对一""多对多"的互助型志愿服务,实现了志愿服务的资源优势互补。在被调查的居民中,有78.41%的居民了解志愿服务活动,有63.97%的居民已注册为志愿者。大部分居民既是志愿服务的受益者,也是志愿服务的提供者。这种"双重"角色基本不存在"角色认同"问题,一方面有利于其更好开展志愿服务,发挥好志愿服务的"互惠"功能;另一方面有利于其不断提高志愿服务的供给质量。

二、回天地区志愿服务需求

通过对回天地区的社区居民调研发现,回天地区的志愿服务需求类型多样,涵盖社区安全服务、环境卫生服务、医疗保健服务、家政服务、心理辅导、科普及政策宣传教育、文体艺术活动、扶孤助弱服务、就业创业服务、助民便民服务、青少年成长服务、公益慈善宣传服务、志愿者招募服务等13种不同的服务,占比分别为79.62%、74.36%、52.77%、18.49%、16.19%、28.34%、45.88%、23.35%、8.37%、37.52%、12.42%、15.65%、8.64%。①

对上述13种志愿服务需求进行总结归类,大致可以划分为

---

① 本调查为多项选择题,这13种需求所占比例之和大于100%。

生活服务类（助民便民服务、科普及政策宣传教育、就业创业服务）、卫生健康类、秩序安全类、环境保护类、文体娱乐类、特殊群体类（扶孤助弱服务、心理辅导、青少年成长服务、家政服务）等6类志愿服务。

总的来说，社区居民的志愿服务需求类型从高到低排名依次为秩序安全需求（79.62%）、环境保护需求（74.36%）、生活服务需求（74.23%）、特殊群体服务需求（70.45%）、卫生健康需求（52.71%）和文体娱乐需求（45.88%）（见图1-2）。

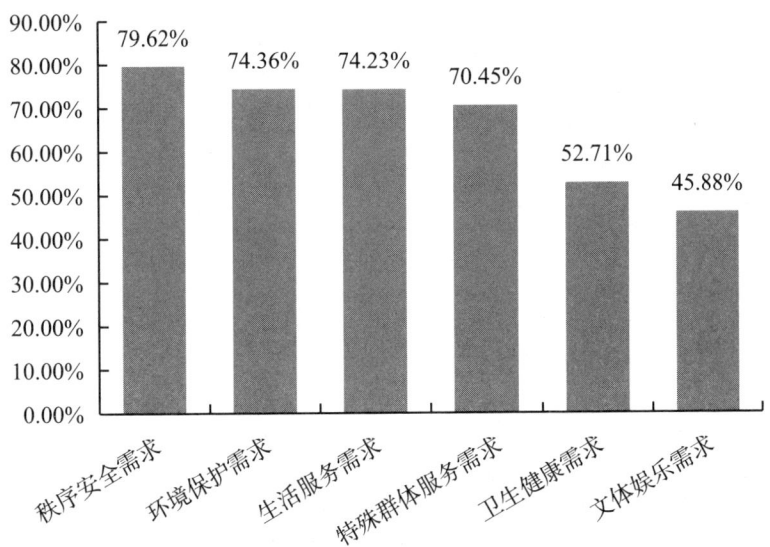

图1-2 社区居民的志愿服务需求类型

（一）秩序安全需求

良好的社区治安是社区生活秩序稳定的基础。作为一个拥有相当于一座中型城市的人口容量的地区，回天地区流动人口多，人员密集，人员结构复杂，居民对社区治安尤为关心。从调研情况看，当被问及"哪些是您觉得最需要的志愿服务？"时，被调查的社区居民回答的内容排在第一位的是社区秩序安全服务，占79.62%。同时，回天地区职住分离问题严重，社区居民面临着"10千米的路驾车要1个小时""乱停乱放""出不去""回不来"等困境，回天地区被贴上了"堵城"的标签。国家统计局北京调查总队对"回天地区三年行动计划"进展情况居民满意度调查显示，在居民最希望"三年行动计划"优先解决的问题中，"交通拥堵""停车难""停车乱"等问题占70.4%，排在第一位。可见，回天地区面临着交通管理、维护治安、公共秩序等问题，管理的压力较大。

（二）环境保护需求

巫和懋指出，在一个生态环境中，什么物种能够生存，不是这个物种本身所能决定的，最重要的决定性因素是环境。当前，回天地区开展节水护水、控烟、环保宣传、巡河护河、义务植树、"每周少开一天车，绿色出行我承诺"等志愿服务活动，在培育社区居民保持低碳环保生活理念、共建美好绿色家园等方面发挥了重要作用。但回天地区面临着经济发展和环境保护平衡的难题。如：随着居民生活水平的提高，居民对饮食的口味和质量也不断提高，餐饮业在生产过程中产生的油烟、污水等排放物也随之增加，影响了回天地区人们的生活。汽车保有量的增加为人们出行带来了极大便利，但汽车尾气排放量的增加对大气造成的污染日趋严重。随着社区人口密度和建筑密度的不断增加，社区聚集效益也更加凸显，社区建筑业、工业产生的粉尘、挥发物含量高的化学物品等有害物质，以及社区居民生产、生活垃圾对社区周围环境和空气的影响也较为突出。需要注意的是，环境的破坏对社区居民造成了严重影响。如：大气环境污染容易导致呼吸系统疾病、慢性支气管炎、肺癌等，严重影响了人们的生活。水污染对社区居民身体健康带来了严重危害。环境质量越差，污染程度越高，死亡率越高，居民健康状况越差。[1]加强环境保护，关系到回天地区所有社区的每一位居民。

（三）生活服务需求

生活服务需求是社区居民生活水平不断提高的现实需要，是最能体现社区居民的一般生活需求。当前，回天地区的社区居民可通过微信群、QQ群、居委会、社区服务站、志愿服务平台等表达其需求，社区服务中心和服务站提供服务，社区为居民提供与日常生活联系密切的便利服务。从时间方面看，人们一旦成为社区居民，吃、穿、住、用、行等基本生活服务需求无时无刻、

---

[1] 宋丽颖，崔帆.环境规制、环境污染与居民健康——基于调节效应与空间溢出效应分析[J].湘潭大学学报（哲学社会科学版），2019（05）：67.

随时随地都有可能产生。从需求方面看，一些基本生活服务，诸如物管服务、水电维修等，有较强的普遍性。这些需求会耗费供给者很多时间和精力，对一些志愿服务组织来说是一种考验。

（四）特殊群体服务需求

除了物质需求，社区居民还有身心健康方面的需求。从年龄分层看，在被调查的社区居民中，有30.77%的居民年龄在18岁至45岁之间，有32.79%的居民年龄在46岁至60岁之间，有31.44%的居民年龄在61岁至70岁之间，有4.18%的居民年龄在71岁以上。调查显示，年轻群体生活压力大，工作强度高，身心处于亚健康状态，急需一些专业心理辅导。中年群体忙于工作，与子女在一起的时间较少，对接送孩子上下学、辅导孩子课后学业等的需求较大，他们希望社区能够创造条件，为孩子放学后学习提供便利。对于三世同堂的家庭，老年人和年轻人存在代际差异，难免会产生关系不和谐等问题，急需其他方面的精神慰藉。对于老年人家庭，老年人和子女长期分离，对归属感和关爱感需求强烈。2018年，回天地区有30多万名老人，其中80岁以上的老人有2.2万名。随着年龄的增长，老年人的精力、脑力、体力等都有所下降。他们强烈希望得到关心和关爱，希望向人倾诉或被人倾听，希望社区能为老年人组织集体活动，帮助他们交流情感。同时，公共设施、公共服务不足以覆盖整个社区，公益性服务成为满足老年人需求的重要渠道。除此之外，他们还有居家养老、社区养老、临时救助、帮扶慰问等需求，这些生活服务有需求量大、需求主体广、需求内容多等特点，对志愿服务供给提出了更高的要求。

（五）卫生健康需求

随着年龄的增长，人体机能自然衰退，患慢性病的风险也随着增加，重视健康成为社会广泛关注的共识。据《北京市2018年度卫生与人群健康状况报告》：2018年，北京市居民健康问题主要为心脏病、恶性肿瘤、脑血管病等慢性非传染性疾病。这些慢性非传染病严重影响社区居民的健康。同时，北京市居民健康素养位居全国第一。[1]这表明北京市社区居民的健康问题不容忽视。回天地区的居民都有身体健康的需求，不因地域差异、年龄层次、经济状况、思想认识的不同而改变。当前，回天地区的社区居民的卫生健康需求主要有健康检查、康复保养、妇幼健康、慢性病、疾病预防、禁烟控烟、卫生防疫（蚊子、苍蝇、蟑螂、老鼠）等。

（六）文体娱乐需求

丰富的文体娱乐活动能够丰富社区居民业余文化生活，满足社区居民日益增长的精神文化生活需要，有助于凝聚人心，促进社区和谐发展。回天地区社区居民的文体娱乐需求涵盖文艺表演、健身活动、休闲体育、棋牌娱乐、琴棋书画、联谊活动等方面。

---

[1] 北京市卫生健康委员会.北京市卫生健康发展70年 这些变化你感受到了吗？[J].健康中国观察，2019（10）：70-71.

三、回天地区志愿服务需求与供给中存在的主要问题

通过分析回天地区志愿服务需求和供给情况，我们发现社区志愿服务的供需契合度不高，供需结构失衡。其中，志愿服务供给方面主要存在4个方面的问题。

（一）供给项目较少

社区志愿服务供给的问题是志愿服务供给项目不充分。首先，社区志愿服务组织的人员构成集中，覆盖面较窄。从参与主体来看，回天地区的志愿服务人员以女性为主。女性志愿者所占比例达70%，成为志愿服务的主体。从年龄分布来看，回天地区的志愿者以45岁以上的中老年为主，占比为59.88%。从职业分布来看，回天地区的志愿者主要以退休人员和其他从业人员为主，专业技术人员或在职人员仅占8.74%。性别、年龄和职业这三个方面的叠加使志愿服务组织把服务供给集中在大众服务，导致服务项目供给数量有限。另外，一些专业性的志愿服务因专业人员参与较少而难以大规模开展，如对孤寡老人、下岗职工、单亲家庭、留守儿童等特定对象开展的服务较少。其次，志愿服务项目重复度过高。在回天地区的不同志愿服务组织成员中，有81.94%的志愿者参与过环境卫生志愿服务，有65.48%的志愿者参与过社区治安志愿服务，重复供给志愿服务项目造成资源浪费。

(二)供给频率较低

社区居民对志愿服务的需求通过服务供给频率得以体现。有18.22%的居民每周需要一次志愿服务,有23.08%的居民每半个月需要一次志愿服务,有34.27%的居民每个月需要一次志愿服务,有24.43%的居民表示不清楚他们的需求频率(见图1-3)。①与之相呼应,志愿者则通过志愿服务参与供给来满足社区居民需求。有22.35%的志愿者每年参与志愿服务的次数在3次及以下,有29.03%的志愿者每年参与志愿服务的次数为4—8次,有18.71%的志愿者每年参与志愿服务的次数为9—13次,有29.91%的志愿者每年参与志愿服务的次数为13次以上(见图1-4)。这意味着有68.71%的志愿者平均每月参与志愿服务的次数不到1次。从志愿者参与志愿服务的次数来说,志愿者参与志愿服务的频率在某种程度上无法满足社区居民的需求。

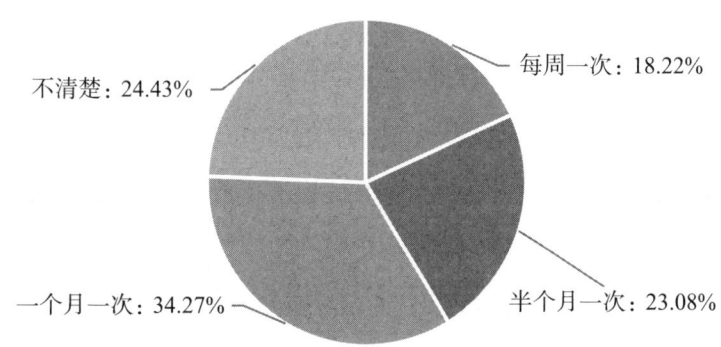

图1-3 社区居民志愿服务需求频率

---

① 在调查访谈中,23.08%的社区居民认为,他们的服务需求可能是每周一次,每半个月一次,每个月一次,或者随时都有可能。

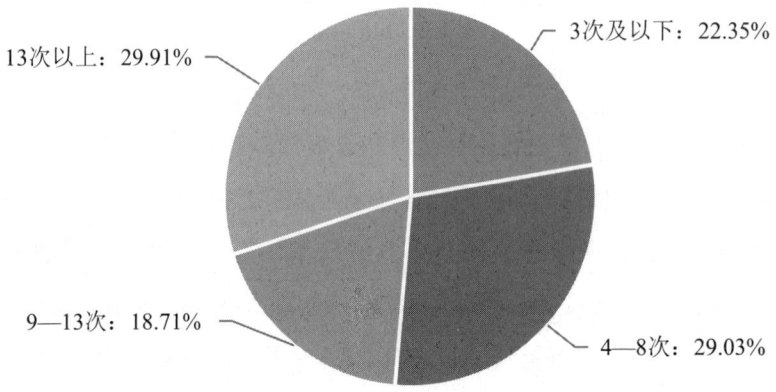

图1-4 志愿服务供给频率（次/年）

（三）供给形式单一

从历史发展来看，我国行政机关对志愿服务组织的发展起着重要的推动作用。志愿服务组织起初是官方组织发起成立的，后来逐渐发展为官方组织，再后来发展为半官方组织，最后发展为民间组织。我国志愿服务组织从成立之初就受到主管部门和业务部门的双重领导，在志愿服务过程中也同样具有浓厚的行政色彩。在参与调研的社区居民，当被问及"据您所知志愿服务活动的组织者主要是什么？"时，有89.74%的居民认为是居委会，有36.57%的居民认为是志愿服务组织，有23.21%的居民认为是志愿者协会，有26.99%的居民认为是街道办事处。除志愿服务组织外，其他组织都具有行政属性。也就是说，社区志愿服务主要是行政部门提供的。随着政府转变职能及其公共服务能力的提升，社区居民逐渐产生社区服务由政府提供的固定思维。作为政府的延伸机构,社区居委提供的服务认可度高,公信力强,形成"社区提供—居民接受"的单向供给模式。这种以行政机关作为单一主体供给社区志愿服务带来了很多问题。

第一,志愿服务供给不足。随着社会经济的发展,人们生活水平越来越高,居民对多元化志愿服务需求愈加强烈。当前,回天地区的非京籍人口占社区人口的33.47%,流动人口迁移加速了回天地区社区居民居住空间的变动和分层,不同层次的社区居民对志愿服务的需求也呈现出一定的分层样态。此外,志愿服务需求差异性较大,无论供给种类还是供给内容,原有的志愿服务供给已很难满足社区居民现有的志愿服务需求。

第二,志愿服务组织汲取资源能力有限。原因在于志愿服务组织是非营利组织,而非营利性决定了志愿服务组织成员在提供社区志愿服务时无法参与利益分红,难以吸引营利性组织参与进来。非营利组织的资金来源于政府资助、自创收入和社会捐赠,其中大部分资金来源于政府,而自身创收能力较弱,社会捐赠则更少(见表1-2)。自创收入占非营利组织资金的28.39%。相比于占比53.55%的政府财政拨款、财政补贴和项目经费,自创收入在非营利组织资金中占比要小得多。相较于前面两种资金筹集方式,非营利组织获得的社会捐赠收入更少,仅占非营利组织总收入的2.18%。在国外,社会捐赠是非营利组织收入的重要组成部分。比如:美国的个人捐款占个人收入的3%,占非营利组织总经费的15%以上。在我国，这一比例尚不足6%。[①]造成这种情况的原因主要有3个：①与人们认知有关。许多人把非营利组织的非营利性与商业化的筹资行为对立起来，认为非营利性使非营利组织不能通过以营利为目的的商业经营活动获取利润。[②]②与非营利组织自身有关。非营利组织缺乏有效的竞争机制，自身发展能力不足。③与我国对企业和个人捐赠公益所做的纳税限额限定有关。《中华人民共和国企业所得税法》明确规定，企业的公益性捐赠支出占年度利润总额12%以内的部分，准予在计算应纳税所得额时扣除。《中华人民共和国个人所得税法实施条例》规定，对个人捐赠公益额未超过纳税义务人申报的应纳税所得额30%的部分，可以从其应纳税所得额中扣除。这些税额标准远低于国外标准，不利于提高企业和个人捐赠公益的积极性。

表1-2 非营利组织资金筹集结构

序号	非营利组织资金来源	比例（%）
1	政府提供的财政拨款和补贴	49.97
2	政府提供的项目经费	3.58
3	营业性收入	6.00
4	前一年度盈余资金	1.83
5	企业提供的赞助和项目经费	5.63
6	募捐收入	2.18

---

① 张晓军，齐海丽.中国非营利组织筹资能力建设思考［J］.时代金融，2006（04）：83-84.

② 王洺忠.中国非营利组织筹资困境及治理对策［J］.内蒙古社会科学（汉文版），2012（03）：112-115.

续表

序号	非营利组织资金来源	比例（%）
7	会费	21.18
8	会费以外，特定成员的个人赞助	1.98
9	国际组织、国外政府及其他组织提供的资助和项目经费	1.64
10	资本运作收入	1.21
11	国内其他基金会提供的资助和项目经费	0.50
12	贷款或借款	0.28
13	其他	4.14

资料来源：王名.中国NGO研究——以个案为中心［M］.北京：清华大学NGO研究中心，2001.

第三，志愿服务组织主体性作用难以有效发挥。相关调查结果表明，志愿者参与志愿服务的时间和内容主要来源于社区活动预告。对于已经获得许可的志愿服务组织而言，它们在参与社区志愿服务的过程中或多或少会受到行政主体的管理工作、思维方法等的影响。因为志愿服务组织具有双重管理属性，志愿服务组织在提供服务过程中过分强调主体的主观性，忽视了社区居民的志愿服务需求的客观性，志愿者的积极性和自主性受到压制，不利于志愿服务组织的成长。

（四）供需关系失衡

从经济学角度看，需求是指在一定时期个体消费者对某种物品的需求，供给是生产者在一定时期内愿意并能够提供的一定数量的商品。从心理学角度看，需求是人类对某种物品或服务选择的偏好和倾向,供给是为了满足人们的需求而提供的物品或服务。供给和需求之间有一定的内在联系:以需求为导向,满足需求是供给质量的保证,而这对矛盾统一体在实际运行中难免会出现不平衡的情况。

1. 志愿服务供需优先顺序错位

志愿服务供需占比的高低顺序从一个侧面反映了社区志愿服务的供需重点。如果某种志愿服务供给与需求的占比均排在前面,顺序也一致,表明它是优先供给,符合需求重点,供需没有错位,供需关系相对协调。反之,如果某种志愿服务供给与需求的占比排序不一致(某种志愿服务供给占比排在前面,但需求占比排在较后面;或者某种志愿服务没有供给,而需求又较高),排序相差较大,表明供需关系不协调。

在社区志愿服务供给方面,回天地区的志愿服务供给种类主要有环境卫生、社区治安、文体艺术活动、科普及政策宣传、弱势群体帮扶、医疗保健、调解邻里纠纷、法律咨询等,供给占比从高到低依次为80.23%、66.76%、61.03%、39.96%、29.23%、20.06%、16.33%、15.47%(见表1-3)。前两项属于基础性服务,后两项属于特殊性服务。此外,在回天地区的志愿服务种类中,供给率低于30%的达4项。可见,回天地区的志愿服务整体供给存在较多不足之处。

在社区居民志愿服务需求方面,与供给状况相同,环境卫生和社区治安志愿服务是居民需求率最高的两个志愿服务项目。不同的是,社区治安需求率最高,达到79.62%;环境卫生需求率需求次之，达到74.36%。这两项社区志愿服务供给与需求基本符合。排名后两位的志愿服务是科普及政策宣传和弱势群体帮扶，这两项需求率均低于30%，比率分别为28.24%和23.35%。

综上所述，供需双方对社区志愿服务优先顺序有较大差别，供给占比按从高到低顺序排序依次为环境卫生、社区治安、文体艺术活动、科普及政策宣传、弱势群体帮扶、医疗保健、调解邻里纠纷和法律咨询，需求占比按从高到低顺序排序则为社区治安、环境卫生、便民家政服务、医疗保健、文体艺术活动、科普及政策宣传和弱势群体帮扶。这表明社区志愿服务供需关系失衡较为严重，表现为社区居民特别需求的志愿服务供给不多。如：便民家政服务需求很高却没有供给，医疗保健需求较大而供给则是科普及政策宣传。可见，回天地区社区志愿服务供需优先顺序有错位情况。

表1-3 回天地区社区志愿服务供需占比排序对比

志愿服务项目	环境卫生	社区治安	文体艺术活动	科普及政策宣传	弱势群体帮扶	医疗保健	调解邻里纠纷	法律咨询	便民家政服务
供给占比（%）	80.23	66.76	61.03	36.96	29.23	20.06	16.33	15.47	*①
供给占比排序	1	2	3	4	5	6	7	8	—
需求占比（%）	74.36	79.62	45.86	28.34	23.35	52.77	*	*	56.01
需求占比排序	2	1	5	6	7	4	—	—	3

注：此项调查的问卷题目设计为多选题，比率数为被选频数除以总数，比例综合可能超过100%。

---

① "*"表示需求和供给不一致，有需求无供给或有供给无需求。

2. 志愿服务供给内容较少受到需求影响

志愿服务供给内容并非需求决定的,而是受到其他因素的影响。

(1)志愿服务供给内容受到社区管理的影响

如前所述,志愿服务组织获取志愿服务的信息主要来源于社区预告。当前,在以社区居委会为代表提供志愿服务的过程中,志愿服务组织更多以满足行政主体的"偏好"开展志愿服务。遇重大活动或特定时间节点,街道办或居委会会动员社区志愿服务组织举办或参与志愿服务活动。这种行政机构主导的社区志愿服务有助于实现社区目标,但难以发挥志愿服务组织和志愿者的积极性,使得社区关注的侧重点与社区居民的实际需求不完全匹配,志愿服务的质量得不到保障。

(2)志愿服务的供给受到志愿者的志愿时间偏好的影响

社区居民对志愿服务需求频率较高,每个月都有不少于一次志愿服务的需求,而只有29.91%的志愿者能够一个月开展一次志愿服务。对志愿者志愿服务时间的偏好的统计显示:有60.65%的志愿者任何时间都可以提供志愿服务,有47.74%的志愿者可以利用双休日开展志愿服务,有27.42%的志愿者可以在节假日开展志愿服务,有10.97%的志愿者可以在工作日的晚间提供志愿服务。志愿者提供志愿服务频率与时间偏好的非对称性不能满足社区居民的志愿需求,即:志愿者的"志愿时间容量"与社区居民的"志愿需求增量"不匹配,志愿服务供给无法有效满足志愿服务需求(见图1-5)。

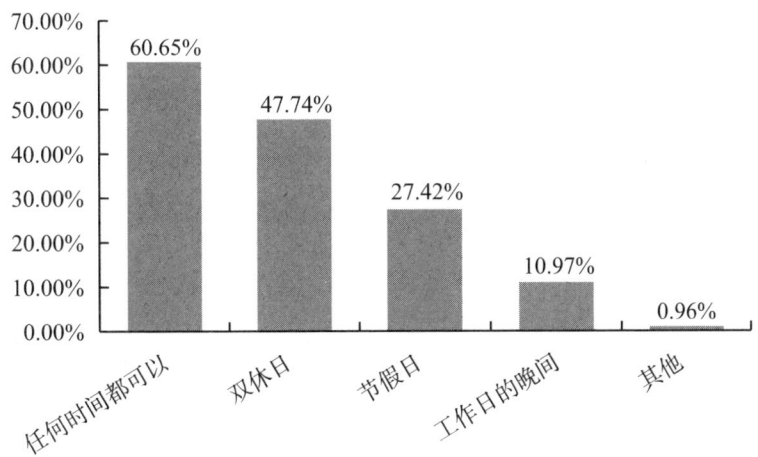

图1-5 志愿者的志愿服务时间偏好

四、促进社区志愿服务供需有效对接的对策建议

社区治理的顺利开展,离不开政府、市场、社会与居民的有效配合,更离不开社区公共服务的有效供给。社区志愿服务组织作为一支重要的社会建设力量,它所提供的志愿服务的有效拓展和延伸,不仅满足了现代社会公民关爱他人和奉献社会的愿望,也成为政府服务和市场服务的有效补充,有利于激发政府、社会和居民三大主体各自作用,推动形成共建、共治、共享的社会治理格局。

(一)整合社区志愿服务供给资源

社区志愿服务的天然优势是社区有着丰富资源。社区志愿服务资源是社区志愿服务得以存在和发展的一切资源的统称,它既包括街居自有资源,也包括社区单位资源;既包括服务设施资源,也包括人力、科技和信息资源;既包括现有资源,也包括潜在资源;既包括非经营性资源,也包括经营性资源。整合社区志愿服务资源需要充分认识社区资源。只有认识到社区资源的全面性、多样性,才能够充分挖掘和最大限度地利用社区资源。①只有社区志愿服务资源整合能力提高了,社区才能拥有更多社区志愿服务资源,更好开展社区服务。

1. 发挥社区党组织、群团组织在社区志愿服务资源整合中的作用

坚持党的领导是我国社区建设的政治特色,也是社区资源整合的组织优势之一。在我国,整个社区治理主体结构表现出明显的向心性合作。②我国城市社区的基层党组织主要有街道党(工)委和居委会党总支两级,它们在社区治理中发挥着主导作用。

2019年5月,中共中央办公厅印发《关于加强和改进城市基层党的建设工作的意见》,明确提出:"提升街道党(工)委统筹协调能力。深化街道管理体制改革,切实增强街道社区党组织政治功能和战斗力,充分发挥街道党(工)委统筹协调各方、领导基层治理的作用。"街道党(工)委对所辖单位、驻地机构和社会组织负有领导和管理的责任,在社区建设中发挥着资源整合的

---

① 孙京红.探索社区资源共享的实现途径[N].中国社会报,2003-11-05.
② 李金红.和谐社会的社区治理结构研究[C]//湖北省行政管理学会2006年年会论文集.2007(01):182-187.

作用：首先，进一步探索街道党（工）委的管理机制，以网格化管理为抓手，调动一切积极因素参与社区志愿服务，向社区志愿服务供给给予政策支持、资金支持和场所保障，确保志愿服务有效开展。其次，发挥街道党（工）委的领导作用，打造"党小组+志愿者"服务模式，组织所辖单位、驻地机构和社会组织进网格，将志愿服务下沉至网格，精准了解社区居民志愿服务需求。

社区居委会党总支是按照《中国共产党章程》的规定，在社区中成立的、以全体社区党员为组织成员的中国共产党基层组织。社区居委会党总支具有代表社区居民管理社区内公共事务、组织社区内党员和群众参加社区建设的职能。发挥社区居委会党总支在社区中的核心作用，需要加强志愿服务宣传、组织开展志愿服务、动员社区居民参与志愿服务，切实落实好党员回社区"报到"制度，充分发挥党支部和社区党员在社区志愿服务中的先锋模范作用，调动社区党员参与社区志愿服务的积极性。

此外，社区工会、共青团、妇女联合会（简称妇联）等群团组织在社区中有特定的群众基础，它们在社区中发挥着不可替代的作用。街道党（工）委和社区居委会党总支在整合志愿服务资源时要加强对这些组织的领导，让它们在社区志愿服务供给中发挥更大、更积极的作用。

2. 挖掘社区人财物资源

城市社区有着丰富多样的志愿服务资源，可以充分利用社区的人财物资源支持社区志愿服务的发展。

（1）发掘社区人力资源

社区居民是社区宝贵的资源。社区中既有丰富的人力资源，也有专业性的人才资源。调研发现，回天地区的社区居民中有丰富的高学历和专业化的人力资源，而参与社区志愿服务的社区志愿者的专业化水平和受教育程度整体上不高，社区人力资源优势没有充分发挥出来。因此，除了发动社会志愿者外，社区志愿服务也要充分挖掘社区丰富的志愿者资源。

（2）挖掘社区的经济资源

除了政府机构外，社区中存在大批经济组织。回天地区有数十家企业，涉及各行各业。这些企业拥有丰富的资源。社区可以建立"企社结对"，即：一方面，企业通过项目、人才、技术优势加强与社区志愿服务项目、资源对接，助力社区志愿服务供给；另一方面，社区充分利用企业资源供给志愿服务，扩大企业在社区居民中的影响力，提高企业的知名度和声誉，增强企业的社会责任感。

（3）整合社区的物质资源

社区拥有能够满足人们生产、生活所需的基础设施，如菜市场、商店、学校、医院、文化场馆、公园、活动中心等，要充分发挥这些设施的功效，为社区志愿服务提供良好的物质资源。

（二）提升社区志愿服务专业化水平

针对志愿服务供给频率不高的问题，推进志愿服务专业化发展是一条可行路径。因为志愿服务专业化使志愿服务人员的志愿服务活动不是兼职的,而是专职的。这就给予了志愿服务供给频率很大的空间。主要办法有:其一,依托志愿服务平台的资源整合优势,发挥专业人员和社会专业机构的优势,通过辅导、交流、学习等方式,对志愿者进行相关知识、技能培训,提升志愿服务的专业技能。其二,建立完善的志愿服务专业化体系,以项目化带动志愿服务专业化发展,提升志愿服务效果。其三,注重"因材施教",对专业化较高的志愿服务需求开展不同的专业培训,组建讲师团,邀请拥有相关专业课培训资格的专家、学者参与进来,提高志愿者的专业化水平。

(三)拓宽社区志愿服务供给渠道

1. 加强政府供给

《志愿服务条例》明确指出:"县级以上人民政府应当将志愿服务事业纳入国民经济和社会发展规划,合理安排志愿服务所需资金,促进广覆盖、多层次、宽领域开展志愿服务。"因此,供给志愿服务是政府职能的体现,也是其保障社会公平和满足公众需求的职责所在。政府既是志愿服务政策的制定者,也是志愿服务参与者与资金提供者,还是志愿服务需求评估者和监控者。在政策供给方面,对志愿服务组织参与志愿服务的优惠政策、志愿服务内容、志愿服务标准、志愿服务流程、志愿服务工作要求、志愿服务保障等都有一套完善的政策体系支持志愿服务的发展。在资金供给方面,志愿服务的特殊性决定了政府不可能完全退出。政府应当作为志愿服务的直接提供者,通过财政投入、建立服务机构等举措，直接向社区居民提供志愿服务。同时，政府需要不断加强对公共服务的采购、补贴和供给的力度，并与社会组织共同参与社区志愿服务供给。在志愿服务需求评估和监控方面，政府要全面了解社区志愿服务的需求，开展以满足需求为主的志愿服务供给，提高社区居民的满意度。

2. 注重多元合作供给

政府部门、私营部门和社会部门分别承担着行政性事务、经济性事务和社会性事务。在社区公共服务供给过程中，任何一种单一供给都存在缺陷，面临着"政府失灵""市场失灵""志愿失灵"等困境，提高志愿服务供给效率的有效选择就是加强多元主体之间的合作。

表1-4 社区基本公共服务主体特征

提供主体	提供路径	特点	失灵的原因
政府	无偿提供服务	职能体现，有普遍性，为社会提供服务，兼顾公平	效率不高
市场	为特定群体提供服务	以营利为目的，用者付费，注重效率	无法满足需求，经营不善
非营利组织	主动无偿提供服务	不以营利为目的，为大众提供服务，兼顾公平与效率	管理不善，自身能力不足

（1）加强政府与市场合作，提高志愿服务供给效率

志愿服务组织主要依托政府资助开展志愿服务。市场作为公共服务的重要补充，有成本低、效率高的优势。政府可以发挥市场的优势，通过合同外包、购买服务等方式，让市场参与社区志

愿服务供给。政府与市场合作供给有助于减轻政府压力,减轻财政负担,激发市场活力,满足社区居民的多样化需求。

(2)加强政府与社会组织合作,支持非营利组织的发展

政府部门的基本职责是保障基本公共服务的均等供给,市场则强调产品供给的效率,非营利组织则是在"市场失灵"和"政府失灵"基础上发展起来的。非营利组织提供的公共服务能够避免市场提供公共服务时出现"搭便车"现象,也能够避免政府提供公共服务低效率、高成本等问题。从发达国家的经验来看,离开非营利组织的参与和推动,社区公共服务的发展是不可持续的。这表明,社区公共服务离不开非营利组织。同样,非营利组织的成长也离不开政府的支持和合作。政府与社会组织加强合作可以通过三方面进行:首先,加强政府对非营利组织的引导,为其发展营造良好的政策和法制环境。其次,加强政府与非营利组织的合作。在社会转型期,非营利组织扮演着承接政府逐步退出并把部分社会职能转交给社会的角色。[1]目前,社区居民公共需求多样性日益突出,志愿服务组织、慈善机构、民间组织等非营利机构能够为社区提供养老、卫生、就业、医疗等内容丰富、灵活多样、更加"亲民"的社区服务,在社区公共服务的运行过程中发挥无法取代的作用。政府要结合实际,了解社区居民需求,通过合作、资助等方式鼓励并支持非营利组织承接社区志愿服务项目。最后,加强宏观调控,减少对非营利组织的行政干预。依

---

[1] 杨锚龙,许利平,帅学明.政府与非营利组织合作的新模式——从制度化协同走向联动嵌入模式[J].国家行政学院学报,2010(03):57-59.

据《志愿服务条例》，我们国家的志愿服务形成了党政领导、群团负责、社会组织参与的格局。党政和群团组织加强领导能力和动员能力的同时，也需要明确非营利组织和党政机关之间的分工，建立良好的协作关系，变"掌舵者"为"合作伙伴"，双方通过协作提供社区志愿服务，实现对社区公共事务的有效管理。

（3）加强政府、市场和社会三方的合作，提供多元化志愿服务

志愿服务属于一种多元主体、多种形式的"混合供给"。政府、市场和社会在各自领域有自身的优势和特点，三者可以根据志愿服务的种类、性质和影响自主决定以何种方式、在什么时间，提供何种类型的志愿服务。即使提供同一种志愿服务，三者关注的侧重点也有所不同。在多元主体参与下，政府所提供的志愿服务更加注重公平，市场提供的志愿服务更加注重效率，社会提供的志愿服务更加注重公益。只有这种多元主体参与提供，才能满足社区志愿服务多元化需求。

（4）完善社区志愿服务组织登记制度

改革当前社区志愿服务组织登记制度，由登记制变为备案制，取消志愿服务组织登记时对资金、场地、人数等限制。只要志愿服务组织不违反法律、法规，不危害国家安全和社区公共利益，社区允许其进行备案，无须经过业务主管部门和民政部门的批准就能合法成立。这有助于无法登记的基层组织积极参与社区志愿服务。同时，改变由政府统一组织或安排志愿服务的现状，允许志愿服务组织按照其发起成立时的发展目标参与志愿服务供

给，鼓励志愿服务组织开展多元化的志愿服务供给。

（四）优化社区志愿服务供需结构

1. 优化志愿服务平台

依托互联网等信息技术，打造"互联网＋社区"平台，将互联网与志愿服务资源结合，将分散的资源和需求进行有效整合，为各个参与主体之间建立一个志愿服务交流沟通平台。依托志愿服务平台，运用数据化手段收集社区居民需求，整合各个志愿服务组织的资源，及时发布社区志愿服务活动和志愿服务信息，吸引更多志愿服务组织参与社区志愿服务。将各种分散的资源有效整合和优化，实现志愿服务资源、志愿服务和志愿服务需求的共享。

2. 完善供需对接机制

完善供需对接机制，以需求为导向建立"菜单式"的志愿服务供给。社区通过志愿服务平台将可用于社区志愿服务的资源告知社区居民，由社区居民对所需要的志愿服务进行"点单"，志愿服务供给主体根据"点单"实施供给。同时，社区要以社区居民为主体，根据群众实际需求不断完善并更新列出志愿服务"菜单"，提高"菜单式"服务的针对性。这种以需求为导向的志愿服务供给改变了社区居民被动参与的局面，通过社区居民"点单式"主动选择，促进供需对接，促进供给主体精准高效地开展志愿服务，提高社区居民的参与度和满意度。

3. 建立志愿服务补偿机制

萨拉蒙认为，非营利组织只要不以营利为目的，就可以开展一定形式的经营活动获取利润，其所在的美国非营利组织通过服务和经营获取的收入占总收入的一半以上。如前所述，多元主体参与志愿服务能够满足社区居民多元化的志愿服务需求，但志愿服务的公共属性决定了它只能满足具有普遍性和公共性的需求。对于无偿服务和政府有偿购买服务无法满足的特殊性需求，付费消费应该作为一种有效补充参与到志愿服务的供给中来。这种服务依托供给主体的专业性来提供有偿志愿服务，以满足社区居民的需求。

第二章　社区志愿服务组织建设与发展

一、回天地区志愿服务组织建设与发展现状

（一）志愿服务组织建设与发展的特点

1. 政府引领志愿服务组织建设与发展

两年多来，为了"回天有我"社会服务活动顺利发展，昌平区政府从制约回天地区的社会服务能力的问题入手，积极发挥社区志愿服务组织在社会治理中的参与作用，通过政策引导、组织培育、资金扶持等措施促进回天地区的社区志愿服务组织数量和质量双提升。首先，建立健全回天地区的志愿服务组织发展政策体系，形成服务到位、监管有效和多方参与的社会组织服务管理格局，使志愿服务组织成为政府转移职能的重要承接者、社会政策的重要执行者和社会道德的自觉践行者。其次，重视对志愿服务组织的扶持与培育，对注册且服务于回天地区，从事社区环境

秩序、物业服务提升、社区养老服务、社区青少年服务、社区文化服务、社区党建创新等领域的组织进行认定。同时，昌平区设立社会组织孵化基地和回天社会创新学院，为志愿服务组织孵化搭建培育平台，也为志愿服务组织提供人才、办公场所、业务梳理等支持。最后，政府通过加强购买志愿服务力度，建立起稳定的政府购买志愿服务资金支持体系，鼓励镇街相关部门在编制年度财政预算时，合理安排购买志愿服务经费。同时，统筹使用社区公益事业补助资金、党组织服务群众经费、市级转移支付相关经费等，用于购买志愿服务。① 此外，充分发挥回天社区公益基金会的作用，多方整合社会资源，向有参与意愿的国有企业、民营企业等定向筹资，畅通社会资金参与社会治理的渠道，作为社区志愿服务组织资金的有益补充。

2. 建立起志愿服务组织建设与发展网络

为强化社区志愿服务组织的建设，促进社区志愿服务组织的可持续发展，回天地区构建起多元联结的志愿服务组织网。第一，2018年，成立昌平区志愿服务联合会，吸纳了回天地区135家志愿服务团体，切实承担起辖区内志愿服务组织的管理职能，统筹做好志愿服务组织学习交流、项目承接、资源对接、动态评估、权益维护、综合协调等工作。第二，成立回天地区"4+8"

---

① 北京市人民政府，中共北京市委社会工作委员会，中共北京市昌平区委员会，北京市民政局，北京市昌平区人民政府.关于印发《关于回天地区社会组织创新发展示范区建设的试点方案》的通知［EB/OL］.（2019-08-13）［2021-08-16］. http://www.beijing.gov.cn/zhengce/zhengcefagui/201908/t20190819_103866.html.

志愿服务团队。其中,"4"是指打造禁毒志愿服务队、安全防范志愿服务队、金融知识宣讲志愿服务队和医疗健康志愿服务队4支区级专业化志愿服务队,"8"是指在每个社区建立一支内含文体员、健康员、帮扶员、宣传员、巡查员、劝导员、环保员和安全员"八大员"的社区志愿服务队。回天地区通过"4+8"志愿服务团队的形式,有效推动社区志愿服务专业化和全面化发展。第三,构建党员、团员和中学生回社区报到机制。回天地区通过推动社区成立功能型党支部、招聘党员社工和派驻党建指导员,以及推动社区党员、回社区报到党员参与志愿服务组织工作等方式,拓展党员与中学生发挥作用的途径,加强各级党委对志愿服务组织工作的参与和监督指导。同时,社区居委会借此广泛吸纳社区大中学生、政府部门成员、社会组织成员、社会企业成员、事业单位专家学者等为注册志愿者。第四,推进"五大青年行动"。回天地区积极开展清洁空气、垃圾分类、节水护水、文明出行、背街小巷整治等志愿服务活动,并在开展活动的过程中不断招募志愿者,注入新力量,提高了志愿者注册率。

3. 形成完备的志愿服务组织类型

目前,回天地区共有2000多个志愿服务组织,服务范围覆盖赛会服务、应急救援、城市运行、文化教育、关爱服务、社区服务、绿色环保、医疗卫生、在线志愿服务、京外服务、国际服务等,涵盖绝大部分组织类型。根据实际情况,回天地区主要有以下4种志愿服务组织建设与发展的类型。

第一类是平台型志愿服务组织。平台型志愿服务组织是指通过搭建平台吸纳回天地区活跃的志愿服务团体为会员单位,为其提供合作交流、资源对接等条件,协力开展社区志愿服务活动的组织。这类志愿服务组织的管理相对规范,有专职的工作人员和固定的办公场所,常见的有志愿者联合会、志愿者协会和志愿服务平台。如:昌平区依托志愿服务联合会吸纳回天地区活跃的志愿服务团队和社会组织为会员单位,依托回龙观志愿者协会和天通苑志愿者协会辐射带动社会组织和个人向其靠拢,组建各类志愿服务队1282支,不断织密志愿组织服务网;依托"志愿昌平"微信公众号,实现志愿者注册、供需对接、服务记录、查询信息、展示交流等功能,志愿者个人可以通过"寻找项目"平台加入某个团体或者参与某个服务项目。

第二类是法人社团型志愿服务组织。法人社团型志愿服务组织是指通过民政局注册登记,具有法人资格,能够独立开展志愿服务的组织。这类组织具有明确的目标和发展规划,能够为社团成员的志愿服务提供法律、培训、经费支持等保障。同时,这类组织有很强的号召力和公信力(通过3A认证),能够辐射带动更多活跃的志愿服务组织、志愿服务队和个人向其靠拢并参与到社区志愿服务活动当中,是非营利组织的重要组成部分。这类志愿服务组织主要包括回龙观志愿者协会、天通苑志愿者协会等。

第三类是地域型志愿服务组织。地域型志愿服务组织是指以地域为基础开展志愿服务活动的组织。这类志愿服务组织依托回天地区的镇街办、社区(村)等机构发起而成立的。组织成员主要由该区域内的社区志愿居民组成,熟悉社区基本情况。对基于"熟人社会"的社区开展志愿服务具有很强的针对性。社区志愿者通过参与志愿服务活动,能够传播互帮互助志愿服务精神,感召与动员更多社区居民加入,提高志愿服务的参与率和服务质量。

第四类是专业型志愿服务组织。专业型志愿服务组织是以专业知识或技能为依托开展志愿服务活动的组织。这类志愿服务组织的成员大多数是行业内的专业人员,专业性强,业务培训较多,能够向社会提供应急救助、禁毒、消防等专业化志愿服务,例如禁毒志愿服务队、安全防范志愿服务队、金融知识宣讲志愿服务队、医疗健康志愿服务队等。但这种专业性的优势也决定了其开展志愿服务活动的单一性。

(二)志愿服务组织建设与发展的环境

1. 政治与社会体制改革形成良好的组织建设与发展空间

社区志愿服务作为完善社区治理体系的必要环节,伴随着社会主义政治体制改革和基层社会治理结构的变革而发展壮大。自20世纪80年代以来,为推进政府机构改革,政府以职能转变为前提条件,让渡部分空间或者资源给社会,将部分服务性或者管理性职能交付于社区志愿服务组织。以上政府改革时间段的重点,表明政府理念从"全能"逐步变为"有限",更加注重宏观调控和间接管理。[1]回天地区作为北京市昌平区的一个区域,紧

---

① 祝建兵.中国支持型社会组织发展研究[D].南京:南京师范大学,2016.

跟政治体制改革发展趋势，全面推进机构改革，于2019年完成机构新建、优化机构职责的任务。逐步放松社会管制，减弱对志愿服务组织的控制力度，同时将部分公共服务职能交予志愿服务组织，支持、引导、鼓励志愿服务组织的发展，为回天地区的志愿服务组织的兴起与发展提供了广阔的外部环境。

  进入21世纪，中国特色社会主义改革逐渐向社会领域延伸，政府将推进社会建设确定为重要的战略任务，试图通过改革社会管理理念、管理体制和管理手段来实现社会事业的兴旺发达。党的十八届五中全会审议通过的《中共中央关于制定国民经济和社会发展第十三个五年规划的建议》提出："支持慈善事业发展，广泛动员社会力量开展社会救济和社会互助、志愿服务活动。"[①]北京市政府为积极响应该要求，挖掘并拓宽社区志愿服务组织参与社会体制改革的广度与深度。在回天地区，北京市通过发挥昌平区志愿服务联合会的作用，结合回天地区青年汇在社区群团组织中的资源力量，引入各类专业人才参与策划开发志愿服务项目，建立"志愿回天专项基金"，持续扶持回天地区（专业）志愿服务队、126支回天社区志愿服务队等一系列措施，将回天地区的志愿服务组织整合起来，形成工作合力，构建社区志愿服务组织发展所需的制度环境和思想土壤。

---

① 国务院.国务院关于印发"十三五"推进基本公共服务均等化规划的通知［EB/OL］.（2017-03-01）［2021-08-16］.http://www.gov.cn/zhengce/content/2017-03/01/content_5172013.htm.

2. 社区志愿服务组织创新培育和管理方式推动组织建设与发展

社区志愿服务已经成为社区服务的重要组成部分和社会治理现代化发展的必然趋势。现阶段，如何满足社会建设进程中对社区志愿服务的强劲需求，更好地培育并有效管理更多社区志愿服务组织，成为各级政府亟须解决的一道难题。在实践中，政府正在不断加强对社区志愿服务组织的培育，例如通过加大购买服务力度、提供政策支持或补贴、开展公益招投标等方式来培育社区志愿服务组织发展。另外，我国政府对志愿服务组织采取直接管理的监管方式。一方面，政府把入口作为对志愿服务组织的管理重点，为志愿服务组织的登记和成立设定了过高的门槛，同时对已注册的志愿服务组织的活动经费、范围和内容实行严格限制；另一方面，对志愿服务组织实行双重管理。按照相关法规，登记在册的所有志愿服务组织，除了接受民政部门等主管机关的监管外，还必须接受其业务主管机关的领导，而且业务主管部门通常承担着主要的管理责任。近年来，志愿服务组织的爆炸性增长使政府的培育与监管能力面临重大考验，培育与管理工作绝不能仅靠政府力量来完成，必须合理调动社会力量开展此项工作，特别是离不开各种类别的支持型社会组织与枢纽型社会组织。

昌平区政府一直在创新社区志愿服务组织的培育与管理方式。一方面，培育多种支持型社会组织为社区志愿服务组织提供多方面的服务与支持。例如：2017年，设立昌平区社会组织孵化基地，立足组织生存发展全生命周期的需求，开展集资讯、咨询、资本、资源四位一体的孵化服务体系，帮助组织渡过初创期难关并具备资源整合等可持续发展能力。2019年，回天社会创新学院成立，致力于为各类基层治理参与主体提供智力支撑，提升专业化社区治理能力，发挥社会治理创新实践平台、社区教育支撑平台、社会服务主体培养孵化平台的作用。同年，建立北京市回天社区公益基金会，通过资助回天地区的社区公共服务设施公益项目，搭建基层多元治理参与平台，对接各种资源，为社区志愿服务组织的发展提供资金支持，助力社区公益慈善事业发展。另一方面，成立于2018年的昌平区志愿服务联合会，作为联络、团结和凝聚昌平区各部门、各系统和各领域志愿服务组织的枢纽型组织，以组织和指导全区志愿服务组织开展志愿服务活动为主要工作内容，对所辖区域内的志愿服务组织进行分类管理。"民管民"的管理方式代替了"政管民"，充当党和政府与各界联系的桥梁与纽带，承担着推动志愿服务发展的作用。昌平区政府正逐渐将组织的培育工作交由那些综合实力强、社会信任度高的支持型社会组织与枢纽型社会组织来完成，充分发挥它们的培育功能和管理能力，最终构建了促进各类社会组织整体发展的组织结构和生态环境。

3. 社区志愿服务组织优化内部结构促进组织建设与发展

2020年是"回天行动计划"的收官之年。在三年时间里，社区志愿服务活动作为"回天有我"社会服务活动的主要形式，深度参与回天地区社会治理。社区志愿服务无论在参与人数、组织规模方面，还是在服务领域方面，均获得长足发展并产生良好的社会效益与影响，成为回天地区社区治理与创新的一支重要力量，但回天地区社区志愿服务组织在建设过程中也逐渐暴露了不少问题与弊端。如：志愿服务组织管理体制不健全、志愿服务组织运行机制不完善、志愿服务组织社会动员能力不足等问题，造成志愿服务组织在提供公共服务、满足社会需求、承接政府转移职能等方面出现功能缺陷和效率困境，影响了社区志愿服务组织在社会建设中的磁场效应。因此，回天地区的志愿服务组织亟须优化结构，增强组织与社会各部门之间的联系，提高组织层次，建立组织联盟，筑牢支持基础。

回天地区现阶段社区志愿服务组织的发展不仅需要拓展"增量"，也需要改革"存量"。所谓"增量"，是指加入社区志愿服务组织的新观念、新机构、新资源和新人才；所谓"存量"，是指培育创新型社区志愿服务组织和相关人才。应该对社区志愿服务组织的内部结构进行优化：第一，通过确立组织愿景，树立长远发展目标，规范、凝聚组织成员。第二，完善组织管理机制，设立科学的组织结构与管理流程，健全人力资源管理制度，从人员招募、培训、激励、保障等方面进行完善。第三，建立内部与外部沟通协调机制，获取志愿者、其他志愿服务组织、社会的认同与支持。从价值、能力、支持三个维度促进社区志愿服务组织数量与实力的增长，使"存量"改革最终促进"增量"变化。因此，回天地区要加快社区志愿服务组织内部结构优化进程，实现志愿服务组织可持续发展，让"回天有我"这一大型社区治理品牌更加响亮，充分发挥社区志愿服务组织在提供公共服务、参与社会治理等方面的作用。

（三）志愿服务组织建设与发展的成效

1. 社区志愿服务组织类型多元化

昌平区志愿服务行动自1999年启动以来，至今已经走过20余年的发展历程。伴随社会治理创新、社会组织改革，社区志愿服务组织的发展也呈现多元化，出现了统筹型志愿服务组织、支持型志愿服务组织、实施型志愿服务组织等多种形态。

统筹型志愿服务组织是指以整合、统筹本区志愿服务力量与资源，协调各类志愿服务组织的发展，并为其提供支持和帮助的组织类型。如：为转化2008年北京奥运会志愿服务的成果，北京市昌平区于2010年成立了志愿服务联合会（前身为2003年成立的北京市昌平区青年志愿者协会，2006年更名为北京市昌平区志愿者协会）。随后，该区又相继成立了北京市昌平区天通苑志愿者协会和北京市昌平区回龙观志愿者协会，吸纳昌平区的基层组织，为各类志愿服务组织提供研究、培训、交流、督导等支持，传播和推广了"邻里守望、行善立德"的志愿文化。同时，这些志愿服务组织以"民管民"的管理方式代替"政管民"的管理方式，承担起推动社区志愿服务发展的作用。

支持型志愿服务组织是指以提供智力、资金、资源、信息、技术等来促进社区志愿服务组织及其服务发展的类型。支持型志愿服务组织通过开展研究、调查、培训、辅导、评估等活动，为各类志愿服务组织提供多样化的帮助。如：昌平区于2017年设立昌平区社会组织孵化基地，立足组织生存发展全生命周期的需求，开展集资讯、咨询、资本、资源四位一体的孵化服务体系，帮助组织渡过初创期难关并具备资源整合等可持续发展能力。2019年，昌平区成立回天社会创新学院，致力于为各类基层治理参与主体提供智力支撑，提升专业化社区治理能力。2019年，昌平区建立北京市回天社区公益基金会，通过资助回天地区的社区公共服务设施公益项目，搭建基层多元治理参与平台，对接各种资源，为社区志愿服务组织的发展提供资金支持，助力社区公益慈善事业发展。

实施型志愿服务组织是指针对社区群众的需求，设计和实施具体服务项目，帮助社区群众，促进民生改善的服务社团。回天地区的2000多个志愿服务组织在关爱服务、助残服务、济困服务、助老服务等领域做出了积极贡献。其中，天通苑南街道溪城珑原社区主动探索更多便民服务项目，针对辖区常住人口约有10 000人且老年人多的特点，该社区党支部于2018年11月成立缝纫小组，固定在每周三的9点至11点和14点至16点在居委会活动室开展便民服务，提供包括扦裤边、改腰身、修理拉链等服务项目。至今，其为缝纫有困难、需要帮助的老中青居民提供了100余人次免费服务。该社区党支部以"缝进亲情　锁住温暖"为理念，通过志愿服务把社区有手艺的老人聚在一起，不仅丰富了志愿者的生活，也为老年人提供了发光发热的平台，还为社区其他居民服务解决了日常琐事，增强了社区的凝聚力，营造了团结和谐的良好氛围。

2. 形成志愿服务组织服务网

自2018年8月"回天有我"社会服务活动启动后，回天地区的志愿者与志愿团体数量都出现大幅增加。志愿者由2017年的55 314人增至2018年的84 749人，增长率为53.2%。志愿团体由2017年的175个增至2018年的1348个，增长率为670.3%。其中，"4+8"志愿服务团队和126个社区"八大员"志愿服务队吸纳新增注册志愿者6478名，其中党员有2290名，团员有1701名，社区群众有2487名。除此以外，回天地区通过微信小程序"回天有我"持续招募领读人专业志愿者、律师专业志愿者、青少年发展专家志愿者等专业志愿服务人士，不断充实回天地区（专业）志愿者队伍。

在日益壮大的志愿者队伍的基础上，昌平区依托区志愿服务联合会通过吸纳回天地区活跃的志愿服务团体、社会组织成为会员单位，将众多分散各地且处于无序状态的基层组织有系统地整合在一起，对其进行规范管理，更好地发挥各类志愿服务组织在回天地区的影响力，以此逐步形成志愿服务组织网。另外，昌平区依托回龙观志愿者协会、天通苑志愿者协会等志愿服务组织辐射带动活跃的志愿服务组织、社会组织和个人向志愿服务联合会靠拢，统筹、支持组织会员的发展，发挥枢纽连接作用。如：回龙观志愿者协会依托回龙观社区网的影响力，通过网站集合网友志愿者及回龙观社区居民志愿者的力量，为社区建设及社会建设贡献力量，提供志愿服务、宣传推广、社会服务、协调指导、考核评比、对外交流等多项社区服务。同时，通过成立5支镇街志愿服务队、组建社区"八大员"的志愿服务队、打造4支专业志愿服务队，组建各类志愿服务队1282支，推动了志愿服务组织网的专业化发展，不断织密志愿服务组织网。志愿服务组织就从"各自发展""分散发展"转变为"相互协同""合作发展"，构建起协同创新的志愿服务组织格局。

3.志愿服务组织活动日趋丰富

昌平区志愿服务行动开展20年以来，文明之花正在昌平大地上竞相怒放。依托昌平区政府批准的156个志愿服务项目，志愿服务组织与志愿者在回天地区的126个社区开展了广泛的服务民生、秩序维护和宣传引导类活动，涉及清洁空气、文明交通、垃圾分类、环境治理、社区互助等志愿服务活动。

"回天有我"社会服务活动启动后，团区委不断深化"党建带团建促社建"，充分发挥枢纽型社会组织作用和资源整合优势。回天地区以社区党建为引领，以志愿服务为载体，积极发挥基层党组织的带头作用和优秀党员的模范作用，引导广大共产党员主动参与社区志愿服务，如开展照顾孤寡老人、打扫楼道卫生、治安巡逻、教育培训等常态化志愿服务活动。回天地区党团组织积极践行以人民为中心的理念，以社区志愿服务组织服务人民为切入点，不断加强基层党组织建设，实现社区党建和志愿服务工作的共同发展。同时，社区青年汇在青年聚集的基层社区，建立青年的生活空间，号召广大青年参与社区志愿服务活动，以青年为中心，对其提供城市融入培训、交友联谊、文体娱乐、教育培训、法律心理服务、青年自组织发育等主要服务内容，满足辖区青年学习、娱乐、参与、成长等需求,为广大青年建设"好玩儿的俱乐部""靠谱儿的朋友圈",从而实现理性积极、奋斗进取、和谐包容的城市青年社会关系。

日益丰富的社区志愿服务有力整合了社会资源,弥补了政府和家庭职能的不足之处,不断满足居民多样化的物质、文化和生活需求,有助于增强社会成员的生活保障,有助于健全社会服务体系。

二、回天地区志愿服务组织建设与发展中存在的主要问题

1995年,哈佛大学的马克·穆尔教授提出了"三圈理论",他在《创造公共价值:政府战略管理》中构建起由"价值""能力""支持"三个维度搭建的公共部门组织决策与战略实现的模型分析框架。

为了形象描述它们之间的关系,马克·穆尔绘制了价值圈、能力圈和支持圈组合在一起的图形(见图2-1),形成"三圈理论"示意图。价值圈是指公共价值的实现,一方面指组织战略对于政府、企业、社会具备的价值,包括促进政府职能转变、企业健康有序发展、公共服务质量提高等方面的重要诉求;另一方面指完成组织政策要求的活动对组织内部成员产生的价值与利益,例如工作技能的创新、工作环境的改善、工作职称的提升等重要作用。能力圈是指为实现团体政策目标与战略规划,组织应具备

的人力、财力、物力等资源禀赋,包括组织对资源的吸纳能力和对资源进行合理配置的能力。支持圈是指组织进行能力建设、实施政策规划需要政府、法律、相关利益群体的肯定和配合。"三圈理论"示意图中的阴影区域为"耐克区"。在"耐克区",组织的行为符合公共价值诉求,也有足够的能力实现组织目标,同时组织获得了内外部的广泛支持,处于组织内部治理的最理想状态。

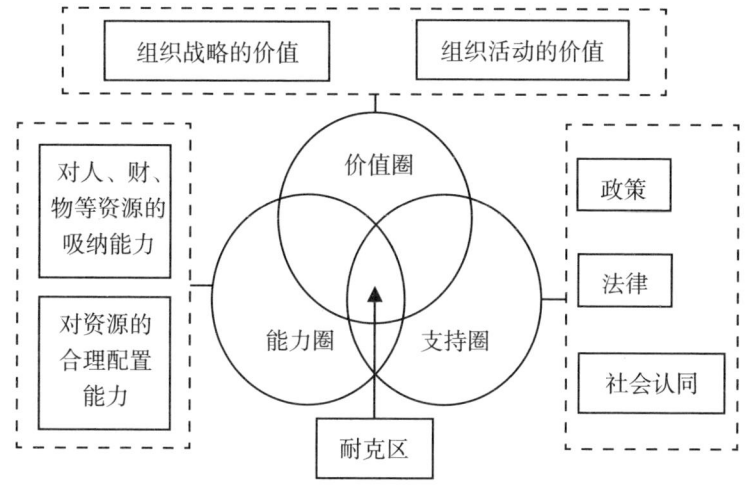

图2-1 "三圈理论"示意图

笔者立足"三圈理论",对回天地区的志愿服务组织的建设困境进行分析,从价值圈、能力圈、支持圈这三个维度来分析阻碍回天地区志愿服务组织发展的因素,为扩大组织的"耐克区"指引方向。

（一）组织价值目标存在偏差

价值是客体的功效在主体的主观世界的能动反映。[①] 共同价值是指不同主体在实践和交往中对客体的认同态度。社区志愿服务组织在提供公共服务、参与社区建设的过程中，需要满足政府、企业、其他社会团体、居民、志愿者等主体的共同需求，是解决居民问题、激活社区自治能力、构建守望相助的生活共同体。社区志愿服务组织的共同价值成为组织发展的圭臬，指明了志愿服务组织的职责与发展方向，是志愿服务组织作为社区建设主体的灵魂。

回天地区于20世纪90代末在政府的主导下异军突起，与在社会转型中出现的新生事物——社区志愿服务组织共同发展。社区志愿服务组织是解决社会问题的产物，本应作为独立于政府与企业的"第三部门"自发地根据社区建设状况、居民需求开展相应的志愿服务活动，自主地补充政府和企业不能发挥的作用，通过自治推动社区志愿服务组织持续发展，促进社区健康蓬勃发展。然而，社区承担了大量政府下沉的行政事务，政府在很大程度上控制了回天地区志愿服务组织的管理体制与运行机制，自上而下地扶持发展起步晚、自治能力不足的志愿服务组织，为其设定活动领域，提供活动资金，下发项目活动，使社区志愿服务组织在提供服务的过程中深度体现行政意识，不可避免地使社区志愿服务组织的发展方向与活动目标以满足行政要求为主。社区志

---

① 赵学琳.人类共同价值的生成逻辑及其内在维度[J].理论与改革，2020(02)：29-41.

愿服务组织"非官非民"的模糊身份，使其无法拥有清晰而又一以贯之的价值目标，不能有效回应政府、企业、其他社会组织、居民的共同价值需求，志愿服务组织的价值目标与志愿服务的核心本质存在偏差。有位社区书记提到，自2018年施行"回天三年计划"以来，回天地区的志愿服务组织从289个激增至目前1633个，增长了4.65倍[①]，但其中有多少组织自成立后真正发挥社区建设作用仍有待考证。其中，团区委主导在126个社区成立的"八大员"志愿服务队，没有考虑到一些社区已有与其功能相同的志愿服务组织，但仍将其下派给社区完成，而各社区为完成这一"指标任务"，号召居民参与该组织成立仪式，拍照、宣传、存档后供上级验收，之后该组织再无开展相关志愿服务活动。这种形式化、展示化的志愿服务，既没有与居民进行有效沟通，满足居民的服务需求，也没有促进社区志愿服务组织的成长，增强组织在储备人才、物资、资金等方面的能力，更没有实现政府本质上希望社区志愿服务组织增进社区福祉的目标。因此，回天地区的志愿服务组织存在偏离志愿服务要旨的问题。

（二）能力提升机制有待完善

1. 组织内部治理能力机制较不完善

（1）人力资源管理机制不健全

人力资源管理机制不健全的表现之一是回天地区的社区志愿

---

① 北京市民政局.回天地区三年基层社会治理，我们交出这份答卷［EB/OL］.（2021-01-20）[2021-08-16].http://mzj.beijing.gov.ex2.ipv6.bjchp.gov.cn/art/2021/1/20/art_281_577144.html.

服务组织的人员招募与选拔机制不健全。招募是确定社区志愿者并把他们安排在适当位置以满足组织目标，同时通过志愿者岗位满足志愿者自身的发展目标的过程。目前，在招募过程中，回天地区社区志愿服务组织存在人员广泛性不足和招募方式缺乏科学性的问题。另外，回天地区社区志愿服务组织缺乏对志愿者的科学培训和有效管理。适当培训不仅可以提高志愿者团队的战斗力，还有助于提高志愿者稳定率，降低流失率。但是，很多社区志愿服务组织要么忽视对员工的培训，要么因资金缺乏、工作繁重、人力不足等而未能向志愿者提供培训的机会。这就造成志愿服务组织内部的人力资源水平跟不上社会发展的步伐，使社区志愿服务组织内部缺乏活力，缺少创新能力。同时，社区志愿服务组织"重服务轻管理"的工作观念非常普遍。这必然导致社区志愿服务组织人力资源管理制度的低效，也容易出现志愿者空怀满腔热情却无法胜任工作的现象，最终造成回天地区社区志愿服务组织流失志愿者和志愿服务组织不稳定的情况。

（2）激励与监督保障机制有待完善

开展一项正规的社区志愿服务活动应该遵循一套完整的运作流程，但目前回天地区的社区志愿服务组织出现了只重视社区志愿服务实施的倾向，常常忽略社区志愿服务组织的激励、监管、保障等环节。根据调研结果，在社区志愿服务组织激励方面，回天地区的社区志愿服务组织或其上级主管部门没有针对社区志愿服务组织、志愿者制定相关的奖励条例与办法。在日常实践中，回天地区对社区志愿服务组织成员大多实行精神激励，有些社区推行"积分兑换"制度,但没有制定相应的兑换策略,致使激励效能有限。在社区志愿服务组织监督方面,我国一直由政府独自承担对志愿服务组织的监管职能,行业自律和社会监督未能发挥应有的作用,对处于多样性生存状态的志愿服务组织,缺乏弹性化、差异化的准入管理标准。同时,志愿服务过程也缺少监管者,对志愿服务组织全生命周期的监管与全流程监管尚不成熟,对志愿服务效果的评价与考核机制仍不完善,直接导致志愿服务效果欠佳,影响服务对象的获得感。有位社区志愿服务组织管理者谈道:"每个社区志愿服务项目都有专门的负责人。对负责人而言,只要完成项目任务即可,至于社区志愿服务质量好坏、效果如何等,目前社区志愿服务组织完全没有评价和考核机制。"因此,亟须建立志愿服务组织科学合理的监管机制。在社区志愿服务组织保障方面,无论在昌平区志愿服务联合会或者社区备案的社区志愿服务组织,还是没有任何成立手续的社区志愿服务组织,基本都没有和志愿者签订合同。社区志愿服务组织和志愿者的合作关系主要建立在互相信任的基础上,只在特殊情况下才会签订正式合同,比如人身意外伤害保险。这就意味着志愿者在社区志愿服务过程中一旦受到伤害,权益维护将成为问题。在缺乏其他配套环节的情况下,社区志愿服务无序而混乱、服务质量大打折扣、志愿者合法权益得不到有效保障、志愿服务组织凝聚力欠佳等问题都不可避免地暴露出来。

(3)志愿服务组织间缺乏协同机制

目前,回天地区的社区志愿服务队伍体系条块分割的局面比较突出,表现为每个社区都有多个志愿服务队伍,但每个社区志愿服务队伍仅在所辖社区内开展活动。社区志愿服务组织不仅在同一社区内缺乏交流,更缺少社区间的志愿服务活动联动,出现各社区志愿服务组织"自己唱戏自己鼓掌"的局面。由于缺乏有效的协调机制来整合不同社区的志愿服务组织,其弊端也日益显露。一方面,回天地区各个社区的志愿服务组织之间缺乏服务信息与资源共享的平台,各个社区仅从本社区需求出发,开展各自的志愿服务项目,缺乏有效的协调与整合机制,造成社区力量分散和有限资源的浪费;另一方面,回天地区各个社区都有自身的管理模式和激励机制,难以有效建立起规范统一、促进志愿服务组织发展的制度体系。社区志愿服务组织之间的协同合作是开展组织标准化活动的基础。回天地区的社区志愿服务组织之间缺乏有效的协同机制,造成它们之间缺乏沟通,志愿服务效能无法实现最大化,导致社区志愿服务组织之间互不信任的局面,影响志愿者投入社区志愿服务的积极性。他们不愿全力支持志愿服务项目,以致志愿服务效率低下。显然,缺乏统一的协调机制已经成为志愿服务发展的体制性桎梏。[1]

2. 组织资源吸纳能力较弱

社区志愿服务组织资源是其生存、发展的基础,是实现组织目标的保障。社区志愿服务组织开展任何活动,都需要充足的人、财、物等资源支撑,并且必须具备一定的专业技能、公共关

---

[1] 魏娜.我国志愿服务发展:成就、问题与展望[J].中国行政管理,2013(07):64-67.

系、社会网络、服务品牌、社会公信力等无形资源。目前，随着回天地区的社区志愿服务组织的服务内容日趋丰富，服务方式日益多样，服务成效也日益显著，党政部门和社会机构对社区志愿服务组织资源的利用也越来越普遍。但是，党政部门和社会机构对社区志愿服务组织往往重使用轻支持、重付出轻资助，使社区志愿服务组织缺乏持续发展的能力，社区志愿服务组织项目的社会效益也受到了一定程度的制约。特别是社区志愿服务组织的日常管理、人员培训和项目策划缺乏必要的经费资源支持，严重制约其服务水平和服务能力的提高。具体来说，这主要表现在三个方面：一是政府投入不足。至今，回天地区的志愿服务事业多依靠党建服务群众经费、社区公益资金和专项活动基金的经费申请，其发展尚未纳入北京市昌平区经济社会发展的总体规划，党政部门没有对社区志愿服务组织的资助纳入正常经费预算。二是社会筹资不足。2019年成立的北京市回天社区公益基金会就是专门为资助回天地区社区公共服务设施公益项目而设立的。但基于我国现阶段有限的社会捐赠总量和新的税收规定，目前北京市回天社区公益基金会所拥有的资源并不多，能资助社区志愿服务组织和相关活动项目的资金也很有限。况且，很多社区志愿服务组织缺乏向国内外基金会申请项目资金的相关知识和技巧，大大降低了申请成功的概率。三是全社会尚未形成多出一份力来支持社区志愿服务组织并帮助弱势群体的良好氛围，制约了社区志愿服务组织对社会资源的吸纳能力。志愿服务组织正是因为缺乏开展社区志愿服务活动所需的经费，进而没有能力配备相应的活动物资、租借活动场地，更无法提供志愿者专业服务技能培训、开展志愿服务拓展项目。所以，多数社区志愿服务组织自成立之初就面临严峻的生存考验，使社区志愿服务组织首要关注的问题是如何维持生计，而不是如何做好公益目标。

3. 配置资源的合作机制欠缺

社区志愿服务组织本身拥有的资源禀赋是决定其进入社会治理领域的首要条件。社区志愿服务组织通过合理配置自身拥有的资金、技术等资源转化为自身组成部分，是其获得能量与实现成长的重要保障。当前，回天地区的社区志愿服务组织资源配置合作机制不合理。调研发现，各社区文体类志愿服务组织最为丰富，合唱队、舞蹈队、模特队、书画队遍地开花。但在开展活动过程中，由于缺少调控音响设备的专业工程人员，开展文体娱乐活动经常出现音响设备出问题，导致活动质量下降。尽管区政府下拨专业设备进社区，但缺乏长期跟进活动的电工程师，加上区政府尚未对社区人员进行相关知识的培训，"好设备不会用""好活动办不好"等问题仍然存在。回天地区尚未形成成熟的资源流动机制，更没有建立起社区志愿服务组织资源合作机制，导致花大气力配置的资源反而满足不了社区志愿服务组织的需求，甚至在资源短缺的情况下，出现社区志愿服务组织之间、社区之间资源分配不均，资源浪费、资源闲置等现象。一方面，回天地区的志愿服务组织尚未破除物质资源、资金资源等陈旧观念，停留在以获取主管单位或上级单位下拨活动经费、工具、设备等物质资源的基础上，社区之间、志愿服务组织之间、志愿服务组织与志愿者之间没有建立起有效的合作配置资源机制。实际上，志愿者本身、志愿服务活动和志愿服务时间就是社区志愿服务组织的资源。这就像资本在流通中能够增值一样，资源也只有在流动中才能增值。通过服务换服务、服务换资源等方式，实现社区资源的有效循环，促使本就短缺的资源实现价值最大化。另一方面，回天地区尚未建立起社区志愿服务组织配置资源和保障资源循环机制，尚未与企业、社会组织等其他社会主体建立起资源与资源、资源与服务、服务与服务等互换机制，致使社区志愿服务组织的资源无法有效循环。有位社区书记说："本社区尚未与社会资源建立起互惠机制，加上社区资源有限，再加上社区志愿服务的复杂性和社区志愿服务组织自身筹资能力不足，社区志愿服务组织资源十分匮乏。"因此，社区志愿服务组织要立足社区资源，充分依靠社区社会资金的运转来开展服务工作，加强合作配置资源机制的建立。

（三）外部支持力量亟须加强

1. 加强志愿服务法律法规支出力量

加强志愿服务法律法规建设的原因主要为：上位法欠缺，现有法律法规效力不足，志愿服务法律法规有真空地带。首先，上位法欠缺。我国志愿服务法律法规体系中早期的上位法是1999年的《中华人民共和国公益事业捐赠法》，最新的上位法是2016年的《中华人民共和国慈善法》。它们的颁布将我国志愿服务立法向前推进了一大步，但与我国志愿服务快速发展的需求是不匹配的。没有志愿服务法律法规直接的上位法，而仅仅有行政法——《志愿服务条例》，导致地方出台的有关志愿服务相关法律法规更多的是行政法。如：自2007年起，北京市陆续颁布了《北京市志愿服务促进条例》《北京市志愿者管理办法（试行）》《北京市社区志愿服务促进办法》，对规范志愿服务活动、维护志愿者和志愿服务组织的合法权益做出了规定。其次，现有法律法规效力不足。我国现行适用于志愿服务组织的法规体系中有《社会团体登记管理条例》《民办非企业单位登记管理暂行条例》《基金会管理办法》，以及众多地方性行政法，但这些法规效力等级低，可操作性不强，导致志愿服务组织具有较大盲目性、随意性和无序性。最后，志愿服务法律法规有真空地带。志愿服务过程的许多具体问题缺乏相关法律解释，如参加危险性志愿服务组织人员的人身保险问题、滥用志愿者名义问题、志愿服务组织工作人员的待遇合法化问题、志愿者与工作单位的关系协调问题、志愿服务组织基金的设立问题等。此外，对志愿服务组织的有关政策扶持，如项目引导政策、税收政策等，也尚未有明确具体的规定。

2. 加强志愿服务组织的社会化

众所周知，社区志愿服务事业是一项社会事业，必须强调社会化参与、社会化组织、社会化服务、社会化运作和市场力量参与。但目前回天地区的志愿服务组织主要由政府部门或准政府部门来组织和推动，形成了政府驱动型的社区志愿服务组织。这种类型的社区服务组织有利于启动社区志愿服务活动，获得充足的行政资源与政府支持,以及弘扬志愿精神,推动社会公益事业,但行政主导的志愿服务组织容易受官僚体制和行政权力的干扰和影响。①笔者通过调研得知,回天地区社区志愿服务组织的运行与活动经费主要依靠政府拨款。政府拨款的方式往往是政府及主管部门通过项目拨款的方式指定资金用途,限定使用额度,并且要经过层层审批,使社区志愿服务组织围绕其中心工作展开活动,导致社区志愿服务组织的自主空间不足,组织化和社会化水平较低,其结果是社区志愿服务组织难以真正发挥中介组织的沟通与桥梁作用,也难以发挥民间组织的灵活性和创新性优势。因此,志愿服务组织无法及时反映社区居民日益多样化和不断变化的需求,影响社区志愿服务的效率。

根据规定,志愿服务组织必须挂靠主管单位才能获得正式的合法身份,昌平区的社区志愿服务指导机构是昌平区志愿服务联合会。昌平区志愿服务联合会本身具有深厚的"官方"背景,呈现"半行政化"运作。按照现有的制度安排,其吸纳的社区志愿服务组织实现了与政府的有效衔接,接受着政府的实际领导。这实质上将本应独立于政府的志愿服务组织纳入了行政体系。②因此,建立和推广社区志愿服务组织之后,政府应逐步从具体的社区志愿服务事务中退出,集中精力加强宏观调控与管理,让社区

---

① 党秀云.论志愿服务的常态化与可持续发展[J].中国行政管理,2011(03):50-54.
② 孙婷.中国式"志愿失灵"表象剖析——以北京志愿服务为例[J].中国青年研究,2011(10):54-58+76.

志愿服务组织真正做到自我选举、自我管理和自我发展。

三、促进社区志愿服务组织建设与发展的对策建议

（一）提升社区志愿服务组织的价值圈

1.明确共同价值，坚持组织战略管理

组织的共同价值对规范和凝聚组织成员具有根本性作用，决定了多元主体是否愿意积极主动地完成共同需求。因此，社区志愿服务组织在自身价值的选择过程中，要以社会建设大局与增进社区福祉为出发点，统一政府、企业、志愿服务组织、居民等主体之间的价值诉求，实现社区基本公共服务整体效益最大化。首先，社区志愿服务组织要紧紧把握创新社会治理的时代机遇，立足推动社区治理、发展志愿服务的本然逻辑，寻找组织使命与政府理念的平衡点和契合点，在以政府为主导构建的框架内，坚持创造公共价值与服务社会导向，着眼于非营利性、公益性、志愿性和一定的独立性，再通过自身介入激活社区活力，增加社区福利，推动社区建设，使社区志愿服务组织从对政府需求负责到面向社区公共利益与居民需求转变，回归志愿服务社会性、灵活性、人民性的内核。其次，摆脱数量和形式束缚，追求内容和质量提升。①在志愿服务的启动阶段，行政力量的支撑必不可少。随着志愿服务的深入，志愿服务组织自主意识增强。如果沿用行

---

① 张帆.社区志愿服务的"麦当劳化"及其走向 [J].兰州学刊，2020（08）：147-159.

政推动的方式，就会出现以志愿者数量、活动次数和时间来表现志愿服务效度的形式，存在突击性发展志愿者，运动式搞志愿服务活动等现象。因此，要摒弃社区志愿服务的形式化与展示化，以志愿服务的内容和质量为先，与社区需求精准对接，实质性开展志愿服务，使志愿服务深入社区实际，根据社区居民对志愿服务的评价，灵活调整相关活动，实现社区志愿服务组织专业化水平的提升。最后，社区志愿服务组织要基于全面分析自身的资源储备与组织优势，以进行行动决策，通过准确把握经济社会环境存在的机遇与挑战选择发展规划。在调研中，我们了解到社区志愿服务组织的发展计划受到政府意志的影响。如：2020年，昌平区政府提出全区开展"垃圾分离、桶前值守"活动的要求，从团区委到街道，再到社区所备案管辖的志愿服务组织，都要响应这一号召，并以该项工作的开展作为近期志愿服务组织的活动内容。这让回天地区的志愿服务组织出现以短暂性行政要求作为组织规划的问题。社区志愿服务组织应树立战略意识，在响应政府建设社区号召的同时，根据社区发展的实际情况与居民需求，全面分析组织的优势、短板、机遇与挑战，制定有利于组织长期发展且具有组织特色的组织战略与目标，着眼全局，立足长远，主动实现社区志愿服务组织可持续发展。

2. 弘扬志愿精神，营造尚善的社区氛围

志愿者秉持"奉献、友爱、互助、进步"的志愿服务精神，关爱他人，关心社区，关注社会，推动社会公共利益的实现，构筑幸福生活空间。志愿服务精神作为一种整合志愿者的精神力

量，是促进社会走向文明、指引社区志愿服务组织行动的源泉。社区志愿服务组织逐渐走向政府的"子部门"，产生脱离居民需求倾向。其中一个重要原因在于，社区尚未形成公益、自愿、独立、奉献的志愿服务文化氛围，社区居民未形成成熟的志愿服务意识，以及积极参加社区志愿服务活动的精神。因此，我们需要大力培养回天地区的志愿服务精神，使其为社区志愿服务组织活动的开展提供不竭动力，使志愿者在服务他人、服务社会的过程中实现个人价值与公共价值最大化的有机统一。

（1）从理论上阐明志愿服务精神的内涵

通过建立科学的社区志愿服务组织培训机制，加强志愿服务精神教育与志愿文化培养。首先，在培训活动中指出志愿服务精神深深植根于我国的优秀传统文化，从儒家思想中的"仁者爱人""兼济天下"到墨家思想中的"兼爱非攻"、道教思想中的"积德行善"，奉献、仁爱、行善等思想构成我国志愿服务精神的源泉，为我国志愿服务精神的发展奠定了思想基础。其次，志愿服务精神不仅有着深厚的文化根基，也随着时代发展不断补充新内涵。最后，将培育志愿服务精神与践行社会主义核心价值观紧密结合，引导志愿者在实践中与人为善，在互帮互助中承担社区建设的责任，推动社会主义精神文明建设。指引社区志愿服务组织脱离被动化、形式化的桎梏，从中国优秀传统文化与中国特色社会主义理论中汲取营养。

（2）从实践上拓展志愿服务精神的宣传维度

社区志愿服务组织要根据回天地区的实际情况，有针对性地开展志愿服务精神宣传动员，增进社区居民对志愿服务精神的了解和认知。首先，丰富宣传主体。切实发挥主流媒体、民政系统所属媒体、新闻慈善促进会等传媒主体对弘扬志愿服务精神的作用，便利社区居民、志愿服务组织在电子产品、社区广场、文化服务中心等接收志愿服务精神的相关信息，进而将"人人为我，我为人人"的种子种在人们心中，产生崇尚奉献的社会反响。其次，创新宣传方式。社区志愿服务组织借助新闻发布会、媒体集体采访、媒体专访、新闻通稿、图文解读、交流专栏、微视频、公益丛书等渠道，充分利用社区宣传栏、公共城建设施、通过拉条幅、张贴爱心海报、播放公益视频等方式实现宣传直观、全面、快速等效果。最后，深度挖掘宣传内容。从优秀社区志愿者、社区志愿工作者和社区志愿服务组织中挖掘具有感召力和故事性的素材，对其进行全面宣传，向社区传播正能量。通过多元化宣传，引导社区的每一位居民明晰志愿服务精神的本质。同时，公开社区志愿服务组织及其活动项目的相关信息，引导公众提高对社区志愿服务组织的认可度，增强民众的利他意识，使志愿服务成为一种常态的实践方式，为社区志愿服务组织的健康有序发展营造良好的文化氛围。

（二）增强社区志愿服务组织的能力圈

1. 完善组织管理机制

科学的组织管理、卓越的服务能力，是社区志愿服务组织健康发展的基础和保障。回天地区的社区志愿服务组织要健康发展，就要加强组织的制度化管理，建立长效的管理机制与工作机制。第一，制定详细而有可操作性的内部规章制度，完善其决策、执行、监督和议事的规则，引导志愿服务工作者按照志愿服务的原则、程序和标准，规范有序地开展志愿服务。第二，建立职责清晰的组织结构。通过设立合理的组织结构、明确的内部分工、清晰的权责划分，促进志愿服务组织有效运作，实现较高的服务效率。第三，设立科学的管理流程。通过增强志愿服务活动的有序性，使志愿服务组织能够合理调配与使用志愿服务资源，有效避免资源浪费。第四，健全人力资源管理制度。运用海报、传单、大众传媒等平台，对志愿服务组织进行多样化宣传，吸引志愿者参与社区志愿服务工作。重视对志愿者的培训，组织者定期持续与志愿者沟通和互动，传授相关知识和技术，促进其能力提高和自我成长。全面考虑志愿者在参与过程中的一些需求，为志愿者提供保险、误餐费、交通费等开支与基本的福利保障。对志愿者的激励要精神激励与物质激励相结合，尊重、支持志愿者的工作，肯定其个人价值，建立起稳定专业的志愿者队伍。第五，创新组织的工作理念和工作模式。利用"三社联动"契机，建立"社工+志愿者"联动模式，填补志愿服务组织专业化短板，提高专业能力。第六，加强党的领导。有条件的志愿服务组织应设立党组织，加强党的领导，发挥党员先锋模范作用。

2. 建立沟通协调机制

回天地区的社区志愿服务组织持续发展需要一个平等沟通的机制。一方面，搭建社区志愿服务组织之间的合作机制。在坚持社区志愿服务组织之间互惠互利原则与风险利益对称原则的前提下，建立资源共享平台，建立完善的资源共享机制，从而保障社区志愿服务组织的合理效益，激励各组织积极共享自身优势资源，实现回天地区的社区志愿服务组织资源结构优化，推动各社区志愿服务组织联合开展志愿服务活动，提升组织协同创新能力，增强社区志愿服务活动的服务效能、扩大社区志愿服务的辐射范围。另一方面，建立社区志愿服务组织与组织成员的沟通协调机制。在意见表达方面，要建立正式的例会制度，为志愿者意见的表达提供稳定的渠道，同时对分歧与冲突采取有效的协调措施。在日常交流方面，建立网上交流平台，方便志愿者撰写志愿服务实践的心灵感悟，回顾志愿服务经历，总结服务经验，交流服务收获，共享服务知识，切磋服务技能。[①] 在组织情感方面，要举行多样的团体活动，促进组织成员之间的沟通和了解，形成组织成员相互信任的良好局面。志愿者通过与社区志愿服务组织共同成长，增强志愿者对社区志愿服务组织的认同感与信任感。

3. 健全社会监督机制

一方面，全面实施社区志愿服务组织第三方监管。当前，昌平区的社区志愿服务组织第三方监管主要用于组织承接的政府购买公益性服务的服务项目和承接主体，应将其延伸至所有志愿服务项目和志愿服务组织。具体的监管内容是第三方监管机构确定志愿服务、志愿服务组织及服务主体的甄选与退出、技术标准

---

① 赵剑民.作为文化时尚的志愿服务及其组织机制——兼论志愿服务事业的长效机制[J].学术论坛，2010，33(01)：88-95.

（服务记录）、项目执行、风险防控等情况，避免因多头监管、交叉监管和分散监管而出现监管真空，有效避免志愿服务中的纠纷、冲突等。另一方面，实行社会公众监督和新闻媒体监督。通过"回天有我"线上平台、"北京昌平"手机客户端、回天社区网等平台，搭建民意"直通车"，及时分析研判处理回天地区的社区志愿服务组织网络舆情。其他监督机制有：通过社会组织信用信息公示系统，建立信用信息动态记录、诚信公示、年检结论公开等管理制度。研究建立社区志愿服务组织等级评估及星级评价体系，将评价结果用于志愿服务组织信用评价，同时作为政府购买服务的参考依据。要重视以上外部监督，也要重视社区志愿服务组织的内部监督，如推进建立社区志愿服务组织自律机制，引导其规范制定公约、章程等，充分发挥自我引导和约束作用，规范自身行为，促进健康发展。

（三）扩大社区志愿服务组织的支持圈

1. 改进志愿服务组织的政府管理

目前，社区志愿服务组织的管理体制的主要问题是政府管理部门对志愿服务组织实行民政部门与业务主管机关的双重管理，对其登记和成立设定过高的门槛，严格限制志愿服务组织的活动经费、范围和内容，但缺乏相应的扶持措施、激励政策等。针对以上问题，政府要转变政府职能，改革志愿服务组织管理体制，构建政府与社区志愿服务组织的合作关系，理顺政府与志愿服务组织之间的权责关系，理顺政府与志愿服务组织之间的利益关系。在合作治理模式下,政府要放开对社区志愿服务组织准入门槛的规制,改革对社区志愿服务组织的双重管理体制,整合社区志愿服务组织的管理机构。政府部门应引导社区志愿服务组织在回应社会需求、传播志愿服务精神的前提下参与社会服务,释放社区志愿服务组织参与社会治理的效能,营造有利于社区志愿服务组织成长的环境。

此外,政府需创新对于社区志愿服务组织的管理。第一,完善社区志愿服务组织的资金投入和筹资方案。一方面,通过制定税收优惠政策,鼓励和引导更多社会资源投入社区志愿服务组织,鼓励全社会参与社区志愿服务组织的发展;另一方面,降低社区志愿服务组织获取政府资金的门槛,精简审批程序,解决社区志愿服务组织资金不足的问题,支持社区志愿服务组织的发展。第二,建立人性化社区志愿服务组织激励机制。社区志愿服务组织激励机制通常是召开表彰大会、颁发志愿者服务证书等一次性激励机制。在此基础上,完善"积分兑换"制度,即:社区公布公益积分目录和兑换目录,为每一位志愿者制作公益积分卡。当志愿者从事公益积分目录范围内的志愿服务项目时,会获得相应的积分并记录在卡中,志愿者可以用自己的公益积分,兑换自己需要的服务或物品。通过志愿服务积分兑换制度,给予志愿者一种认可、一种肯定、一种回报,实现以服务换服务、以服务换物品,鼓励和吸引更多人参与到志愿服务队伍中来,促使社区中形成"人人为我,我为人人"的互助机制,形成长效性激励机制。第三，明确对社区志愿服务组织的风险管理功能，建立和完善志愿者权益保障与救济机制。政府应构建社会风险公共信息网络，加强志愿保险立法，开拓志愿者保险市场，提高政府风险管理的资源供给、整合能力等。

2. 夯实志愿服务组织的法律基础

社区志愿服务组织可持续发展离不开法律法规的保驾护航。政府部门要建立完备的法律法规，为社区志愿服务组织提供良好的法律保障和法治环境。一方面，加快并加强志愿服务领域的立法，进一步完善相关的配套法规与措施。一是规定志愿服务的立法依据、基本概念、基本原则和志愿者的法律地位。二是规定志愿服务组织的产生、性质、职责、工作方针和工作程序。三是规定志愿者的资格、权利与义务，志愿者服务的方针、范围、程序、异地志愿者和国际志愿者服务、志愿者服务标志、志愿者服务日等。四是依法规范志愿服务行为及志愿服务活动，确立志愿服务组织的合法性，保障志愿服务组织的独立性。另一方面，明确政府和社会对社区志愿服务组织在财政、宣传、物质等方面的支持和保障职责。规定志愿服务组织、志愿者和志愿服务对象三者权利与义务关系的性质、违法的法律责任、纠纷的处理等。重要的是，政府制定的法规条例要有可操作性，在尊重法律权威和充分考虑现实差异的基础上，将相关的法规措施加以精细化和具体化，增强法律法规的可操作性，提升法律执行力与执行效果，有效保障相关领域的法治化程度与水平。

3. 促进社会资本的积极参与

广泛的社会参与已经成为当今社区志愿服务组织发展的重要特征与发展趋势，社区志愿服务组织的活力在于源源不断地得到社会支持与社会广泛参与。因此，要充分整合信任、社会网络关系、文化观念等社会资源，培育深厚的公民社会底蕴，有效动员各种社会力量并形成积极广泛的社会参与。第一，调动公民参与社区志愿服务组织的积极性。可通过广泛的宣传与氛围营造提升民众对社区志愿服务组织的认知度，采取灵活多样的方式与途径，吸引更多的民众参与到社区志愿服务组织中来。第二，充分挖掘和利用社区中其他参与主体的资源。社区蕴藏着巨大而丰富的社会资源，要有效动员包括社区居委会、业主委员会、街道、社团、商户合共建企业等社会力量参与到志愿服务中来，获取相关参与方在资金、物质、人员、场地等方面提供的帮助与支持，实现志愿服务资源的有效挖掘与综合运用。第三，发挥培育平台的孵化作用。依托社区志愿服务组织网，孵化基层志愿服务队，鼓励回天地区有条件的街道建立专门的社区志愿服务组织孵化基地试点，发挥作为社区志愿服务组织网的作用，吸纳基层志愿服务队，并支持新型社区志愿服务组织的成立和初期运作。回天地区的社区志愿服务组织要着眼于民众的社会需求，确立切实的服务目标，提升服务的专业性与持续性，树立良好的社会形象，积极积累社会资源，为社区志愿服务组织赢得充分的社会支持。

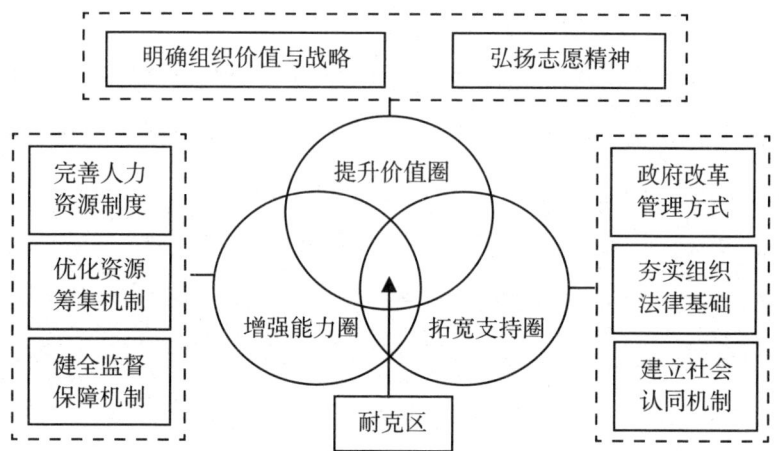

图 2-2 基于"三圈理论"推动社区志愿服务组织建设分析框架

第三章　社区志愿服务队伍建设与管理

一、回天地区志愿者的招募与注册

（一）志愿者招募

1. 招募流程

（1）招募需求设计

目前，回天地区有126支社区志愿服务队，根据社区志愿服务活动的目标与需求，确定招募志愿者的岗位与数量。在社区志愿服务实践中，实际参与人数与计划参与人数无须完全重合，计划招募人数往往稍多于实际需要人数，以便应对人员缺口等突发性问题。2019年11月10日，北京市昌平区回龙观街道社区社会组织联合会发起了"周末绿跑"活动招募工作，设置垃圾捡拾员岗位，计划招募50人，实际招募31人。

（2）招募信息发布

志愿服务队伍根据开展活动的需求确定志愿者岗位与数量后，接下来需要确定招募信息发布渠道和时间。

招募信息发布的渠道一般是登录"志愿昌平"或"志愿北京"官网发布相关志愿服务项目，公开招募志愿者。例如：回天地区的昌平快乐自由行志愿服务队（简称快乐自由行）在"志愿北京"平台发布招募信息时，志愿服务队伍需要先注册账号，然后登入"志愿北京"这一平台，再选择志愿项目，最后按照提示逐步填写项目名称、服务对象、所在区域、服务地点、项目时间、招募起止日期、服务类别、志愿者保障等相关信息。

回天地区的社区志愿招募信息的发布时间一般根据项目周期长短和需求人数多少来确定。招募信息需要提前一周发布。有关环境保护、治安巡逻等短期常态化活动的招募信息，招募岗位与人员数量也相对较少。如："周末绿跑"的招募信息于2019年11月10日发布，招募50人，服务时间为2019年11月16日。招募信息需要长期公布的一般是大型长期志愿服务活动的招募，招募岗位、人员的数量也较为庞大。如：昌平快乐自由行志愿服务队发布的昌平青年线上线下推广活动，招募周期为1个月，招募文化活动岗1000人，文化服务管理活动岗600人。"平安地铁昌平线绿色出行"活动，招募周期长达1年，服务工作岗计划招募800人。

（3）志愿者的选拔与录用

确定志愿者岗位和数量，以及招募信息的发布渠道和时间后，就进入了志愿者的选拔和录用程序。回天地区的社区志愿服务队伍根据活动规模、活动要求，采取不同的选拔形式，主要分为线上与线下选拔。线上选拔与录用的形式首先依靠志愿者如实填写相关信息，负责志愿服务队伍选拔和录用的人员根据志愿者的基本信息和志愿时长判断是否录用志愿者。线下选拔与录用则采取面试的形式，根据活动侧重点不同，分重点和分岗位考察志愿者的素质，如快乐自由行志愿者选拔和昌平国际半程马拉松的志愿者选拔中考察的素质包括法律知识、急救知识等专业知识。

2. 招募渠道

回天地区招募志愿者以所在社区居委会或现有志愿者队伍为主体，招募渠道主要是信息媒体与平面媒体。在信息媒体方面，通过微信、QQ两个常用通信软件，以及联合电视媒体，进行宣传发布。通过微信发布信息主要采用微信的公众号功能发布或者在志愿者微信群里发布志愿服务信息。根据志愿者队伍对通信软件的使用偏好不同，志愿服务信息也会选择在QQ群内发布，还会采取两种平台同步发布信息的形式。除了这两种线上招募形式，快乐自由行负责人还提到了融媒体中心和北京昌平电视台帮助其进行招募志愿者的宣传工作。这表明媒体积极融入志愿者招募工作，对其进行了有效宣传和推广。在平面媒体方面，居委会是使用平面媒体招募志愿者的主力军。居委会充分利用其在社区中的优势地位，在社区宣传栏、公告栏张贴海报，预告社区活动。面对相当数量的中老年志愿者群体，社区利用公告栏宣传与线上通知的传播速度相差无几，并且能在社区交流中将招募信息进一步扩散，短期内快速召集一批年龄相仿的志愿者。调研结果也印证了信息媒体和平面媒体两个招募渠道发挥着重要作用。根据相关社区居民对调查问卷中的"您是通过哪些方式或渠道了解志愿服务活动信息?"这一问题的答案分析得出,选择微信群、QQ 群的占比为 55.47%,选择居委会或社区宣传栏的占比为 63.97%。[①]选择以上两种渠道的占比均超过半数以上(见图 3-1)。以上结果也与志愿者本身获取信息的渠道比重高度吻合。根据抽样的 3 个社区各 20 位在册志愿者的调查结果,志愿者通过社区活动预告获取志愿服务信息的占比为 74.19%,通过志愿者微信群、QQ 群获取志愿服务信息的占比为 48.06%。[②]平面媒体与信息媒体招募额相互配合,相对全面地覆盖在册及潜在的志愿者群体,招募渠道比较畅通。

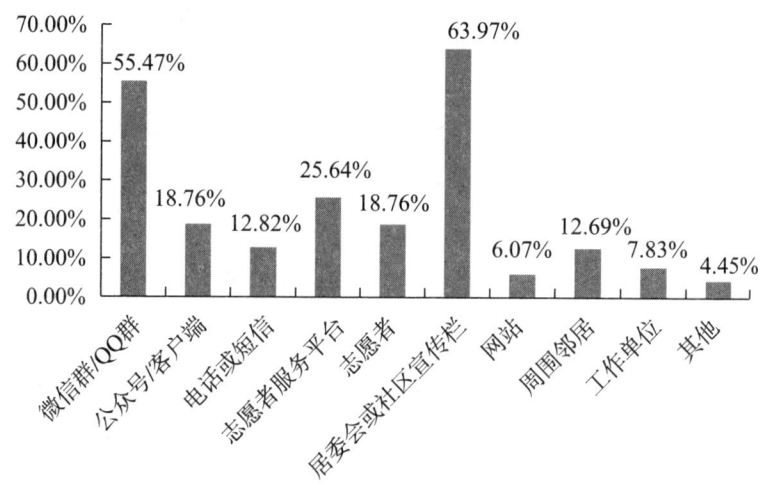

图 3-1 志愿者获取信息渠道

[①] 关于此调查数据比例总和大于 100%,调查问卷的有关题目是多项选择题,存在渠道选择比例总和大于 100% 的情况。

[②] 同上。

表3-1 社区志愿服务信息获取渠道调查结果

信息获取渠道	比例
社区活动预告	74.19%
志愿者网站	30.97%
工作单位	27.1%
志愿服务组织	45.81%
志愿者微信群/QQ群	48.06%
公众号/客户端	9.68%
同学、朋友或家人	10.65%
其他	3.55%

3. 招募要求

回天地区志愿服务队伍招募志愿者的要求存在相似性，包括社会意识和社会存在要求，具体分为志愿精神要求、技能要求、时间要求、人数要求、活动保障等。如：2019年北京回天地区公益基金会志愿者招募要求[1]中的岗位要求有三点。

① 热爱社区志愿服务，能了解老人、青少年、社区居民的需求，有时间并愿意参加服务社区居民、照顾老年人的志愿服务活动。

② 热心互助养老，喜爱口述历史活动、爱心义卖活动、爱心餐等。自觉按照志愿者工作安排开展志愿服务，能够随机应变地处理应急事务。

---

[1] 志愿北京.回天社区基金会志愿者招募[EB/OL].(2019-11-25)[2021-08-18]. https://www.bv2008.cn/app/opp/view.php?id=hE6E=75aC93ZI.

③身体健康，性格开朗，责任心强，善于合作，乐于奉献。拥有良好的组织、沟通能力，拥有较好的亲和力、良好的服务意识。

在以上三点中，前两点主要是对志愿精神的要求，如热爱社区志愿服务，热心互助养老；第三点主要是技能要求，如善于合作，有良好的组织、沟通能力等。

时间要求是：2019年11月19日至2020年1月10日早上7点至晚上8点（除了周末之外），人数要求是25人，活动保障有志愿者保险、集中乘车、食物、饮水和工具。

招募要求将志愿精神的要求始终放在首位。对志愿者的服务动机而言，志愿者的服务动机的内化阶段需要把志愿服务精神培育作为重要支点。①从志愿服务专业化发展来看，也是如此。志愿者专业化发展过程中内部动力的直接作用，需要志愿者对志愿服务精神的准确把握、自我实现需求的激发、社会责任感的担当意识等。②

（二）志愿者注册

1. 志愿者注册人员情况

回天地区的社区志愿者中共有注册志愿者7.9万人，占昌平区注册志愿者总人数的22.5%。在310份调查样本中，志愿者完

---

① 夏树花，张铁军，王清梅，等.我国城市社区体育志愿者队伍现状及建设路径研究［J］.首都体育学院学报，2016，28（02）：122-127.
② 贾婀娜，徐礼平.志愿者专业化发展中"内生模式"与"外控模式"的协同效应［J］.当代青年研究，2017（06）：29-34.

成注册率为86.13%（见表3-2），而且绝大多数志愿者已经登记注册。在已注册的志愿者中，有70%左右的志愿者每次志愿服务时长在4小时以下，其中45%左右的志愿者保持每次志愿服务时长在2—4小时，注册志愿者参与活动单次时长相对稳定（见表3-3）。

对社区居民是否注册为志愿者的调查结果分析得出，社区居民注册为志愿者的比例为63.97%（见图3-2），这意味着社区居民的志愿服务意识较高。

表3-2　志愿者"是否注册成为志愿者"的调查结果

调查结果	小计	比例
是	267人	86.13%
否	43人	13.87%

表3-3　注册志愿者"每次参与志愿活动的时长"调查结果

调查结果	小计	比例
2小时以下	69人	22.26%
2—4小时	139人	44.84%
4—8小时	35人	11.29%
8小时以上	6人	1.94%
不固定	61人	19.68%

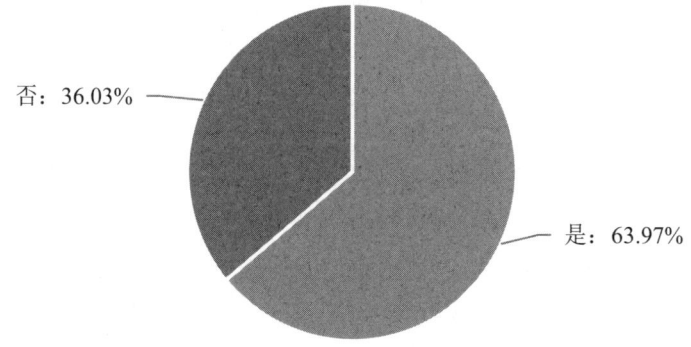

图3-2　社区居民"是否注册成为志愿者"的结果分析

2. 志愿者注册形式

回天地区的志愿者注册形式主要分为线上平台和线下平台。线上平台主要有"志愿北京""志愿昌平"等平台。它们的数据是互享互通的，志愿者可以任选一个平台进行注册登记，而"志愿北京"是优先被推荐登记的平台。这有效普及了"志愿北京"。回天地区的志愿者在"志愿北京"平台实名注册时，需要填写个人基本信息，系统会根据志愿者的地理位置推荐他们到所在社区的志愿服务项目和志愿服务团体。鉴于线上平台信息共享的特征，志愿者无须重复注册登记，避免了志愿者因所在区域变化而重复填写信息。

线下注册的形式主要是采取社区登记的方式。该方式是将志愿者信息登记在社区的登记册上，再由社区的专门负责人集中统一到"志愿北京"平台注册。回天地区的志愿者线下注册方式主要针对不了解线上注册或者线上注册不便者，如老年志愿者，解决他们无法线上注册的问题。

3. 志愿者注册中遇到的问题

一方面，中老年志愿者线上注册和使用操作难。据调查，回天地区45岁以上的中老年约占60%。从"志愿北京""志愿昌平"线上注册页面来看，平台上注册需要填写的信息较多，注册后还需实名认证等程序。这对年轻人来说不是难事，但部分高龄志愿者注册时难免遇到困难。社区登记后再进行统一线上注册的方式似乎解决了这一问题，但当高龄志愿者需要在线上进行必要的个人操作时，想在短时间内熟练掌握线上程序还存在一定难度，这种现实问题是客观存在的。

另一方面,志愿者注册的质量和稳定性需提高。目前,志愿者注册的数量增长较快,但注册志愿者实际参与的人数增长不多,导致志愿者参与停留在"指尖参与"的层面,形成志愿者注册的虚假繁荣。在志愿者数量提高到一定比例后,对数量的要求就转变为对质量的把控。仅停留在对志愿者注册"量"的追求,对志愿者队伍长期发展来说存在后患。已经注册的志愿者对于社区志愿服务队伍来说,是相对稳定的队伍力量,他们能够积累更多经验并接受长期系统的培训,从而更能提供高质量的志愿服务活动。在参与调查的社区居民中,非京籍人口占33.47%(见表3-4)。由于户籍限制,社区居民的流动性较大,社区志愿服务队伍稳定性受到影响。回天地区的注册志愿者有较多的高校学生和其他非常久居住群体。他们的志愿服务地域变动性很大,这正是回天地区仍存在许多流动性大的临时志愿者的一个重要因素。志愿者注册工作的重点应放在常住人口中的无组织志愿者,提高其注册率,而这才是提升志愿者队伍稳定性的重要方法。

表3-4 社区居民户籍分析结果

居民户籍	小计	比例
本地	493人	66.53%
外地	248人	33.47%

二、回天地区志愿者的培训与日常管理

（一）志愿者的培训

1. 志愿者培训开展情况

回天地区的志愿者队伍在完成社区志愿服务项目发布、招募志愿者之后，再根据社区志愿服务活动的内容对志愿者安排相关培训，已经形成常态而自主的培训内容，培训开展的形式也丰富多样，包含志愿服务开始前必要的基本技能、专业技能、知识普及、志愿服务精神、文体活动、领导能力等培训。

必要的基础培训的目的是保障志愿者对志愿服务活动基本了解。这类培训各个社区都会开展，并以简单快速为主要特点，主要依靠志愿服务队伍自己发挥，而社区负担的培训任务少。在访谈调研中，天通苑地区嘉诚花园社区的负责人说道："本社区会对志愿者队伍负责人进行简单的知识培训，专业培训较少。"回龙观地区瑞旗家园社区负责人告诉调研人员："本社区会对志愿者进行简单的注意事项培训，对志愿者队伍负责人不进行正式培训，鼓励志愿者队伍自主治理。"昌平快乐自由行志愿服务队队长介绍说，志愿者参加志愿服务活动时，会明确标注不参与培训无法参加志愿服务。昌平地铁站志愿服务活动会对志愿者进行专门培训，时间为一个下午，力图使志愿者快速了解地铁站的设施分布情况与使用指南。北京大学国际医院对新招募的志愿者的培

训内容与昌平地铁站的培训内容性质相似，主要是带领志愿者熟悉医院设施和各科室的分布情况。

专业技能培训目的是使志愿者掌握专业的服务技能，开展更为专业的志愿服务。如：心肺复苏志愿服务活动需要对志愿者进行有关健康专业知识的培训。曾获得"首都最美志愿者"等荣誉的昌平回龙观志愿者陈爱菊向我们介绍说，心肺复苏等健康专业业务指导一般是现场培训，分为理论、技术和实操三部分。除了心肺复苏、使用除颤仪等技能、技术培训，还有信息技术培训。如：为配合志愿服务活动智能化，各社区志愿服务队伍积极参与信息技术培训。2019年8月28日，霍营街道妇联举办了"志愿北京"信息平台操作培训班。昌平仁爱社工事务所王晓菲老师从"志愿北京"信息平台的工作目标、功能介绍和志愿者保险三个方面进行了讲解。

文体活动培训在回天地区已经发展出自身的特色，构成"回天有我 志愿同行"系列培训活动的重要一环。2019年，"回天有我 志愿同行"昌平区文化志愿者系列培训活动走进霍营地区，其中书法项目先后在霍家营社区和龙锦苑东一区举行。授课老师为中国书法家协会会员、中国楹联协会会员、昌平区书法家协会副主席胡振刚老师和昌平区文化志愿者中国书法艺术研究院院士李志亮老先生。截至2019年8月，此类文化活动的培训活动已经举办9次，参加培训的人员达600余人，不仅让学员学到了基础性知识，也丰富了回天地区的文化生活。

知识宣传培训在回天地区比较有特色的是法律知识宣传培

训。回天地区相关部门对社区志愿服务队伍的法律知识宣传培训，是效果最佳、频率较高的一种知识培训。据了解，2018年4月27日，水屯家园社区为提高辖区志愿服务队伍的综合素质和志愿服务水平，特邀请村居法律顾问到社区专门为志愿者开展法律知识培训活动，帮助志愿者解读法律条文、解决生活中的法律难题，关键是增强法治意识。2019年10月18日，城北司法所在中国政法大学法硕学院举办2019年届普法志愿者培训活动，梁永利所长以"走进昌平知区情，志愿服务练本领"为题对百名志愿者进行了培训讲座，直接服务于志愿服务活动。志愿者被分组安排到各个社区，协助筹划"12·4"国家宪法日活动，同时集中做好模拟法庭的排练工作，培训与志愿服务直接关联。

领导能力培训是各社区志愿服务队伍的短板，很少有专门的领导能力培训，各社区志愿服务队伍的领导人大部分处于自发学习阶段。回天地区对社区志愿服务队伍领导人培训走在前列的是霍家营社区。经调研，霍家营社区已经对社区志愿服务队伍负责人进行简单培训，但开展范围存在局限性。经介绍，霍家营社区主要对文体类志愿服务活动的领队与负责人进行少量培训，更多鼓励队伍负责人自发提升领导人能力。

2. 志愿者培训主体

志愿者培训主体可以分为独立型与合作型。独立型志愿者培训表现为培训的设计、规划、组织等由社区自身或者社区志愿服务队伍全权负责。合作型志愿者培训则是多元主体协作的表现。

比如：社区自身或者社区志愿服务队伍与某个或者多个政府部门、学校、企业、社会组织等开展合作。

独立型志愿者培训常见于简单的志愿服务活动。一是培训内容简单。培训的内容往往是志愿服务项目有关情况的简单介绍，如地铁志愿者需要熟悉路线、医院志愿者需要熟悉科室分布等，由社区自身或者社区志愿服务队伍独立开展就可以达到较好的培训效果，保障志愿服务活动的顺利进行。二是培训要求不高。同时，所需这类培训中志愿者人数往往较少，培训需要的时间与空间都不大，独立型志愿者培训主体完全可以承担。

合作型志愿者培训通常出现于大型而复杂的志愿服务活动。这类活动需要培训的志愿者较多，受场地要求较高等限制，社区自身和社区志愿服务队伍难以发挥作用，就需要专业技能人员、特殊场地、其他部门等配合完成，单靠社区自身和社区志愿服务队伍难以满足培训要求。他们往往采取与其他组织合作的方式。例如：从其他组织引进专业人才、借用培训场地等方式对志愿者进行培训。前文提到的心肺复苏、书法、法律等方面知识的培训，由于社区自身与志愿者队伍的人员有限，能够提供的培训内容、规模不足，与其他组织合作是社区志愿服务队伍可持续发展的必然选择。

3. 志愿者培训流程

对于志愿者培训，北京市提出："建立志愿服务教育培训基地，将志愿服务精神的培养、志愿服务知识的培训纳入国民教育体系。"① 回天地区据此设立了社区志愿服务队伍孵化基地，对志愿者培训流程有着详细的描述；而在实践中，回天地区的社区志愿服务队伍的培训体系尚在不断摸索中。

完整的志愿者培训流程为：确定培训目标、调研培训需求、制订培训计划、实施培训计划、评估培训效果、反馈等环节。开展一次志愿者培训活动的流程理想情况是，耗费巨大的人力和物力将以上环节完整走一遍。但在现实中，大多数志愿服务活动本身往往是相对短期性或者一次性行为，时间也多控制在一天之内。为了节省本就不多的财力，一般社区志愿服务队伍都会对培训流程进行简化，主要保留调研培训需求、制订培训计划和实施培训计划三部分，对于培训效果评估和反馈环节往往流于形式，甚至直接取消。实际上，除了社区志愿服务队伍难以完成理论上的培训流程外，志愿者培训本身也不重视。一般情况下，志愿者培训流程都围绕着实施培训计划展开，志愿者培训也简化为需求征集（这一环节相对简单，也可能会根据活动需要省去）、确定培训对象（一般为活动志愿者）、确定场地和时间。在回天地区，小型的社区志愿服务队伍鲜有涉及完整的培训体系，即使有志愿者培训，培训内容也基本为志愿活动服务，关注志愿者本身能力的培训还是极少的。志愿者培训仍是社区志愿服务队伍的薄弱项。

以上志愿者培训流程需要强调的是制定培训目标和制订培训

---

① 张萍，朱凌云，杨中英.公益、功利与激励——我国志愿行动研究与实践中的几个问题[J].学习与实践，2013（05）：95-102.

计划，它们是志愿服务活动得以顺利开展的重点环节。社区志愿服务队伍首先制定培训目标，但不同类型的志愿者培训的目标层次是不一样的。比如：必要的基本培训一般为前期简单培训，其目标也相对简单，要求志愿者对环境有一定的了解即可；专业技能培训的目标会更高一些，从简单了解提高到要求志愿者掌握该技能。制订培训计划与制定培训目标有着十分紧密的联系，即制订培训计划是确认志愿服务活动的时间、场所和培训方法，并在有限的时间内完成培训目标。社区志愿服务队伍选择合适的培训场所和培训方法能够达到事半功倍的效果。

总体而言，在调研过程中，我们发现社区志愿服务队伍对志愿者培训的描述和相关材料较少。为了社区志愿服务队伍的高质量发展，我们要重视志愿者培训流程的完整度、培训手段的先进性、培训目标的可行性等。

（二）志愿者日常管理

1. 志愿者日常管理的方式

（1）"金字塔"型层级管理

部分社区志愿服务队伍的日常管理方式已经初见组织管理的雏形。如：昌平快乐自由行志愿服务队设有队长、副队长等职位，对于志愿者管理是"金字塔"型的管理结构，从而对队伍进行全方位管理，但这种层级管理与行政机关是不同的。当社区志愿服务队伍发展到一定程度，管理相关人员与事务的复杂程度提高，志愿服务组织需要分层管理。采用这种管理方式主要基于队伍的稳定性。如：昌平快乐自由行志愿服务队的成员相对稳定，流动频率低。严格层级管理一般是固定班底长期从事志愿服务活动，团队对彼此的熟悉程度比较高，有利于成员管理、志愿服务活动复盘和信息收集。

（2）松散自主管理

一般来说，社区志愿者队伍用层级管理结构管理志愿者队伍的基本属于少数。一些基层社区志愿服务组织，本身就带有强大的自发管理的属性，它们仍然处于松散的自主管理阶段，没有形成志愿服务活动开展前、开展中、开展后的反馈闭环。松散自主管理的社区志愿服务队伍的志愿者主要来自各行各业，参与志愿服务活动的次数不固定，地点也很随机。松散自主管理的社区志愿服务队伍主要是与志愿者的个人职业发展、居住环境有着很大关系。一旦这两个条件发生变化，志愿服务活动必然受到影响。当然，这也与社区志愿服务队伍自身的高流动性有关，即使采取严格的组织管理也无法产生效果。志愿者的快速流动使得管理框架不断受到冲击，无法形成完整的管理框架，也就无法完全发挥作用。

2. 志愿者日常管理内容

（1）信息管理

社区志愿服务队伍的信息管理得益于"志愿北京"平台的广泛使用。"志愿北京"平台的使用使得社区志愿服务队伍在招募、注册等环节的信息管理上更加规范，更加清晰地掌握志愿者的基本信息，方便统一规划管理。对有固定成员的小型社区志愿服务队伍来说，信息管理相对轻松，工作量也比较少，效率也比较高。对流动性比较高的大型志愿服务队伍来说，"志愿北京"平台可以向志愿者提供相应的志愿服务证明信息、志愿服务时长信息等也便于这类社区志愿服务队伍在收集整理相关信息。

社区志愿服务队伍的信息管理也会采用传统的书面信息管理，即：临时组建的社区志愿服务队伍可以仅以书面形式进行登记信息，但这样的信息管理较难保存和处理信息，甚至可能遇到志愿者信息遭到篡改的情况。

以上信息管理不论新媒体还是传统书面形式，依然没有摆脱信息管理仅仅是收集信息。信息处理分析还需要人工进行。信息管理进一步发展，将使信息管理智能化。信息管理智能化将会出现这样的情况：信息管理系统根据志愿者的信息为志愿者自动匹配最合适的项目，让他们更好地发挥特长，而且在志愿服务活动结束后自动提供相关数据。

（2）人员管理

人员管理贯穿志愿者招募、注册、变更、退出等环节和程序。目前，人员管理中志愿者招募和注册是比较规范和普及的，其目的是增强社区志愿服务队伍的稳定性和规范性。社区志愿服务队伍往往缺乏约束力，其志愿者的流动性也很强，社区志愿服务组织很少进行人员变更和退出的管理。实际上，因志愿者信息变更不及时而无法跟踪动态，人员管理总体比较松散，管理压力总体上较大，但个别队伍压力较小。比如：拥有固定成员且人数较少的社区志愿服务队伍要比流动性强的队伍人员的管理压力小。这是因为社区内部的志愿队伍更加熟悉，只需进行日常信息录入等基础管理，人员的变更和退出的信息更容易被掌握，社区志愿服务组织也会提前根据人员变动而更好地做出应对。

3. 志愿者日常管理要求

我国已经出台不少志愿者管理的规定，比如《志愿服务条例》《中国注册志愿者管理办法》《关于推进志愿服务制度化的意见》《志愿服务信息系统基本规范》等。以上政策文件对于志愿者注册、招募、日常管理的要求进行了基本规定，给志愿服务组织、社区和志愿服务队伍管理提供了模板，也给予志愿服务组织更多制定细则空间。据调查，目前只有少数社区志愿服务队伍制定了正式的具体管理条例。例如：霍家营社区就出台了相应的志愿者管理条例。更多社区志愿服务队伍没有形成成文的管理条例，主要依靠非正式规则、志愿者的志愿服务精神和信任对志愿者进行约束。我国未形成普遍的成文管理条例有着特殊的成长环境，管理者认为参与非营利性组织的无论内部员工还是志愿者都有自发志愿性，这种公益爱心能促使员工和志愿者主动尽责地完成工作，尤其对志愿者这类不拿薪酬的人员来说，对他们强制约束是不合理的。[①] 可以看到，这种约束是松散脆弱的，但现状就是社

---

① 汤臻茹.中国NGO人力资源管理研究述评［J］.中国人力资源开发，2015（17）：6-13+19.

区志愿服务队伍的管理普遍依靠自发道德约束,志愿服务制度化的"最后一公里"仍然在路上。

4. 志愿者保障和激励机制

(1) 志愿者保障机制

志愿者保障机制包括对主体权益、基本权益和对人财物的保障。其中,志愿者的基本权益主要包括:①知情权。志愿服务组织在招募志愿者时对其说明与志愿服务有关的真实、准确、完整的信息,以及在志愿服务过程中可能会遇到的风险。②受培训权。志愿服务组织安排志愿者参与的志愿服务活动需要专业知识、技能的,应当对志愿者开展相关培训。③安全保障权。志愿服务组织安排志愿者参与可能发生人身危险的志愿服务活动前,应当为志愿者购买相应的人身意外伤害保险。④人格尊严和个人信息受保护权。志愿服务组织、志愿服务对象应当尊重志愿者的人格尊严,未经志愿者本人同意,不得公开或者泄露有关信息。⑤开具志愿服务证明权。志愿者需要志愿服务记录证明的,志愿服务组织应当依据志愿服务记录无偿如实出具。

志愿者保障机制可以理解为志愿者所能得到的社会支持。社会支持按照不同的标准可以分为两种:①正式支持。这种支持是政策性支持,如政府、社区和社会组织提供的支持。②非正式支持。这种支持来源于血缘、地缘等关系,由家庭成员和邻里朋友提供。按支持维度区分,社会支持可以分为经济支持、生活照料、精神安慰等。志愿者能够获得的正式支持和经济支持通常在招募信息中体现,而非正式支持和精神安慰是志愿者主要追求的,能够得到社会认可和亲友支持是对志愿者的莫大激励。

(2)志愿者激励机制

目前,志愿者激励机制主要是精神激励。志愿者更多追求精神方面的认可,激励也就围绕认可的层次展开。志愿者的激励机制包括正式激励和非正式激励。正式激励来自政府、社区和组织,非正式激励则来自家庭成员等亲近关系。正式激励已经融入各类测评体系,既与个人发展挂钩,也与城市评比息息相关。北京市就出台了一套正式激励措施,主要包括志愿者星级认定制度和志愿者奖章制度。其中,志愿者星级认定制度的核心标准是服务时间和服务质量。按照规定,志愿者满足不同星级的要求,可以被认定为一星至四星志愿者。北京市的志愿者奖章主要有金银铜三类,是根据志愿者注册后提供志愿服务的时间与绩效,授予不同级别的志愿服务奖章。[1]北京市规定:国家机关、社会团体、企业事业单位和其他组织在招聘人员时,要在同等条件下优先录用优秀志愿者。北京市政府多次下发有关文件,要求将加强和改进志愿者工作列入党委和政府工作的重要议事日程,切实推动志愿服务机制化、常态化。要把志愿服务组织开展志愿服务工作情况作为精神文明建设的重要内容,列入创建文明城区、文明社区、文明单位等文明创建活动的评比条件。[2]星级志愿者和奖章

---

[1] 张萍,朱凌云,杨中英.公益、功利与激励——我国志愿行动研究与实践中的几个问题[J].学习与实践,2013(05):95-102.

[2] 张萍,郭永芳.论我国志愿行动组织管理与激励中的行政化特征[J].学习与探索,2013(06):82-85.

获得者都设有相应标志，同时在"志愿北京"网站进行标注和宣传。[①]志愿者星级认定制度和志愿者奖章制度都是给予志愿者的正式官方认可。这对志愿者、志愿服务队伍和社区的激励是比较好的。志愿者还能借此获得非正式激励。有了官方认证，志愿者更容易获得身边亲人、朋友的支持，也能更好地宣传志愿服务精神。

随着志愿服务的发展，志愿服务队伍也意识到仅靠精神激励的不足之处。物质激励正在不断完善。比如：通过志愿时长积分兑换生活用品，开展志愿服务活动时提供小礼品、生活便利（地铁优惠）等。但物质激励的程度取决于社区志愿服务队伍资金的充沛程度。同时，非正式激励也在不断完善，通过志愿者之间的交流促进志愿者非正式激励。如：回天地区部分志愿服务队伍在志愿服务活动结束后有集中交流时间，设置下午茶时间给志愿者相互交流提供便利，提升志愿者对志愿服务的认同感，也对志愿服务活动开展提出相应的建议。志愿者激励正走向立体化、层次化和个性化。

三、回天地区志愿服务队伍建设的成就与经验

（一）回天地区志愿服务队伍建设的成就

1. 志愿服务队伍的成员来源多样

回天地区的社区志愿服务队伍依托党员、团员、中学生回社

[①] 张萍，郭永芳.论我国志愿行动组织管理与激励中的行政化特征[J].学习与探索，2013(06): 82-85.

区报到机制，社区居委会吸纳高校学生、中学生、社区居民、社会组织成员、社会企业成员、事业单位专家学者等成为注册志愿者。尤其注重吸纳在职党员、团员注册为志愿者。此外，成立回天地区的"4+8"志愿服务团队，并于2018年通过志愿服务活动的开展新增注册志愿者6478名，其中党员有2290名，团员有1701名，社区群众有2487名。通过微信小程序"回天有我"持续招募领读人专业志愿者、律师专业志愿者、青少年发展专家志愿者等专业志愿服务人士，不断充实回天地区（专业）志愿者队伍。

2. 志愿服务队伍参与的活动丰富

在各类大型或者日常的志愿服务活动中都活跃着"4+8"志愿服务团队的成员，服务于回天地区的发展。近年来，回天地区的志愿服务队伍呈现蓬勃发展之势，在社区中呈现了精彩多样的志愿服务活动，2018年更是开启了社区志愿服务的高光时刻。2018年，回龙观社区网与回龙观志愿者协会共同主办了10个服务本地社区居民的公益公共服务项目，分别是回龙观"最美长卷"项目、"回天有我，从头开始"公益理发进社区、"回天有我"应急知识宣教、回龙观"G+"绿色社区项目、公益微电影院、"爱在回龙观"志愿服务大比拼、"回天有我"公益网球比赛、"观里好人"争创活动、"回天有我，爱老观影"、回龙观第二届"回天有我，寻美捕影"主题摄影大赛。这些项目在线上线下累计开展187场活动，其中志愿服务活动有121场，覆盖回龙观64个社区、中小学及高校，吸引10余万人参加，网站活动主帖阅览数达12

万人次,跟帖量达1630人次。社区居民和网友踊跃参与,取得了很好的社会效益。此外,天通苑志愿者协会的"天通苑大学堂"成功举办100余期,丰富的教学内容深受居民喜爱;观心社工事务所策划开展的十米画卷绘节水和"和谐社区 扮靓家园"的拆违宣传活动成效初显。

3. 志愿服务队伍数量快速增加

回天地区涌现出越来越多的志愿服务队伍,回天地区的社区志愿服务队伍依托志愿服务联合会迅速发展壮大。比如:自2018年以来,回天地区以镇街团委为单位,成立了5支镇街志愿服务队;以社区(村)为单位,成立了126支社区志愿服务队。志愿服务队伍数量增加的同时,也重视志愿服务队伍质量的提高。2018年12月21日,区文明办、团区委和区志愿服务联合会主办的以"志愿至美 与爱同行"为主题的2018昌平区志愿者年度盛典暨志愿服务宣讲会在昌平区马池口中学隆重举行,全区400名志愿者代表欢聚一堂。此前,在"2018年度志愿服务明星"活动中,涌现出明星志愿者47人,优秀志愿服务团队32支,优秀志愿服务项目20个,"回天有我"优秀志愿服务团队7支,"回天有我"优秀志愿服务组织者4人。在宣讲会上,明星志愿者、优秀志愿服务团队、优秀志愿服务项目和社区优秀组织者代表分别交流经验,展示成果,分享感悟,对志愿服务工作起到良好的推动作用。昌平区志愿服务行动自1999年启动以来,已经走过20余年的发展历程,广大志愿者积极响应号召,投身各领域志愿服务，赢得了社会各界的广泛赞誉。目前，全区实名认证志愿者总数为367 710人，2018年新增79 084人，高于近5年的平均注册人数；注册团体为4788支，2018年新增1342支，高于近三年的总和。朵朵文明之花正在昌平大地竞相怒放。

4. 志愿服务队伍管理的制度化

制度化推进主要表现为对于现存制度文件的消化、吸收、宣传，志愿服务队伍内部对志愿服务精神的学习不断深入。2018年12月，创新园社区南环里社区开展《志愿服务条例》宣传活动。《志愿服务条例》自2017年12月1日正式实施。在活动中，为了提高辖区居民对志愿服务活动的认识，社区工作者通过张贴宣传海报、发放宣传材料等形式向居民宣传，同时详细介绍了如何注册志愿者、志愿者的权益与义务、志愿者的奖励机制等问题，鼓励大家积极加入志愿服务队伍。

（二）昌平快乐自由行志愿服务队建设的经验

为了更好地介绍回天地区志愿服务队伍建设的经验，下面选择具有典型案例的昌平快乐自由行志愿服务队予以介绍。

1. 昌平快乐自由行志愿服务队基本情况

本课题组经与昌平快乐自由行志愿服务队的队长访谈了解到，快乐自由行创立初衷是扩展志愿服务面。在访谈中，他说道："我于2012年成为注册志愿者，跟其他组织进行志愿服务，比如'春运'和'暑运'期间会到北京西站进行志愿服务。但是，来回时间太长,就考虑在家门口做志愿服务,但是家门口的缺口很小。2015年,有个控烟协会组织北京16个郊区县组建16个分队,我成为这个控烟协会的昌平区分队长。但是,只做控烟比较单一。2015年12月,昌平地铁北二期开通的时候,我就想着注册一个组织。本组织最初的人员就是基于北京控烟协会昌平分队,以控烟宣传作为服务的切入点,慢慢向横向发展,扩展服务面。"

快乐自由行的志愿者是从原有志愿服务队伍分流出来组成新的志愿服务队伍,其创立之前就拥有一定的成员数量和经验。据快乐自由行负责人介绍,快乐自由行成员构成为:昌平区有25人,天通苑有30人,沙河有25人,南口有18人,回龙观有25人左右。他们主要分为固定成员和流动成员。固定成员主要是退休人员,年龄均在45岁以上,有稳定而充足的志愿时间;流动成员结构总体上包括大学生、退休人员(中小学教师、国企人员)、自由职业者等,但主要是青年大学生,他们利用假期做志愿服务。

快乐自由行开展活动以控烟志愿服务活动为基础不断丰富志愿服务队伍的活动范围,逐渐拓展到商户巡查、文化志愿服务、地铁疏导、北京大学国际医院导诊、关注自闭症等活动。最重要的是,快乐自由行管理借鉴了控烟协会的组织架构,分设昌平、天通苑、沙河、南口、回龙观地区的5支小分队,各自设有分队长负责队伍管理。快乐自由行管理有自行制定规定进行管理,也有根据服务内容建立临时微信服务群开展志愿服务。快乐自由行采取独立型培训,主要是以老带新的培训模式,新的志愿者以此掌握基本服务要领，也会有专业性志愿服务培训活动以保障志愿服务水平；合作型培训主要与孵化基地进行联动，以便于培训场地的使用，但更多与政府部门、社区和学校合作开展志愿服务和培训活动。

2. 昌平快乐自由行志愿服务队建设的经验

快乐自由行运营至今，不断承接政府大大小小的志愿服务活动，更是于2019年参与了重大赛事的志愿服务活动，并以其具有规模稳定、活动开展多样、队伍运营良好等优势，得到了融媒体中心、北京昌平电视台的宣传，成为具有一定知名度的志愿服务队伍，成为志愿服务队伍的模范，其成功经验可总结为三点。

（1）稳定的组织成员

快乐自由行采取地区小分队分层管理的方式，规避了按志愿服务职能进行人员分配存在的管理交叉状况。快乐自由行的前身是控烟小分队。这是队伍一开始的人员构成。快乐自由行成员的扩充最初依靠的是志愿者亲近社会关系，即：主要依靠志愿者吸纳朋友加入队伍，再通过朋友带朋友的方式将队伍人员扩充起来。朋友这一社会关系本身具有一定的稳定性，因此昌平快乐自由行志愿服务队是具有稳定的人员结构的。以此为经验，快乐自由行在多个地区成立分队，成员大部分是退休人员。尽管他们年龄相对偏高，但他们都有充足的时间参与志愿活动，也能保障队伍有比较好的稳定性。目前，在快乐自由行的分队中，昌平25名志愿者全部是退休人员；天通苑有30名志愿者，退休人员在70

岁上下；沙河有25名志愿者，年龄在40—50岁上下，他们是一些拆迁户，生活条件比较好，时间也比较富裕；南口有18名志愿者，回龙观约有25人，也全部是退休人员。这些人都是固定的，可以随时调动。

（2）高效可靠的日常管理

①管理方式便捷。快乐自由行的日常管理主要以微信群管理的方式进行。②管理层级合适，快乐自由行分队长负责地区小分队的管理，没有设置过多的层级，管理上更加便捷。③管理精神可靠。快乐自由行成员之间相对熟悉，还是参与志愿服务多年的志愿者，日常管理不需要依靠严格的书面规定，志愿服务精神和默契可以起到很好的约束作用。④管理模式简洁高效，快乐自由行的前身是控烟小分队，从属控烟协会，在管理中自然而然地透露出大型志愿服务组织的管理方式，有着学习的样本，再通过以老带新的方式，其管理是简单高效的。

（3）志愿服务内容满足各方需要

快乐自由行发布的志愿服务活动已经具有周期性、常态化的特点，能够为大学生志愿者提供平台，完成志愿服务工时要求。一些小学和中学也会主动联系快乐自由行带他们做志愿服务。目前，与快乐自由行达成合作的有华北电力大学、中国矿业大学（北京）和中国邮电大学，主要联动的志愿服务活动是环保类，需要人员多，技术含量低，不需要过多培训。

四、回天地区志愿服务队伍建设中存在的主要问题

（一）志愿服务队伍人员结构性失衡

1. 专业志愿者数量不足

由前文可知，"志愿北京"登记的志愿者人数不断增多，但是其中存在一个转化率问题——登记人数不等于实际志愿者人数。志愿者人数短缺依然是不可忽视的问题。社区动员和技术应用的发展在短时间内塑造了数量可观的志愿者，形成"数字繁荣"。实际上，志愿者参与仍未完成从"弱参与"到"强参与"的转变。回天地区在考量社区志愿服务活动的优劣时，应考虑一定数量的志愿者活跃度，而非志愿者总人数。

（1）专业志愿者数量少

成为一名普通志愿者相对其他正式组织成员来说门槛较低，只要拥有志愿服务热情和较为充足的志愿服务时间基本就符合成为一名普通志愿者的条件。他们能在志愿服务宣传、引导等对人力需求大的活动中发挥较好的作用。但随着志愿服务专业化的提高，人们对志愿者素质的要求也随之提高，之前的普通志愿者难以适应新时代对志愿者的要求，需要更多专业志愿者参与志愿服务。这种专业素养不是短期可以获取的。为了快速扩充专业志愿者队伍，只能从专业人才中招募，提升志愿服务队伍的专业化水平，从而符合志愿服务活动专业化的需要。常规化补充专业志愿

者，主要通过对志愿服务队伍进行专业化培训。志愿者在专业人员带动下学习专业技能，从而成为一名专业志愿者。然而，这两种方式均存在困境。其一，招募专业志愿者并不容易。志愿服务队伍没有营利目的，主要提供精神激励，吸引力较低。其二，志愿服务队伍专业化培训无法做到持续而稳定。志愿者背景复杂，知识水平不一，居住地分散，快速而专业的集中培训不现实，志愿服务队伍培训提升专业化水平的速度较慢，效果也有限。

更直观的根据来自社区志愿者职业结构，具有专业技术的志愿者所占比例较低，仅为8.74%（见图3-3）。客观来说，不排除其他职业志愿者同时具备专业技能，但目前的数据无法支撑，志愿服务组织缺少专业志愿者是普遍现状。

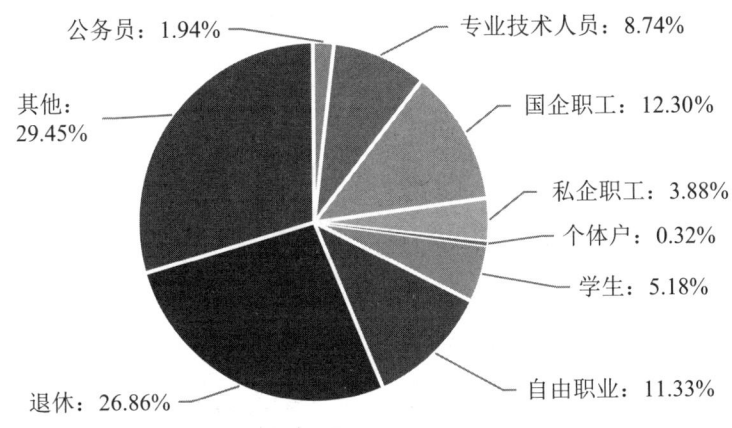

图3-3　社区志愿者职业分布情况

（2）志愿者年龄高龄化

笔者在7个街道办事处按照志愿服务活动开展的频率和影响，

各选定了三个代表性社区,每个社区选取20名注册志愿者进行问卷调查。问卷调查把45岁作为年龄分界点,将志愿者人员结构比较清晰地展示出来。调查结果(见图3-4)表明,45岁以上的志愿者占大多数,占比为59.88%。其中,60岁以上的志愿者占相当大一部分。根据我国男女对应的退休年龄,志愿者中有相当一部分是退休人员。45岁以下志愿者占比为40.12%。根据现实情况,大部分在职青年人是无法持续参加志愿服务活动的。那么,能够持续参加志愿服务活动的志愿者主要是大学生和中学生。他们相对于45岁以上的志愿者群体来说没那么稳定,存在流动性。尽管他们参与志愿服务的时间相对较长,但容易因受外界因素影响而中断志愿服务,比如升学、搬家、外地就业等。综合来看,回天地区志愿者群体的中心力量依然是中老年人,后备的志愿者严重不足。这意味着回天地区志愿者年龄是偏高的,人员结构呈现高龄化。

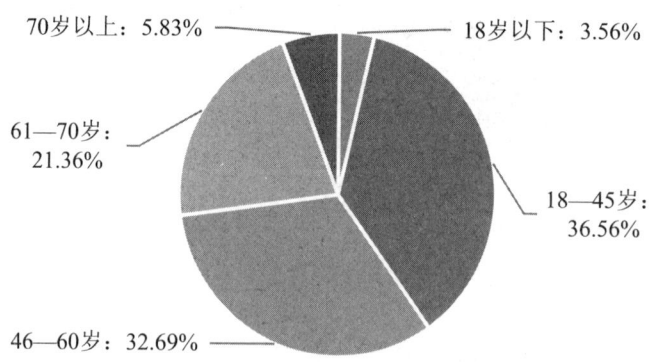

图3-4 社区志愿者年龄分布情况

2. 志愿者性别比例失调

根据相关的调研数据，社区志愿者的男女比例接近3∶7（见图3-5）。这在一定程度上证明社区志愿服务队伍中女性占据"大半天"。根据结构功能主义的观点，家庭结构的稳定离不开男女分工，社会结构的稳定也缺少不了男女比例的相对平衡，某一性别的比例过大或过小对于组织而言都会产生负面影响，志愿服务队伍也不例外。志愿者队伍中这样的性别比例产生的影响与社会分工、职业分类相似，在需要女性志愿者发挥主要作用的活动中更具优势，而需要男性志愿者发挥体力优势的活动就会出现人员短缺问题。

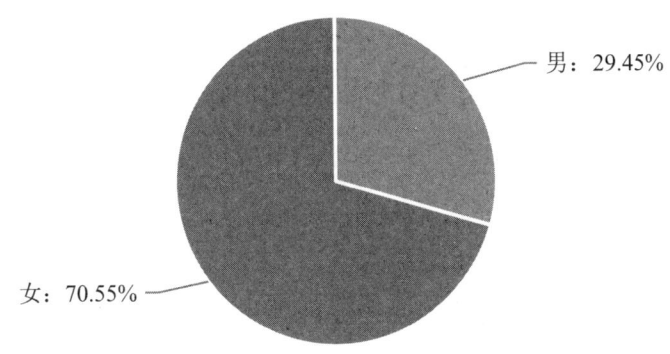

图3-5 社区志愿者性别分布情况

（二）志愿服务队伍专业化培训欠缺

1. 专业化培训开展未成体系

志愿者培训的开展需要外界条件的保障，例如人财物的支持，但志愿服务队伍自发开展培训往往缺少外部环境的保障，特别是资金保障。快乐自由行的队长赵志强对我们课题组谈道:"我们获得过小微项目,但小微项目的资金申请和使用是严格把控的。小微项目是昌平区志愿服务联合会针对没有在民政局注册的志愿服务队伍,在昌平区志愿服务联合会注册满一年,即:志愿服务队伍所申请的项目必须实施满一年,服务工时个人达到40个小时以上,可以申请小微项目。通过昌平区志愿服务联合会委托的第三方机构对志愿服务队伍进行答辩考核后,我们才能获得小微项目。小微项目资金最多1万元,而这1万元也不是直接打给负责人,会拨给新公益这样的第三方机构,来指导你如何开展项目。扣除税后,1万元小微项目资金实际上就剩下9400元左右了。而这些钱又包括不同的部分,比如培训费、宣传费等。第三方机构会把钱直接打给培训讲师或者印发宣传单的单位。还有一些钱作为交通补助发给志愿者,但不能超过项目总费用的40%。所以,项目资金是第三方机构进行分配的,完全不经过我。'抗击艾滋病''全民阅读''助老助残'等志愿服务项目都可以申请小微项目,但不是每年都有,去年这个时候已经开始交材料或答辩了,但今年还没有任何通知。"

  由此看来,志愿服务队伍获取的资金支持是十分有限且不稳定的。其中,培训费所占的比例也是不确定的,这部分资金也不经过志愿服务队伍内部,而是直接由第三方机构将资金进行分配,决定权掌握在第三方机构手中,志愿服务队伍培训的开展因而受到制约。除了资金保障的问题,目前志愿者培训体系还遇到了其他困难,比如培训内容有限。培训内容主要针对提高服务能力展开，其他培训方面的需求不能保障。志愿服务队伍鲜有专门的人员从事培训工作。培训场地缺乏保障，通常需要与其他组织合作。另外，志愿者的年龄、职业等十分分散，协调培训时间就变得尤为困难，加上志愿服务队伍对培训对象的约束力较小，很难开展一次完整的培训。

2. 专业化培训效果不佳

从现有开展培训来看，专业化培训效果不佳有志愿者自身条件限制，还有很大部分原因是专业化培训不符合志愿者需求。根据志愿者进行专业培训需求分析，超出高龄志愿者时间、精力的专业培训很难对他们产生长久吸引力，再加上培训内容与实际需求内容脱离，高龄志愿者会认为培训属于浪费时间的行为，从而参与积极性偏低。他们更希望参加一些短时间且传授实用小技能的培训。培训不符合志愿者需求，除了志愿者的自身原因，培训本身也存在问题。开展专业技能的培训因人员、设备等不足而使专业化培训的专业化程度有限，不能达到志愿者的预期。总体来说，专业化培训效果有限。

（三）志愿服务队伍稳定性存在不足

1. 志愿者流动性高

志愿者队伍稳定是社区志愿服务队伍可持续发展的必要资金，而长期稳定的志愿服务队伍是比较少的。随着志愿服务活动开展次数增多、时间变动频繁，参与志愿服务活动的志愿者基本上每次都是不同的。特别是大型志愿服务活动需要联合高校大学生参加志愿服务活动,志愿者的流动性极高,能够长期固定参与的志愿者属于少数。这些志愿者往往时间充足,经验丰富,富有志愿服务精神。他们逐渐成为志愿服务队伍的主要队员。这对志愿服务队伍来说不失为一种人员筛选的自然机制。

志愿服务队伍中志愿者的年龄、职业、技能、可支配时间变动是复杂的。因此,志愿服务队伍很难约束、聚集理想数量的志愿者,特别是时间因素。当志愿服务活动开展时间与志愿者可参与时间不匹配时,志愿者自然会选择其适配的时间参与活动。据调查,志愿服务队伍中的志愿者有相当一部分是退休人员,他们的可支配时间是相对较多且固定的。从他们自身角度考虑,他们参与志愿服务时,会将自家的事务优先于志愿服务活动。对志愿服务活动组织者而言,他们还需要考虑其高龄志愿者的身体状况。据调研组了解,相关志愿服务队伍与高校联合举办志愿服务活动所形成的志愿服务队伍更加松散。这与高校志愿者招募机制相关,高校招募志愿者的方式是竞争制、先到先得制和随机抽取制。这样组成的志愿服务队伍成员的重复率极低,因此志愿者队伍流动性也是极高的。

2. "休眠"志愿者比例高

"休眠"志愿者注册了志愿者这一身份却没有参加或者很少参加志愿服务活动而长期处于"蛰伏"状态。"休眠"志愿者比例高表现在志愿者活跃度与注册人数不符合,有相当一部分注册志愿者不参加志愿服务活动。

志愿服务活动实际参与人数与注册志愿者人数存在明显差距

与志愿者人数决定论密切相关，即：注册志愿者人数的多少决定了社区志愿服务队伍是否发展壮大。当志愿者人数而非质量成为关注的重点时，就容易陷入人数决定论。实际上，志愿服务队伍开展的志愿服务活动并未因注册人数变化而发生实质性变化，而是仍然缺少高质量、活跃、稳定的志愿者和专业志愿者。另外，有关部门行政在推动注册志愿者队伍发展时，也较为注重志愿者人数的增加。有关部门往往通过采取自上而下的行政动员促使志愿者成为注册志愿者，使得志愿者注册带有被动性和强制性，偏离志愿服务的自愿性原则，也就会发生注册志愿者不参与志愿服务的情况。目前，这类情况是普遍存在的。

以回天地区的高校为例：在校学生被统一要求在"志愿北京"平台注册，而注册之后是否参与志愿服务活动这类问题不在"统一要求"的范畴。

综合来看，志愿服务队伍壮大是客观事实，也事实存在热爱志愿的志愿者不断加入回天地区的各个社区志愿服务队伍。但需要注意的是，我们看到志愿服务繁荣的同时，也需要承认存在大量"休眠"志愿者。

3. 志愿服务队伍招募方式不合理

据调查，有20%左右的社区志愿者尚未成为注册志愿者，但他们仍从事志愿服务活动；有40%左右的居民从未参与志愿服务活动，但他们是数量可观的潜在志愿者。我们不能单以人数衡量志愿服务队伍的成就大小，但拥有持续挖掘、发展潜在志愿者的力量对志愿服务队伍来说非常重要,志愿服务注册推广也就有必要性。在"志愿北京"的团体介绍中,我们发现有4类志愿服务队伍招募存在不合理情况。

(1)用熟人推荐法招募志愿者的队伍

这类志愿服务队伍招募的志愿者需要获得该组织验证信息才能加入该志愿服务队伍。这类志愿服务队伍招募方式一般采取内部推荐、熟人带熟人的模式拓展志愿服务队伍成员,或者新志愿者通过参与的志愿服务活动渠道获得验证信息成为该队伍的成员。这类志愿服务队伍对潜在志愿者的招募是谨慎的,也可以说是不太积极的。这种招募方式带来的问题是,难以扩大新志愿者规模。在与快乐自由行队长的访谈中,有问到人员构成的问题,得到的回应是,截至2019年7月,该队伍成员有123人左右。而"志愿北京"平台对昌平快乐自由行志愿服务队的介绍显示,它的正式成员有1360人(截至2020年12月)。显然,队长与官网对同一对象介绍出现了很大差距。究其原因,主要是"志愿北京"的信息是对注册并审核通过加入该团体志愿者的统计,而队长则是对实际队伍成员人数的统计,即长期稳定成员的统计。由此可知,快乐自由行长期稳定的志愿者不到总数的1/10,队伍人数的增加并不迅速,志愿服务队伍纳新能力不足。

(2)志愿服务队伍招募没有吸引力

这类社区志愿服务队伍对新志愿者加入方式表现出一种开放的态度,允许实名志愿者加入,比如北京市昌平区龙泽园街道龙锦苑六区巾帼志愿者服务队。这一条件意味着只要完成了"志愿北京"的注册，符合条件且有意愿参与该志愿服务队伍的人都可以加入该队伍。志愿者可以在线加入志愿服务队伍，跟随志愿服务队伍参与各类志愿服务活动。但在各种原因的综合作用下，北京市昌平区龙泽园街道龙锦苑六区巾帼志愿者服务队的正式成员在两年多的时间里，成员基本维持在120人左右。由此可知，该类志愿服务队伍吸引新志愿者能力有待加强。

（3）志愿服务队伍拒绝新成员加入

这类志愿服务队伍主要是响应政策号召而成立的社区志愿服务队伍，比如天通苑北一区"回天有我"文体员志愿服务队。这类志愿服务队伍的名称常带有"回天有我"的宣传概念出现，成立日期也与"回天有我"提出的时间相符，但拒绝任何人加入。成立至今，天通苑北一区"回天有我"文体员志愿服务队发起的项目数量为零，呈现自我放弃的封闭状态，对吸纳新成员表现出漠不关心的态度。但其成员人数有一定的规模，可知这一志愿服务队伍主要接受线下申请，或者只是配合政策号召而成立的志愿服务队伍。

（4）志愿服务队伍未准备招募

这类志愿服务队伍近期刚刚成立，没有正式成员，也拒绝任何人加入，如昌平区史各庄街道昌艺园社区管城理市志愿服务队的正式成员为0，拒绝任何人加入。这样的志愿服务队伍不在少数。由于这类志愿服务队伍的存在，志愿服务队伍的数量是繁荣的，但它们不关心成员结构，也不吸纳新成员，队伍只是形式化存在，用以证明其社区志愿服务队伍发展是向前的。这类志愿服务队伍更像"僵尸志愿服务队伍",日常封闭。

依托"互联网+"的志愿服务体系,可以纳入海量志愿服务人员,几乎每个网民都是潜在志愿服务者。依托"互联网+"可以从根本上改变志愿服务的方式,使诸多志愿服务资源通过网络流动起来,从根本上改变志愿服务资源的碎片化状态,也可以降低志愿服务成本。[①]"志愿北京"平台的志愿服务队伍可以利用"互联网+"的便利,以开放有趣的状态发展新鲜血液。但从目前的状态来看,一些志愿服务队伍还停留在表面开放实则封闭的状态,有些志愿服务队伍没有吸引力。回天地区的社区志愿服务队伍发展依然困难重重。

(四)志愿服务队伍管理体系不完善

1. 管理方式相对单一

志愿服务队伍发展早期,志愿者参与志愿服务带有强烈的自愿性,志愿者也带着对志愿服务活动的极大热情加入队伍。这时,管理方式因社区志愿服务队伍作为民间非正式组织而偏向自主管理,很难进行强有力的约束管理,而这种松散的管理模式不利于志愿服务队伍长期可持续发展。在志愿服务队伍发展走向成熟时期,早期的志愿者会更多产生较强的管理责任感。加上志愿服务队伍不论是成员,还是参与的活动,都会越来越繁荣,越来越规范。这时候,需要对志愿服务队伍进行科学管理。快乐自由

---

① 朱海龙,陈宜."互联网+"背景下精准化志愿服务体系构建研究[J].杭州师范大学学报(社会科学版),2020,42(04):92-98.

行的成功案例向我们展示了一条可行的管理道路——对信息采用新通信工具（微信、QQ等）管理，对人员采取分级管理。其他组织也有类型的管理方式。但目前，志愿服务队伍对管理方式的探索停留在比较初级的阶段。不论是志愿服务队伍早期还是走向成熟时期，管理方式均是单一的：重视志愿者心理上的满足。对于管理志愿服务目标或者系统管理志愿服务活动比较缺乏。当然，以上涉及的管理方式不是主推一种，而是根据实际进行综合考量，以此丰富管理方式的宽度和长度。

2. 信息管理不够规范

目前，志愿服务队伍的信息管理越来越依托互联网与大数据，比如全国普遍采取志愿云信息管理系统进行管理。这为志愿服务队伍提供了便利，特别是大型赛事志愿者信息管理，减少了对人力资源需求和人员统计可能存在的偏差。但目前依托高科技进行信息管理存在一些问题。比如：在实际操作中，志愿服务队伍信息管理具有随意性；对人员登记、志愿服务时长等基础信息的录入是延后的，存在先活动后登记的现象；通过联网互通的平台（如"志愿北京"）查看时，只能看到志愿服务活动信息结果，原本应该公开的招募、活动开展、信息录入的工作被隐藏。这说明志愿服务队伍在日常信息管理中有两条并行的信息管理手段，线下手段优先，而线上录入属于后期工作，这就违背了志愿云系统设想的同步目标。同时，这种暗箱操作可能存在虚假录入的现象，编造志愿者人数、时长等。

3. 人员管理有始无终

人员的流入机制目前是比较规范的，招募、注册和登记都有着丰富的实践经验，操作也是简单便捷的，但人员的退出机制仍不完善。目前，志愿者退出一是自行长时间不参加志愿服务活动，久而久之被认定为退出；二是因年龄、身体、工作、家庭等而不得不退出。以上两种退出机制都不需要进行规范化登记，退出标准和程序基本依赖于志愿者个人的决定，志愿服务队伍也鲜有劝退或者解除志愿者身份的管理行为。这样的退出机制符合志愿服务队伍自愿的原则，但对于收集志愿者动态信息是不利的。不对退出机制进行规范化管理的直接后果是志愿服务队伍实际人数减少，而进行志愿服务活动规划时需要参考人数这一条件，活跃人数不断减少对于活动开展必然产生不利影响。

4. 志愿者保障和激励机制不健全

志愿服务队伍的发展与繁荣象征着公民不断参与社会治理。志愿者聚集在一起形成志愿服务队伍依靠的是志愿服务精神。但纯粹依赖志愿服务精神吸引的志愿服务队伍存在吸引力短板，无法产生与物质激励相同的效果。根据快乐自由行队长的访谈记录，我们发现了如下事实：志愿服务队伍是自由野蛮生长的，缺少物质保障和激励机制；志愿者的物资保障、补贴取决于被服务单位；政府部门没有对志愿服务队伍提供专项补贴。志愿者的志愿服务动机是复杂的，虽然精神激励和个人获得感是主要动力，但也需要为其提供服务必需的物质保障和补贴。此外，志愿者希望通过志愿服务队伍获得认同得到激励,还有很大一部分希望通过志愿服务活动提升个人技能,有获得感。志愿者复杂的志愿服务动机决定了可持续、活跃、专业的志愿服务队伍要有与之匹配的物质保障和激励机制。

五、促进社区志愿服务队伍建设与管理的对策建议

(一)优化志愿服务队伍人员结构

1.鼓励高校学生成为志愿服务队伍一员

我国志愿服务主体包括志愿服务人员和志愿服务组织。我国的志愿服务人员主要包括青年志愿者和社区志愿者两类。在社会性志愿服务活动当中,青年志愿者,尤其是高校的青年志愿者,发挥着重要作用。[①]回天地区志愿者的中心力量是中老年人,青年志愿者相对不足。这部分青年志愿者直接来源于高校大学生,他们拥有社会实践的要求和相对充裕的志愿服务时间,其中不乏熟练运用各种技能的"专业"人员。高校青年志愿者加入社区志愿服务队伍可以一举解决年龄结构、性别结构、专业程度等多方面队伍结构性问题。这里的加入并非指单纯参与志愿服务活动,而是成为社区志愿服务队伍的一员。志愿服务队伍可以与区域内高校展开结对子活动,志愿服务队伍所在社区成为大学生的社

---

① 朱海龙,陈宜."互联网+"背景下精准化志愿服务体系构建研究[J].杭州师范大学学报(社会科学版),2020,42(04):92-98.

实践基地。高校可以根据批次不断向社区输送志愿者，帮助学生在毕业之前完成志愿服务队伍实践的结业。此外，志愿服务队伍与高校合作能够在一定程度上充实队伍力量，缓解队伍人员流失的困境。

2. 采取"社工+志愿者"的队伍模式

社会工作专业人员的工作内容、地点围绕社区展开，加上回天地区辐射范围大，离不开社会工作者（简称社工）的帮助，以及社区志愿服务队伍与社工彼此的活动范围与内容并不冲突，他们可以达成协作。志愿服务队伍加入专业社工，可以优化队伍中离退休人员为主体的结构，并且能够更加贴近社区为居民提供符合需求的志愿服务，在社区中宣传志愿服务文化，吸引潜在志愿者加入志愿服务队伍。"社工+志愿者"模式不失为一石多鸟，能够潜移默化地传播志愿服务精神，润物无声地完成开展宣传、招募、活动等多项志愿服务工作。

（二）加强志愿服务队伍专业培训

加强志愿服务队伍专业培训模式，包括"内生"模式和"外控"模式，以及它们之间的合作模式。"内生"模式需要志愿者基于志愿服务精神自发追求专业化提升，而"外控"模式则是志愿服务队伍通过政府提供的外部条件保障、实现志愿者专业化提高的模式。"内生"模式是志愿者专业化的最终目标，而"外控"模式则服务于"内生"模式。

"内生"模式的捷径在于吸引专业志愿者加入，提高志愿服务队伍中专业志愿者的比例。专业志愿者投身志愿实践，并在实践中运用、提升专业能力，是"内生"模式中志愿与专业化相辅相成的一种最佳搭配。在实际情况中，一般的志愿服务队伍无法拥有大量专业志愿者。志愿服务队伍可以在宣传志愿服务精神时引导志愿者自发学习技能，通过创新志愿服务类别让志愿者意识到自我提升的必要性，以志愿服务活动"抛砖引玉"激励志愿者自发学习。这种"内生"模式需要时间周期较长，但其专业化提升是基于稳定成员，对于志愿服务队伍的反馈是长期、持续、忠诚的，对志愿服务队伍其他成员同样可以起到引领带动作用。

"外控"模式主要表现在志愿者培训方面。回天地区拥有回天社会创新学院、昌平区社会组织孵化基地等，它们均可为志愿服务队伍提供培训支持，解决培训问题。社会创新学院拥有智囊团（又称智库），可以通过调研和分析现状得出符合志愿者需求的培训内容和方式，也可以通过公共课、专业课、参访学习、工作坊等形式，从理论和实践两个层面提升回天地区社会志愿服务组织的业务创新能力和落地能力。社会创新学院设有志愿者发展中心，可以通过对接、匹配社区需求与专业人士群体实现志愿服务队伍需要的专业人员参与培训，也可以搭配多种专业人员形成定制化志愿服务支持。

（三）重视志愿服务队伍发展质量

志愿者"休眠"比例高的志愿服务队伍在社区志愿服务领域逐渐蔓延，集中体现为志愿服务队伍数字化和志愿者人数行政化。志愿服务的发展状况确实离不开量化考核评估，但在执行过程中容易偏向过度依赖量化指标。例如：在追求志愿者注册人数的年度增长的前提下，社区要求推广志愿注册。高校更是要求每位学生在规定时间内完成注册，追求志愿服务队伍遍地开花。这些都是只求志愿者人数而不管志愿者质量的典型做法，对志愿者有一定的消极影响。比如：在推广注册的过程中，采取行政化动员手段，使得注册这一行为由主动变为被动，引起潜在志愿者反感。

本来没有对符合条件的人员成为志愿者设置进入门槛，但开展志愿服务活动需要的是有志愿服务精神、时间充裕的人，盲目追求数量就会牺牲质量。那些不关心志愿服务、不参与志愿服务活动的注册志愿者就属于低质量，他们不会真正投身志愿服务活动，成为"休眠"志愿者。这会导致志愿者的实际人数依然不足，进一步导致注册志愿者的虚假繁荣。对于志愿服务队伍来说，真正有效的志愿者参与最重要。对志愿服务队伍而言，活跃纯粹的成员的增长才是更有意义的。因此，在宣传推广志愿注册的同时，应尊重其意愿，引导其自愿参与志愿服务活动，注重其真正成为志愿服务队伍的一员。

（四）完善志愿服务队伍管理体系

志愿服务队伍的层级管理对规范志愿服务队伍的管理模式有借鉴意义。通过设置合适的层级给予日常管理提供基本规范，无须层级过多，以免束缚志愿服务队伍自由生长。规模大的队伍可以通过设置分队进行管理，规模小的队伍也可以分组管理。

　　信息管理与人员管理依托互联网技术，实现信息和动态变化的同步。志愿服务队伍需要做的是，充分利用志愿云信息管理系统，做好志愿者登记、招募等工作。同时，志愿服务活动在"志愿北京"平台不能仅仅成为一条记录，志愿服务活动后补录信息的信息需要正规的公开流程。在未来的志愿服务队伍日常管理中，"志愿北京"将开发智能化设备或者程序，实现志愿服务活动相关信息填写的智能化。科学化管理注册志愿者账号，实现志愿者动态实时更新，真正利用好云平台。如：志愿者因自身情况而中断或退出志愿服务队伍需要经过一定的程序，并注销他们的账号。同时，要定期注销"僵尸志愿者"的账号。

　　志愿服务活动的开展需要政府某种程度的参与，不是指政府要在管理方面控制志愿服务组织，而是向它们提供良性生长的环境。志愿服务队伍缺乏物质保障、补贴、保险等支持是普遍问题，政府可以加大向它们提供专项资金的支持力度，包括资金额度、使用权限等。

第四章　社区志愿服务活动开展与管理

充分发挥志愿服务活动在社区治理中的作用是回天地区完善社区治理体系和变革社区治理模式的一项重要战略任务。志愿服务活动作为社区服务的重要组成部分，是吸引社会各界、社区居民参与社区治理的有效载体。作为一项系统工程，志愿服务活动的开展与管理包含活动发起、过程管理、志愿者招募与培训、绩效评估与反馈等多个流程，需要多部门协调合作，广泛整合资源。

一、回天地区志愿服务活动开展与管理现状

自昌平团区委在回天地区推出了"回天有我　志愿先行"系列志愿服务活动以来，回天地区的126个社区陆续开展了社会保障类、公共管理类、民生服务类等志愿服务活动，涉及助老助

残、社区治安、文明实践、交通出行、环境治理、宣传教育等多个服务领域。以上活动的开展离不开社区志愿服务管理。

（一）社区志愿服务活动的类型

回天地区的社区志愿服务活动本着"便民、利民、为民"的服务理念，致力于为居民提供多元化服务内容，满足居民多层次服务需求。回天地区的社区志愿服务活动因标准不同而分为不同的类型。

1. 以志愿服务活动内容为标准

（1）治安维稳服务

为了加强社区安全防护，确保社区居民生活稳定，回天地区一方面通过广泛发动志愿者，组建社区治安巡逻队，定期定点排查社区主要街道、居民小区等公共场所安全隐患；另一方面设置社区安全员志愿者，常态化普及安全知识，组织应急演练，为社区营造安全和谐的生活环境。

（2）环境保护服务

为了整治社区环境脏乱差问题，倡导低碳环保生活理念，昌平团区委引导回天地区居民自觉加入节水护水、垃圾分类、义务植树、公共场所禁烟控烟、"每周少开一天车　绿色出行我承诺"等多种形式的志愿服务活动，有效推进了回天地区生态社区和绿色社区建设，提升了整体环境质量。

（3）文明实践服务

为了提高群众文明道德素养，规范群众不文明行为，树立社区文明新风，回天地区以文明出行为主题，开展交通路口指引、礼让斑马线、文明停放公共自行车、文明出行知识宣传等志愿服务活动。回天地区还特别设置志愿者劝导员，通过志愿者劝导员对违法行为和不文明行为进行劝导，让文明理念深入人心，落实新时代文明建设工作。

（4）文体娱乐服务

为了向居民提供多元文体活动，增强社区居民归属感与主人公意识，回天地区依托社区群众活动中心，鼓励社区居民自发策划、开展文体活动，成立舞蹈队、合唱团，开设书法班、剪纸班等，为广大居民提供免费学习交流平台，丰富社区居民的闲暇生活。

（5）宣传教育服务

为了矫正群众的不端思想意识，传播社会主义核心价值观，弘扬社会正能量，回天地区依托社区"大讲堂"平台向社区居民宣传正确理念，澄清不实谣言。同时，设置志愿者宣传员，定期组织社区宣传教育活动，渲染社会正气之风。

2. 以志愿服务活动对象为标准

（1）助老助残服务

助老助残服务是以老年人群体及残疾人群体为服务对象，精准定位群体需求，为其提供慰问关怀与生活便利。当前，回天地区助老助残志愿服务已形成常态化开展。如：新龙城社区将每月20日设为关爱老年人日，为老年人提供免费理发等关怀服务。龙回苑开展"爱耳日"健康义诊活动，让更多居民能够了解并关注听障儿童。

（2）扶贫救济服务

扶贫救济服务是以生活困苦群体为服务对象，动员志愿者为其提供金钱捐助、物资捐赠等力所能及的救济。如：霍家营社区开展"春风送温暖"志愿服务活动，广大党员带头为贫困户捐款、捐物。

（3）青少年成长服务

青少年成长服务是以青少年群体为服务对象，引导青少年健康成长，解决青少年成长过程中的疑惑。如：社区青年汇开设青少年公益讲堂，为青少年养成良好的学习、生活问题提供帮助；利用寒暑假向青少年传播剪纸、皮影等中国传统文化，增强他们的文化自信。

3. 以志愿服务活动专业性为标准

（1）安全防范服务

回天地区的安全防范服务由有关专业的专业人员组成专业志愿服务队提供，以自然灾害逃生、交通安全、涉水安全、儿童防拐骗、预防火灾知识宣讲、火灾隐患排查和火灾逃生演练为主要服务内容，提升了居民安全生活意识和能力。

（2）金融知识服务

回天地区的金融知识服务由银行职员组成专业志愿服务队提供，以防范金融诈骗、电信诈骗、非法集资、风险识别等为主要服务内容，帮助居民树立了正确的理财观念。

（3）医疗保健服务

回天地区的医疗保健服务由医疗机构人员组成专业志愿服务队提供，以开展社区健康义诊、健康咨询、知识讲解、免费体检为主要服务内容，为居民健康生活提供了基础性保障。

（4）法律援助服务

回天地区的法律援助服务由律师从业者组成专业志愿服务队提供，以免费法律咨询、司法调解、法律知识宣传为主要服务内容，为居民排解了法律方面的疑惑。

（5）艺术设计服务

回天地区的艺术设计服务由美术设计者组成专业志愿服务队提供，以指导社区居民美化井盖为主要服务内容，美化了社区生活环境。

（二）社区志愿服务活动的特点

作为北京市典型的大型居住区，回天地区有人口基数大、地域广等特点，志愿服务自然就有需求量大、种类繁多的特性。回天地区社区志愿服务活动逐渐形成了多元化、品牌化、专业化、合作化等特点。

1. 志愿服务活动多元化

（1）志愿服务活动内容多元化

自"回天有我"社会志愿服务活动启动以来，回天地区累计开展以环境整治、秩序维护、文化提升、健康管理、文明倡导和安全保障为主题内容的"回天有我　志愿先行"系列志愿服务活动1000余次，基本实现了社区志愿服务需求全覆盖。

（2）志愿服务活动主体多元化

在共建共治的理念引导下，回天地区的社区志愿服务由昌平区政府带队，区属职能部门、社会组织、志愿服务组织等多元管理主体，以及在职报到党员、团员、社区群众等多元成员主体，共同参与社区志愿服务。

（3）志愿服务活动形式多元化

回天地区的社区志愿服务系列活动依托社区网络与专业志愿服务组织，开展线上线下志愿服务活动，融入竞赛、美术、课堂等元素，增强志愿服务活动趣味性与竞技性。

2. 志愿服务活动品牌化

在"回天有我"志愿服务活动开展过程中，回天地区致力于打造具有品牌效应的志愿服务活动。通过志愿服务活动的品牌化运作，培育出了一批有经验的社区志愿者骨干，使具有特色的志愿服务活动在不同社区进行推广。如：社区青年汇在回天地区组织开展了29期"回+周末绿跑"品牌活动，融入跑步捡拾垃圾、礼让斑马线、垃圾分类等新颖活动形式，吸引了1300余名青年志愿者和几百个志愿家庭参与。

3. 志愿服务活动专业化

昌平团区委整合回天地区志愿服务专业力量，牵头成立了回天地区"4+8"专业社区志愿服务团队，推动社区志愿服务活动专业化运行。通过成立专业志愿服务队的方式，吸引专业化、高素质人才参与志愿服务活动,发挥专业人才优势。同时,专业培训师担任专业志愿服务队的领头人,以"传帮带"模式帮助非专业志愿者掌握专业知识,使其早日成为社区专业志愿服务的中坚力量。在志愿服务活动中,回天地区充分发挥了专业志愿服务队伍的专业力量,保障了志愿服务活动深化和专业化。

(三)社区志愿服务活动开展与管理体系

1. 建立社区志愿服务活动层级化机构体系

回天地区以志愿服务组织为单位设计与管理志愿服务活动,已初步实现志愿服务活动组织化。总体来看,回天地区社区志愿服务管理体系呈现纵向层级式与横向融通式的形态(见图4-1)。具体而言,昌平团区委作为回天地区志愿服务活动最高层级管理组织,在志愿服务管理中不断深化"党建带团建促社建",充分发挥枢纽型社会组织作用和体制内外资源整合优势,切实推进社区志愿服务活动开展。昌平区志愿服务联合会作为统领型志愿服务组织,吸纳回天地区活跃的志愿服务组织作为会员单位,为全区志愿服务活动组织工作提供指导性意见。此外,它依托回龙观志愿者协会、天通苑志愿者协会、回龙观社会组织发展服务中心等中层级管理平台,辐射带动更多活跃的志愿服务组织、社会组织和个人,向联合会靠拢,以实现志愿服务活动的统一管理。

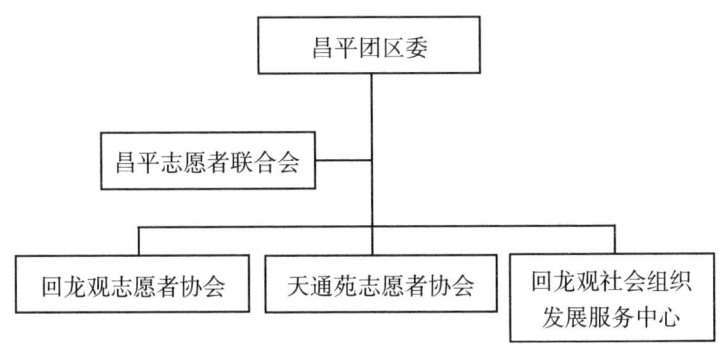

图4-1 昌平区志愿服务组织管理结构

2.建立社区志愿服务活动供需双向沟通体系

志愿服务活动的组织与开展有赖于资源要素在志愿服务供需双方中有效流动。为此，回天地区构建了志愿服务活动资源对接机制，以提升志愿服务活动组织与开展的顺畅度。回天地区通过发挥团组织整合资源、穿针引线的作用，建立志愿服务活动资源诉求表达与反馈机制，将体制内的工作资源、社会组织的服务资源与社区居民的实际需求对接起来，形成一个个志愿服务项目。首先，区社会组织发展服务中心结合回天地区不同社区实际情况和切实需求，向其提供社会组织服务项目资源清单，为各社区提供点单式服务与"量体裁衣"的精准化服务，并于每周六"回天有我"社会服务活动中，到社区里提供项目服务，极大地解决了社区存在的共性问题和实际需求。其次，建立回龙观社区网与区委宣传部网管办、镇政府问题反映与答复机制。社区居民可通过微信后台留言、跟帖留言、论坛留言等方式，反映自身志愿服务活动需求，以及对社区志愿服务活动的意见和建议。最后，通过整理居民诉求并组织开展志愿服务活动对车辆占道、环境整治、污水处理等热点需求及时予以处理与反馈，提升社区居民获得感、安全感和幸福感。

二、回天地区志愿服务活动开展与管理的成功案例

（一）案例概述

1. 活动背景

"志愿服务大比拼"是2020年度政府采购社会组织服务的项目。它由回龙观社区网承办，旨在营造全民参与志愿服务的正能量氛围，倡导社区居民通过志愿服务的形式积极参与社区建设，为基层社会治理贡献智慧和力量，传承邻里互助的优良文化，提升回龙观公共服务水平。

2. 活动内容

"志愿服务大比拼"主要是社区围绕"清洁空气""文明交通""垃圾分类""环境治理""社区互助"等5类活动开展线下志愿服务活动，社区居民通过随手拍的方式将活动情况拍照留存，并将照片在回龙观社区网活动主题页面发帖展示。

"清洁空气"志愿服务范围主要包括捐赠衣物、书籍、玩具、小电器、小家具等可重复使用的生活用品。社区居民积极响应"我承诺绿色生活　守护蓝天"倡议，发动身边社区居民共同关注环保和参与环保。

"文明交通"志愿服务范围主要包括发动社区居民整理地铁站周边共享单车，在辖区中小学周边上下学期间自觉组织开展"礼让斑马线"活动，为孩子们的出行安全保驾护航，在交通路口劝导行人过马路遵守交通规则，劝导出行者驾乘摩托车规范佩戴头盔，等等。

"垃圾分类"志愿服务范围主要包括倡议社区居民分享自家或社区内的垃圾分类做法和照片；利用闲暇时间在社区里宣传垃圾分类相关知识，指导居民垃圾如何分类；学生及技能特长群体可通过垃圾分类手抄报、环保三分钟演讲、废物再利用小手工等多种表达形式参与该志愿服务活动。

"环境治理"志愿服务范围主要包括社区居民积极参加以改善社区环境卫生为主要内容的志愿服务活动，积极组织志愿者广泛参与卫生大扫除、清洗乱涂画和"小广告"、清理卫生死角、清理社区停车棚、捡拾垃圾（果皮、纸屑）等活动，积极组织志愿者开展植树、美化绿化小区等活动。

"社区互助　你我共参与"志愿服务范围主要包括社区居民参与所在居委会、青年汇开展的清理废物污水、清理易燃物品、清理小广告、捡拾垃圾、禁烟宣传、露天烧烤举报、门前三包承诺、认领养护树木等志愿服务活动，为社区贫困家庭、残障儿童、空巢老人等弱势群体提供力所能及的帮助，组织开展法律援助、心理咨询等专业性服活动，积极对有关违法行为进行举报等。

3. 活动管理

在组织机制层面，由北京市昌平区志愿服务联合会为指导单位，回龙观社区网承接，联合北京市昌平区回龙观志愿者协会共同筹措，明确志愿服务活动责任主体，对志愿者参与情况进行动态跟踪与统计。在激励机制层面，采取物质激励与精神激励结合的形式。志愿者参与单个子活动即可获得200个"龙币"（"龙币"可用于回龙观社区网所举办的物品竞拍、晚会购票等），并可获得电子勋章、"志愿达人"证书、"社区榜样"专题宣传等荣誉。在反馈机制层面，回龙观社区网与回龙观志愿者协会制定了活动效果评估调查问卷，收集志愿者参与动机、活动满意度、活动建议等回馈用于该志愿服务活动的持续改善。

（二）案例评述

1. 具有创新性

"志愿服务大比拼"活动依托新媒体平台创新志愿服务参与形式，鼓励社区居民利用碎片化时间自主开展志愿服务活动，培养了社区居民参与志愿服务活动的自觉性，增强了志愿者参与弹性。同时，该活动将环保、关爱、文明等多领域志愿服务活动整合为一，丰富了志愿服务内容及其可选择性，最大限度地满足社区志愿服务不同需求。

2. 成为政社合作典范

"志愿服务大比拼"是回龙观社区网承接的政府采购项目，

充分体现了政府让渡空间，发挥社会组织志愿服务运作的专业性、规范性，在回天地区推广政社合作模式中具有示范效应。回龙观社区网是具有营利性质的社交平台，具有宣传作用，提升志愿服务活动影响力。政府采购项目资金则为志愿服务活动提供了资金保障与政策引导，回龙观志愿者协会则在志愿服务活动开展与管理方面具有丰富经验。由此，三方之间形成互为补充、互相支持的协作关系。

3. 具备组织孵化功能

该志愿服务活动的部分志愿者在回龙观志愿者协会的引导下逐步发展成为组织化的志愿服务队，深度结合志愿者兴趣与社区居民需求，定期开展特色志愿服务活动，增强了志愿服务的稳定性与持续性，在一定程度上弥补了回天地区志愿服务组织数量匮乏的劣势。

三、回天地区社区志愿服务活动开展与管理存在的问题

近年来，回天地区的社区志愿服务活动的发展取得了实效，为社区建设注入了正能量。但在社区志愿服务活动的开展与管理实践过程中，仍然存在碎片化、应急性等弊端，缺乏对社区志愿服务活动周密的规划设计、清晰的执行思路和健全的制度保障，致使社区志愿服务活动的长期发展面临艰巨的挑战。

（一）整体规划有所欠缺

志愿服务活动作为一个完整的独立系统，内含志愿者、志愿服务组织、管理机构、物资等若干相互联系的要素。其中某一要素的不良反应均会影响志愿服务活动的整体效果。因此，志愿服务活动的有效开展必然要以整体的规划为前提。但回天地区社区志愿服务活动的组织过程缺乏整体性规划，大大降低了志愿服务活动的效率。具体表现为两个内容：一是志愿服务活动目标定位不清晰。多数社区志愿服务活动，组织之初并未建立明确的活动目标，也未以书面形式将活动目标呈现出来，致使活动后期的开展缺乏正确的方向引导。二是志愿服务活动计划制订不全面。社区志愿服务活动组织者未对志愿者招募与激励、资金筹措与使用等做出科学预判与行事计划。如：志愿团队管理者在活动起始阶段对于志愿者招募数量与志愿者忠诚度未能做到提前判断与规划，编制合理的志愿者招募计划，导致志愿者在志愿服务活动过程中大量流失，进一步导致志愿服务活动难以常态化开展。

（二）专业能力存在不足

1. 志愿服务活动宣传动员力度较小

当前，志愿服务活动已然成为回天地区公众参与社区治理的主要载体。随着志愿服务活动发展的多样化、价值观的多元化，人们的可选择性也逐渐增多。通过有效的宣传手段和途径，吸引公众关注活动并转化为实际参与行为，也就成为社区志愿服务活动组织者所要探究的重要环节。然而，社区志愿服务活动的组织实践过程并未表现出对宣传这一环节的高度重视，未能意识到向大众传播志愿服务理念、塑造志愿者社会形象至关重要。针对回天地区居民的问卷调查数据显示，约有36%的居民未注册成为志愿者，约有22%的居民表示对志愿服务不了解。回天地区多数志愿服务活动的宣传手段仅仅停留在微信告知，宣传范围也局限于本居民区内的志愿服务团体，削弱了社区志愿服务活动的影响力，导致难以实现志愿服务活动规模化运作的目标。

2. 志愿服务活动资源整合效能较弱

志愿服务活动的组织离不开人力资源、物质资源、资金资源、技术资源等多种资源整合的保障。资源整合强调对不同层级、不同内容的志愿资源进行有效识别与融合，形成规模效应，使社区志愿服务具有系统性与价值性。目前，回天地区在社区层面的志愿服务资源整合机制仍存在一定程度的欠缺，违背了资源有效配置原则。社区志愿服务活动普遍缺乏统一的领导，处于"单打独斗"的状态，容易导致资源的重复使用与浪费。尤其是小型社区受资源分配不均衡的影响，其志愿服务活动的组织具有明显劣势。如：小型社区缺少活动场地而无法开展大型志愿服务活动，制约志愿服务活动覆盖范围。此外，回天地区社区志愿服务活动与社会专业资源衔接性有待加强。由于缺少资源对接平台，多数社区志愿服务活动的策划与运作未能与社会专业资源力量建立有效合作，一些志愿服务活动被迫终止。

3. 志愿服务活动职责分工不清晰

专业化的组织结构是志愿服务活动有效运作的内在要求。它要求志愿服务活动开展与管理需要在每一环节配备相应的管理者与志愿者，进行合理的人员分工，并规定其岗位具体职责。然而，回天地区的社区志愿服务活动中的分工意识不太清晰，在管理中表现出"大杂烩"的形式。首先，社区志愿服务活动未能依据志愿者个人专长与意愿进行岗位分配，甚至一些志愿服务活动因志愿者人数不足而常常出现一人身兼数职的现象，影响了志愿者的专业服务能力。其次，岗位责任与权限不对等，志愿者作为志愿服务活动主要的执行者未能享有相应的权利。志愿者往往以被管理者的身份参与志愿服务活动，而并非以参与者的身份在志愿服务活动的开展与管理过程中发挥作用。此外，志愿者缺乏专业岗前培训，在具体任务执行过程中也未能获得紧急处理权，在一定程度上降低了志愿服务风险回应能力。

（三）管理体制机制不甚健全

1. 监督管理体制不完善

回天地区社区志愿服务尚未形成全方位的监督管理体系，受国家志愿服务监管体系问题的影响，回天地区主要表现在监督主体不明确与监管局限化以及监管规章制度落后。第一，社区志愿服务的管理实行民政部门与业务部门双重管理模式。但受志愿服务组织规模与法治意识不足的影响，小型志愿服务团体无法也不愿在区民政部门进行登记注册，其所开展的活动自然也就无法接受民政部门监管。其次，社区居委会作为基层群众性自治组织，能力有限，也未能有效承担起社区志愿服务活动的监管责任。据个案访谈资料反映，社区居委会工作任务量与工作人数严重失衡，无暇顾及志愿服务活动监管，只能负责活动备案等简单工作。由此，大部分零散化的志愿服务活动监管主体不明确，监管也有局限性，呈现的状态是居民自发组织、自主管理。第二，回天地区志愿服务组织内部对志愿服务活动的监管规章制度仍不完备。志愿服务活动中的人员招募、资金使用等流程未建立与之配套的监管程序与法规，不能向外界提供有效的监督渠道，受助者、志愿者不能被纳入监管体系，从而造成志愿服务活动监管的空白。

2. 沟通协调机制不畅通

回天地区社区志愿服务活动的开展与管理正朝向合作化趋势发展，这其中必然涉及不同组织间、不同主体间的沟通与协调。就调研资料来看，社区志愿服务活动的沟通效率并不理想。具体而言：首先，多元合作强调参与主体间的平等地位。但在实际运作中，一些权力机构在沟通中掌握话语主导权，信息交流表现出自上而下地层级式传递，降低信息时效性。同时，基层服务需求信息向上传输速度较慢，最终导致志愿服务活动开展与管理方面的偏差。其次，项目化的志愿服务活动往往要求跨部门合作，充分发挥各部门专业优势，以实现志愿服务资源的协调与整合。再次，制度层面未形成规范化的协调沟通机制，导致合作部门间的关系不明晰。最后，志愿服务活动的开展多依靠人情关系、口头约定等非正式沟通进行推进。

3. 风险管理机制不健全

志愿服务活动过程中所产生的道德风险、责任风险、经济风险、人身健康风险等会造成各项损失，提高志愿服务成本。因此，为防范和降低风险的发生及其所带来的损失，开展社区志愿服务与管理部门必须事前制定风险应对机制，以保证志愿服务活动的健康运行。就实际情况而言，风险管理意识尚未在回天地区社区志愿服务活动开展与管理部门引起重视，尤其表现在对风险识别和风险预案的不重视。志愿服务活动的风险管理仅仅体现在活动开始前的注意事项宣读，未对活动中可能产生的风险及应对措施做出规定。从长远来看，一旦风险发生却没有相关的应对程序则会产生不可估量的社会矛盾或经济损失，违背志愿服务活动价值追求。个案访谈资料显示，某社区曾经开展的育儿课堂志愿服务活动就有居民因琐事而发生口角，而志愿服务活动对此风险没有做出规定，志愿者未能做出及时有效处理，最终对社区和谐关系产生了不利影响。

4. 绩效管理机制不科学

绩效管理机制能有效激发志愿服务工作者的热情与动力，也能为志愿服务活动管理引入成本—收益的分析工具。但绩效管理机制在回天地区社区志愿服务活动的管理过程中仍是比较薄弱的环节，如对绩效评估、绩效衡量、绩效追踪等主要功能存在认识上的不足和实践上的滞后。一是绩效信息的收集难以支持绩效计划的制订。回天地区志愿服务信息公开程度较低，加之志愿服务组织者信息收集意识不强烈。因此，志愿服务活动很难获得完整有效的绩效信息。二是绩效衡量指标的设置难以支持绩效评估。绩效评估的实现赖于志愿服务活动绩效有一套科学的衡量标尺，但志愿服务活动具有公益性，无法制定过多可量化的指标，致使管理者无法进行绩效指标的制定，仅能通过类似"是否满意"这样的问题代替衡量指标。三是绩效追踪难以支持志愿服务常态化。回天地区社区志愿服务活动绩效管理的缺陷是局限于年末志愿服务评判，未能持续对志愿服务活动整个过程进行绩效监测、记录与考核，导致无法达到动态化的绩效评估与改进。

（四）管理模式不够成熟

1. 志愿服务活动项目设计与开发能力欠佳

有效的志愿服务项目要求必须以满足多元化需求为目标，遵循专业性、组织性和创新性的项目设计原则。据此要求，回天地区在志愿服务活动项目设计要求上仍存在不同程度的欠缺。一是志愿服务活动需求调研不全面。成功的志愿服务活动项目不仅要着眼于其服务对象的期望，更应关注志愿者的服务意愿。显然，回天地区需求评估忽视了对志愿者想要参与的活动内容进行调研，容易致使志愿服务活动项目后期开展动力不足。二是志愿服务活动项目设计缺乏新颖性。回天地区志愿服务活动项目受决策权力集中、参与渠道有限等因素的影响,创新思维未能迎合新时代要求,导致创新动力明显不足。据统计数据显示,各社区所开展的志愿服务活动项目同质化现象严重。比如:环境保护、治安巡逻、文体娱乐等传统型服务内容均占社区志愿服务项目的60%左右。三是专业型活动开发人才参与度不够。志愿服务在社会发展中的地位逐渐提高,专业化活动项目开发者也随之诞生,为志愿服务活动项目的良好运作保驾护航。当前,回天地区多为业余人员从事社区志愿服务活动项目的设计与开发,对志愿服务活动项目缺乏专业的判断和设计。

2. 志愿服务活动项目管理行政依赖性较强

我国志愿服务的起步与发展相较于西方发达国家较为滞后,政府作为主导者在志愿服务活动中发挥了重要作用。在回天地区,社区志愿服务的繁荣发展离不开行政部门的扶持,但这对志愿服务活动项目的自主管理能力也造成了一定的侵害。

首先,行政化的动员方式致使志愿服务活动项目外强中干。项目式志愿服务活动因其规范化、范围广的特征而容易获得政府重视。同时,街道,甚至志愿服务组织自身,也习惯采用自上而下的动员方法号召居民参与项目活动,容易造成志愿者短期井喷式参与的假象。但从社区志愿服务的未来发展来看,这种被动参与的有效性和可持续性不高,最终会导致志愿服务空心化的困境。

其次，单一的资金来源致使志愿服务活动项目发展僵化。受行政力量的驱动，政府采购服务在志愿服务组织所开展的活动项目中占据相当大的比例。以回龙观志愿者协会为例：回龙观志愿者协会现存的服务活动项目约80%承接了政府采购服务。的确，政府财政支持对志愿服务活动项目是必须的。实质上，这也会造成志愿服务活动项目资金的自主性不足，一旦失去政府资金的依靠，活动项目就难以为继。此外，政府资金扶持力度较小，以及资金使用条件的约束，会对志愿服务活动项目的良好运行与激励措施形成一种制约。

最后，结果导向的评估手段致使志愿服务活动项目忽略过程。志愿服务项目的验收也流于表面化的文字材料，而不注重志愿服务活动项目效能的发挥和过程的优化，这无疑违背了志愿服务弥补政府失灵作用的功能追求。

3. 志愿服务项目管理工具运用不到位

项目化管理模式对志愿服务活动的时间安排、品质保证、成本支出等内容均有着高标准的要求。因此，为使志愿服务项目能够按照预期设想顺利完成，志愿服务项目管理应在其发展的不同阶段采用适当的管理工具以控制项目活动。从回天地区的实际情况来看，在项目初始阶段，多数项目未对其所处的内外环境进行全面感知，不能全方位为项目可行性提供强有力的方案支持。这也是部分志愿服务项目不幸"夭折"的重要原因。此外，鲜有项目管理团队能运用目标分解等方法细化项目活动任务，亦不能制作进度对照表，这就难以提供及时有效的信息帮助管理者判断项目进度是否合理，是否符合项目总目标，导致活动项目的调整也缺乏事实依据。以上不当行为都极不利于志愿服务活动项目健康稳定发展，也表明专业人才的参与对于志愿服务活动项目管理至关重要。

4. 志愿服务活动项目成果转化效率不理想

加强社区志愿服务活动项目成果可复制、可推广机制建设是回天地区志愿服务工作的一大要点。通过年度优秀志愿服务活动项目评选及其经验分享，使不同社区能够同步汲取项目活动精华，为社区居民提供高质量志愿服务。当前，回天地区品牌活动项目推广工作已经取得一些成效，"回＋周末绿跑"活动就是典型。但现实情况与理想状态仍有较大差距。活动项目管理者在意识层面未能认识到终期总结与反思的重要地位，缺乏理论上的探索与研究。因此，在实践上表现出盲目追求表面的高绩效而忽视对绩效背后原因的分析与归纳，也就无法形成书面化的正式材料供其他团队参考，甚至部分活动项目团队受到"本位主义"的影响，不愿对外共享繁荣活动项目的成功经验。值得注意的是，成果转化不是复制、粘贴，而应建立在评估基础上的成果转化，即：根据社区实际需求与实施能力择优推广。但是，回天地区在具体转化过程中明显未能符合该要求，对项目活动的创新性造成不利影响。

四、促进社区志愿服务活动开展与管理的对策建议

随着社区志愿服务在回天地区的社会地位日益提高,社区志愿服务建设的社会背景与社会基础也发生了深刻变化,促使社区志愿服务活动的开展与管理面临着新的发展机遇与挑战。结合回天地区社区志愿服务活动开展与管理的现状及困境,构建现代化开展与管理体系,全面提升开展与管理效能应从四方面着手。

(一)提升整体规划水平

社区志愿服务活动开展与管理的第一步就是研究并回答"为什么要组织本次活动?",即:明确社区志愿服务的发展愿景与目标。这是社区志愿服务活动的立意所在,也是活动质量评估的依据所在。对于回天地区来说,社区志愿服务活动的愿景在于以志愿服务活动为载体,激发群众社会责任感和奉献意识,为打造共建、共治、共享的社会治理新格局贡献力量。据此,志愿服务活动目标可以定位在以下四个方面:①弥补政府与市场的不足,满足社会溢出需求。②提供公民参与社区治理的有效渠道。③提升志愿服务组织的服务质量与能力。④增强志愿服务活动的主动性与趣味性。

若要实现志愿服务活动目标,活动组织者需探索完成目标的最佳手段。为此,必须经过管理层仔细筹谋策划,制订志愿服务活动开展与管理的计划书与实施方案。①根据志愿服务活动目标

群体与覆盖范围确定资源获取计划,即:对所需人力、物资、经费等资源数量、资源来源渠道、资源利用做出合理规定。②将志愿服务利益相关团体纳入统一的管理计划内,包括活动的组织结构,即活动的信息传达与沟通方式,以及活动管理者、志愿者的角色定位与职责。③建立志愿服务活动工作细分表,对活动时间进度做出详尽安排,以确保活动在规定时间内高效完成目标要求。

(二)提高专业管理能力

1. 强化志愿服务活动宣传动员功能

宣传作为一种强有力的动员手段,是应对回天地区的社区志愿服务社会关注度不足,公众认知度不高的一剂良药。社区志愿服务活动社会形象的树立,以及志愿者参与积极性的提高,均有赖于一个高效率、高水平的宣传工作体系。社区志愿服务活动的宣传内容主要包括:第一,志愿服务活动简介,促使公众对于活动有初步了解。第二,展示典型志愿者,弘扬志愿服务精神,形成示范效应。对此,回天地区的社区志愿服务活动开展与管理者需要:①及时在"志愿北京"、"志愿昌平"、社区网等官方渠道发布志愿服务活动信息,尽可能在更广范围内保证相关活动的知晓度,营造"人人可为,时时可为"的志愿服务活动开放氛围。②利用社区平台对活动志愿者进行宣传报道,展示优秀志愿者工作风采。在志愿服务活动过程中,志愿者以自身行动向社会传播"奉献、有爱、互助、进步"的志愿服务精神,为促进社会文明起到表率作用，唤醒公众对志愿服务的重视意识，激发公众内心深处的美好品质。③与媒体形成常态化合作机制，充分利用媒体资源的影响力和引领力，通过收集以往活动素材、建立素材库、制作活动宣传短片等方式持续不断为媒体平台提供宣传内容，向社会宣传和传达活动精神内涵，提高志愿服务活动的支持率与参与率。

2. 优化志愿服务活动资源整合策略

资源整合策略来源于企业战略管理，其核心理念在于善用合作手段获得利益共赢，增强服务能力。以企业为标杆，将资源整合要点引入回天地区志愿服务活动的开展与管理之中。①整合顾客资源。在某种程度上，志愿者可依照其个人意愿选择参与或不参与志愿服务活动，是更为重要的顾客资源。顾客资源整合的有效途径是为志愿者提供差别化的服务机会，与其建立长期的伙伴关系。因此，打破"一类服务一个队"的固化模式，整合不同志愿服务团队的志愿者资源，建立志愿者共享机制，为志愿者提供岗位轮换的机会以增强其志愿参与的持续性，也为解决活动志愿者资源不均衡的现状提供新思路。②整合能力资源。能力资源包括志愿服务所需的活动场地、设备等的实体能力，也包括提供志愿服务人员所需的组织能力、知识能力、语言能力等技能资源。能力资源整合广泛采取的手段是以服务创新为刺激点推动能力资源整合。对此，建议昌平区由团委带头鼓励志愿服务资源整合创新活动，并以3—5个社区为单位在回天地区打造资源供给小站，建立一体化资源使用与储备平台,整合社区现有资源形成资源供给清单。同时,引导社会组织以提供专业化技能培训的方式入驻资源小站。

3. 规范志愿服务活动职责分工程序

根据管理实践,组织活动中职务、权力与责任是互为条件的。由此,回天地区志愿服务活动分工应遵循职责明确、权责一致原则进行合理设计。具体可从以下几方面着手:①依据志愿服务活动内容科学设置服务岗位,并以书面形式将岗位名称,岗位职责,岗位要求及其所需人数加以确定,以保证事事有定人,人人有定事。以新型冠状病毒肺炎疫情防控为例:社区志愿服务活动中的岗位职责划分可参照表4-1。②依据个人专长与意愿合理分配岗位。为适应志愿者个人成长要求,将其分配至具有意义及挑战性的工作岗位,以调动志愿者服务积极性。同时,授予志愿者决定权,可自主处理本岗位所发生的状况,强化志愿者主人公意识。

表4-1 某社区新型冠状病毒肺炎疫情防控
志愿服务活动岗位职责化分明细

岗位名称	岗位职责	岗位要求
队长/组长	负责统筹协调志愿服务活动,包括但不限于志愿者招募、物资筹备、组织签到与签退、监督活动实施	具备一定的领导能力和丰富的活动经验
防控员	负责某时间段社区检查工作,包括但不限于登记社区出入人员信息、出入居民体温测量、排查可疑人员	具备奉献、认真、负责等优良品质

续表

岗位名称	岗位职责	岗位要求
后勤员	负责社区公共区域消杀工作	具备奉献、认真、负责等优良品质
采购员	负责为社区居民采购生活必需物资	具备奉献、认真、负责等优良品质
宣传员	负责摄影工作，记录活动精彩瞬间和后期宣传工作	具备一定的摄影技能与写作能力

（三）完善管理体制机制

1. 完善监督管理体制

志愿服务责任指志愿者组织和志愿者在志愿服务活动中所承担的社会责任，如果缺乏良好的责任监督体制，责任的谋求可能成为空谈，甚至导致志愿服务失灵。对此，以监督促责任，将监督管理体制纳入回天地区志愿服务活动全过程已是必然。志愿服务活动监管部门需要做到：①规范主管部门审批备案标准，以规章制度明确不同规模、不同类型的志愿服务活动审批归属部门，杜绝一切借助志愿服务活动名义牟取私利的活动，严格把控志愿服务活动组织门槛，尤其要加强基层志愿服务活动的监管。②建立信息公开制度，详细明确说明活动信息的公开原则、公开方式、公开范围。如：向全社会公开活动资金使用情况、考核评分等重要内容，将志愿服务活动置于透明的环境中，避免暗箱操作。③构建内外多维度监督体系，开设违法行为举报通道。内部监督体系以志愿管理者、志愿者、受益者为主力，形成三者互相监督制衡机制。同时，发动普通群众成为活动执行阶段的外部监督力量，保证志愿服务活动的纯洁性。

2. 畅通沟通协调机制

沟通协调机制是多主体之间通过特定的渠道接收与传达信息、态度、观念，确保志愿服务活动涉及人员获得各自所需，增强合作效率的过程。有效沟通协调机制依赖于畅通的沟通程序，回天地区志愿者协会应与政府形成合力，搭建体制内外沟通渠道，以安排落实纵向沟通、横向沟通、斜向沟通途径。具体而言，沟通各方需要遵循：①纵向沟通以"居民/志愿者—社区/志愿服务组织—志愿者协会"从下到上的三个层级逻辑设置。其中，较高层次人员可向下层传递志愿服务活动计划、要求，较低层次人员可向上层表达志愿服务活动需求、建议。②横向沟通遵循平等、便利原则，强调同一层次人员之间的协调配合，旨在打破本位主义，促使志愿服务组织的活动前期资源共享和后期经验交流。③斜向沟通遵循及时高效原则，针对不同系统不同层次人员之间的直接沟通，以缩短沟通传递时间。此类型沟通渠道是前两种渠道的补充，可用于志愿服务活动特殊情况。

3. 健全风险管理机制

志愿服务的风险管理机制应是一种全过程管理的行为和主张，即对志愿服务活动过程中潜在的危险以系统的方式予以监控、确认、分析和处理。据此，回天地区志愿服务活动健全风险管理机制必须做到：①践行风险识别，找出志愿服务活动情景下可能存在的危险及其造成损失的程度,并形成风险等级评定。一般而言,志愿服务风险识别可从道德风险、运作风险、人身风险、经济风险、信用风险等方面考虑。②制定风险预案,着眼于风险发生前的预防性工作,包括一系列风险准备、风险应对计划、风险发生后的行动程序等,如谁负责指挥协调,谁负责人员疏散撤离。同时,在活动开始前进行风险预案的培训与演练,提高参与人员的风险防范意识。③以权变的思维建立动态化的风险管理。一方面,实时监测志愿服务过程是否存在不安全因素,一旦发现危险则立即采取恰当的风险管理行为;另一方面,要根据危险的实际状况,实时调整志愿服务活动危险应对策略,最大程度降低风险损失。

4. 完备绩效管理机制

绩效管理机制可用作表示通过志愿服务活动投入所得的个人与集体收益,也可反映志愿服务组织和志愿者在志愿服务过程中的综合素质。绩效管理作用发挥的机制为:设定合理的志愿服务活动与志愿者个人绩效目标,通过有效的绩效评估与奖惩措施促使整体行为贴近目标方向。具体而言,绩效管理部门要做到以下三点:①收集绩效信息,确立绩效目标。志愿服务活动必须通过比较以往绩效经验与现有绩效资源,阐明预期绩效并制订绩效管理计划与方法。②根据志愿服务活动目标成果设定可衡量、可实现的绩效评估指标。如:以服务时间、服务质量、服务态度、服务热情、服务能力评定志愿者个人绩效等级,以服务满意度、服务效果、管理者组织能力、志愿者成长性评估志愿服务活动绩效。可见,绩效是志愿服务活动评定优秀志愿者、优秀志愿服务等荣誉的重要数据来源。③持续监测志愿服务活动绩效,增强绩效追踪意识。做到"一事一评",及时对单次志愿服务活动绩效与个人绩效做出评估,并形成完整的绩效报告,为绩效改进提供建议与支持。

(四)深化志愿服务活动项目运作

1. 创新志愿服务活动项目设计与开发

项目开发的关键在于需求的梳理与确定,由志愿服务活动组织通过识别社会需求与利益相关群体的期望,结合组织自身能力与资源现状,设计志愿服务活动项目内容,形成具有可行性的志愿服务活动项目策划书。志愿服务活动项目需求评估通常包括以下两点:①受助群体的需求。收集社区潜在的可服务内容,特指那些政府与市场无法解决的溢出需求,如空巢老人养老、残障儿童教育等。②服务群体的需求。了解志愿者所期望参与的服务范围、服务形式,将其转化为志愿者个人成长机制内容。据此,回天地区可通过组织开展志愿服务活动项目大赛等方式,鼓励志愿服务活动组织提升志愿服务活动项目创新能力,开发更多适合基层社区的新颖志愿服务项目,激发志愿服务活动项目化运作的活力。同时,政府要通过政策引导,促使更多项目专业经理人投入志愿服务活动项目开发工作。

2. 增强志愿服务活动项目管理自主性

通过厘清行政机构与志愿服务组织间关系，精准定位回天地区政府在志愿服务活动中的开展与管理角色与职能，增强志愿服务项目在人才、资金、制度等方面的自建能力。具体而言，回天地区需要做到以下三点：①打造志愿服务活动品牌项目。品牌项目是具有一定美誉度和社会信任基础的志愿服务活动，能够对志愿者产生号召力，令志愿者自发自愿参与其中。对此，志愿服务活动组织必须以独特性、代表性作为活动项目的亮点，集中资源配置加快志愿服务活动项目品牌化建设。②开拓活动项目资金筹集渠道。凭借提升项目活动运作能力，强化志愿服务组织影响力等手段，增加项目与企业或个人合作的筹码，获取其资金支持。此外，可积极寻求一些基金会资助的机会，扩充资金来源。③发挥政府引领作用。一是在志愿者动员方面化压迫为激励。大力弘扬志愿服务精神，提高志愿者的社会地位，借此为志愿服务项目人员招募提供良好的环境支持，如增设志愿者绿色通道，倡导志愿者优先。二是督促企业社会责任的实现。加快相关制度设计，为志愿服务活动做出贡献的企业可享受政策优惠。三是转变政府采购项目评估导向。强调过程与结果并重，减少材料填报，为项目运作减负。

3. 强化志愿服务活动项目管理工具运用

志愿服务活动项目具有一定生命周期，长度由几个月至几年不等。在不断变化的生存环境中，志愿服务活动项目存在的基础或目标也会随之发生改变。这就要求回天地区项目团队发展工具思维，借助管理工具调整志愿服务项目状态。具体而言，回天地区需要做到以下两点：①创建志愿服务活动项目逻辑框架，以结构化的方式动态指导项目管理。志愿服务活动项目逻辑框架要明确项目目的与结果、项目投入与行动、项目影响因素、项目信息来源等。需要注意的是，志愿服务活动项目逻辑框架包含整个项目周期的管理阶段，在实际操作中必须根据项目环境因素进行定期修正。②绘制项目任务时间表，包括项目周期内所有活动时间、活动内容、负责人、开始时间、完成时间等，以帮助管理者与监管者了解项目进度，并为阶段性项目评估与调整提供信息。

4. 提高志愿服务活动项目成果可转化性

志愿服务活动项目成果转化是"服务产出效益最大化"的必然要求，也是推动回天地区社区志愿服务活动长效运行、可持续发展的应有之义。为此，成果转化意识要在项目团队内形成广泛共识。具体而言，回天地区需要做到以下两点：①建立志愿服务活动项目成果共享机制，将志愿服务活动项目成果拓展至整个回天地区，甚至全社会，促使更多项目团体能够从中获得经验。实现志愿服务活动项目成果的共享是一项长期任务。我们要将其融入志愿服务项目计划之中，保证项目团队的每个人都能对志愿服务活动项目的可复制、可推广做出承诺。②注重志愿文化产品的创新，增强志愿服务活动项目的文化底蕴。文化是活动项目的内在价值,展现着活动的独特魅力,在增强团队凝聚力、项目辨识度中发挥着重要作用。因此,回天地区的社区志愿服务队伍可以借鉴一些大型志愿服务项目文化建设经验,结合志愿服务活动项目内容,提出具有自身特色的志愿服务活动文化理念。

第五章　社区志愿服务活动中的居民参与

一、回天地区志愿服务参与现状

笔者所在课题组根据课题研究问题与社区志愿服务发展之间的关系，分别从7个街道各选取2个代表性社区，共计14个社区，再根据随机分配原则从每个社区选取50名居民进行问卷调查，最终基于回收的有效问卷对居民参与社区志愿服务构成情况和组成情况两个方面进行总体状况分析。

（一）参与人员构成

根据调查结果显示（见图5-1、图5-2、图5-3、图5-4、图5-5、图5-6、图5-7），回天地区居民参与志愿服务的人员构成情况如下：

①从性别结构来看，女性居民是参与主体，男性居民参与人

数偏少。数据显示，女性居民参与占比高达69.13%。

②从年龄结构来看，中老年人是参与主体，青少年群体参与人数偏少。数据显示，中老年参与占比高达63.09%，其中年龄在46—60岁的志愿者占比为46.98%，年龄在61—70岁的志愿者占比为15.44%，年龄在70岁以上的志愿者占比为0.67%。

③从职业分布来看，退休人员是参与主体，学生和在职人员参与人数偏少。数据显示，退休人员参与占比为32.21%。

④从文化程度来看，初中/中专和本科学历人员是参与主体。数据显示，初中/中专和本科学历人员占比分别为26.85%、22.15%；硕士及以上学历的参与率最低，占比仅为4.03%。

⑤从政治面貌来看，群众和共产党员是参与主体。数据显示，群众和共产党员的总和占比约为98%，其中群众占比为54.36%，共产党员占比为43.62%。

⑥从户籍性质来看，京籍人口是参与主体。数据显示，京籍人口占比高达89.93%，约是非京籍人口参与数量的9倍。

⑦从社区居住年限来看，居住时长3—5年人群是参与主体，其他居住年限人群参与不足。数据显示，居住时长3—5年人群参与占比为49.66%，居住时长5年以上人群参与占比为34.23%，其中居住时长5—10年人群参与占比为6.04%，居住时长10年以上人群参与占比为28.19%，居住时长不足1年人群参与占比为5.37%。

这说明回天地区志愿服务居民参与以女性、中老年人、退休人员、初中/中专/本科学历、群众/党员、京籍人员、居住3—5年人群为参与主体。

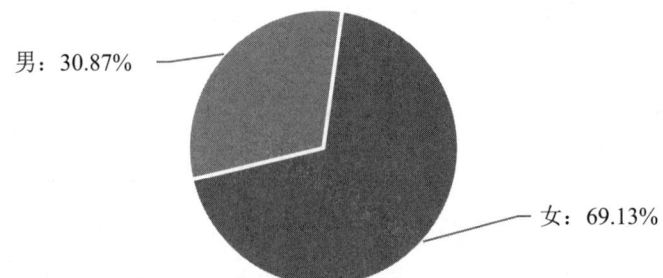

图5-1 参与者性别分布情况

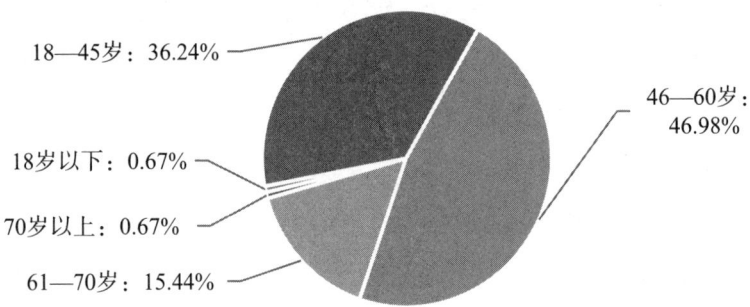

图5-2 参与者年龄分布情况

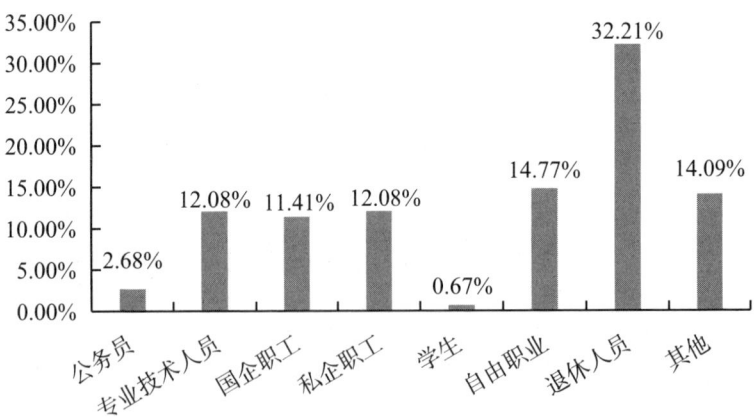

图5-3 参与者职业分布情况

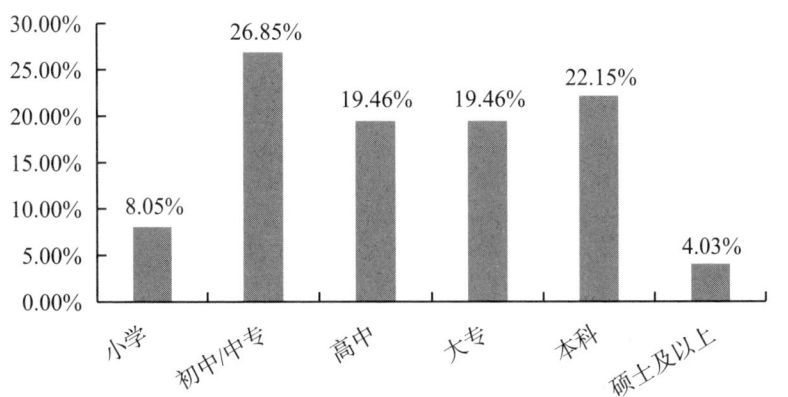

图5-4 参与者受教育分布情况

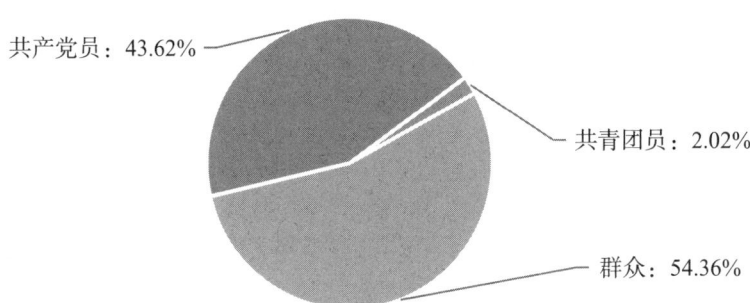

图5-5 参与者政治面貌分布情况

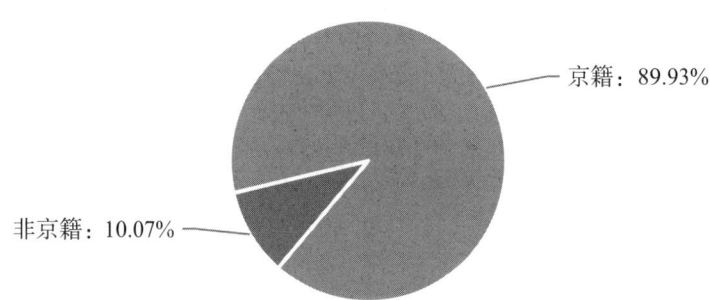

图5-6 参与者户籍分布情况

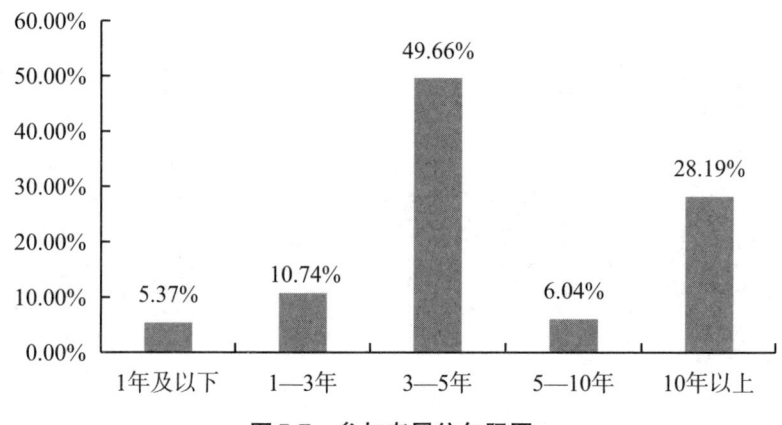

图5-7 参与者居住年限图

（二）参与服务情况

居民参与志愿服务的服务情况主要包括居民参与社区志愿服务的项目分布、服务频率、参与服务动机、参与时间长偏好等信息状况，直接反映着居民参与社区志愿服务发展取得的成就和存在的问题。

根据调查结果（见图5-8、图5-9、图5-10、图5-11），居民参与志愿服务的服务情况如下：

1. 参与传统项目多

社区居民广泛参与的志愿服务项目集中为传统的常规志愿服务项目，参与率呈现出明显的差异化。数据显示，居民参与传统的社区安全服务、环境卫生服务和文体艺术活动三大类志愿服务活动占比较大。同时，居民广泛参与医疗保健服务、科普及政策宣传教育服务、扶孤助弱服务、就业创业服务等志愿服务项目，参与项目涵盖内容较为丰富。

2. 参与频率为一个月一次左右

数据显示，志愿者平均每月参与志愿服务活动的次数普遍偏少，有44.98%的志愿者平均每个月参与志愿服务活动的次数不到1次，甚至有20.81%的志愿者平均每年参与志愿服务活动次数不超过3次。

3. 参与时长大部分在4小时内

居民参与志愿服务的偏好时间长是2—4小时。数据显示，有57.72%的志愿者每次参与志愿服务活动的时长为2—4小时，有25.51%的志愿者每次参与志愿服务活动的时长不足2小时，仅有3.35%的志愿者每次参与志愿服务活动的时长在4个小时以上。

4. 参与动机内外结合

居民参与志愿服务动机呈现利他主义与利己主义相结合的特点。数据显示，有60%以上的志愿者参与志愿服务是为了帮助需要帮助的人，倡导社区文明，践行社会责任；有51.68%的志愿者参与志愿服务是为了提升自身对社会的认知水平。

此外，提高自身技能、换取志愿服务积分、建立社会网络等也成为居民参与志愿服务的动力因素，在不同程度上影响着居民参与志愿服务的选择。

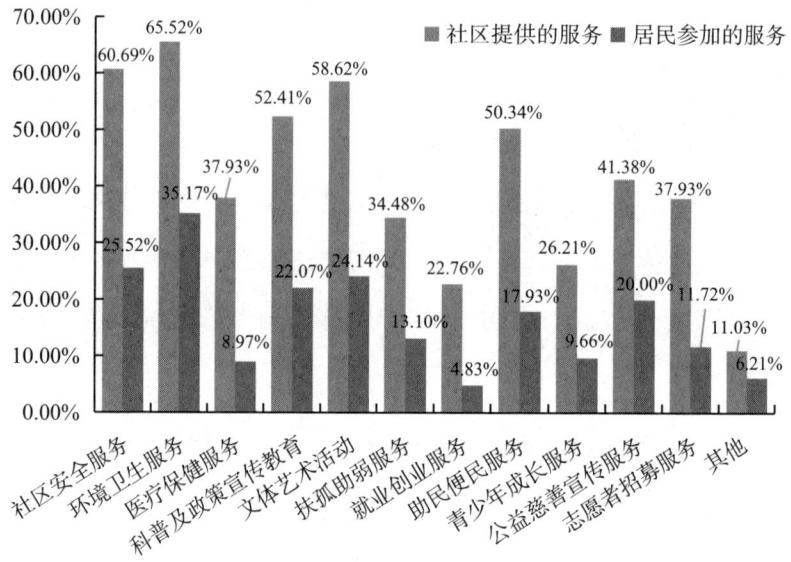

图5-8 参与者参与项目分布情况

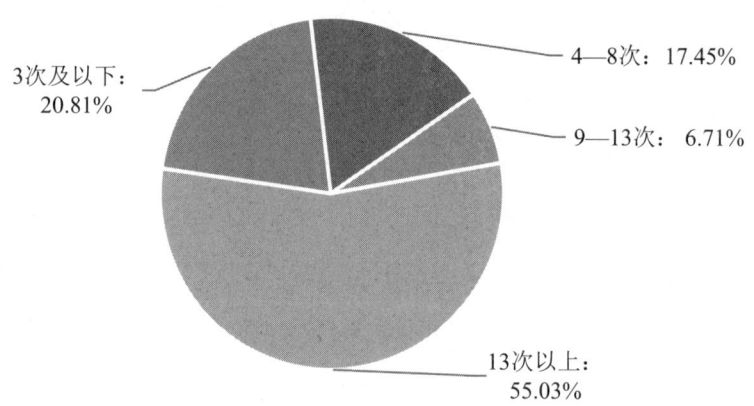

图5-9 参与者每年服务频率分布情况

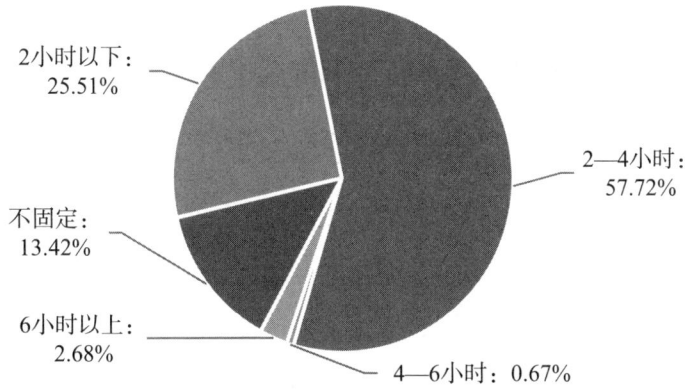

图5-10 参与者服务时长分布情况

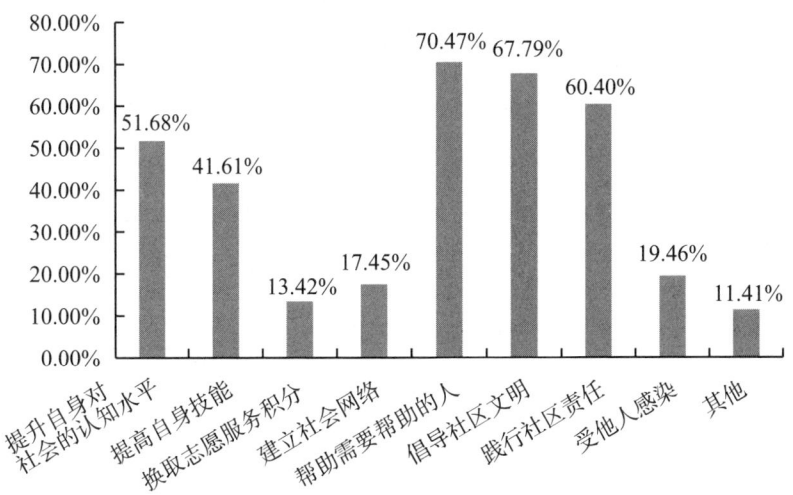

图5-11 参与者参与动机分布情况

（三）回天地区志愿服务典型案例

志愿先行，家庭助力

志愿家庭是当前志愿服务参与的一种重要形式，志愿者带动家庭成员集体参与志愿服务，不断壮大社区志愿服务参与的主题力量。北京市昌平区霍家营街道霍家营社区就有这么一个积极参与志愿服务的家庭，那就是张妮娜家庭。张妮娜家庭是志愿家庭的典范。

霍家营社区早在2019年7月就开始先行先试垃圾分类活动。当时，社区居民不理解和不配合成为社区推动垃圾分类的最大障碍。为了引导居民学习垃圾分类知识，换取居民的理解和配合，推进垃圾分类工作，志愿者张妮娜不辞辛苦坚守在垃圾桶前，每天无数遍重复说道："大爷，厨余垃圾是湿垃圾，您下次记得投放在这个垃圾桶。""大妈，这是垃圾分类的宣传手册，您拿回去和家人一起分享学习下。"……渐渐地，耐心解释、细心讲解成为张妮娜的工作标签。

垃圾分类是一个新领域，要不断学习，同时垃圾分类也是脏活、累活，但张妮娜坚持志愿做好垃圾分类工作。冬日严寒，张妮娜坚持早七晚八地值班；夏日酷暑，垃圾桶散发的酸臭味扑面而来，张妮娜毫不退缩。张妮娜说："垃圾分类是百年大计，需要每一个普通人的坚守。"

疫情期间,为了防止指导垃圾分类过程中飞沫和近距离接触传染,张妮娜和同事自费为志愿者购买了防护帽。这个小小的暖心举措极大鼓舞了社区居民做好垃圾分类工作的决心。此外,张妮娜广泛征集居民群众对于垃圾分类工作的意见和建议,详细了解居民的诉求,并对居民的提问进行详细解答。正是受张妮娜的无私奉献的影响,社区居民也越来越理解和配合垃圾分类工作。

在张妮娜的带动下,她的母亲、丈夫和儿子也参与到了垃圾分类工作中来。母亲杨玉秀发挥文艺特长,创作多部有关垃圾分类的诗词作品、快板作品和舞蹈作品。同时,她主动担任垃圾分类专管员,负责在垃圾站指导居民正确分类垃圾、投放垃圾,每月服务40个小时以上。丈夫刘健强和张妮娜一起协助社区组织各项活动,并主动担任社区垃圾分类原创歌舞演员,先后参加了流村镇"防疫有我·爱卫同行"MV拍摄,并登上了北京新闻、昌平新闻的报道。儿子刘知远每天都愉快地第一个赶到垃圾分类处投递厨余垃圾,并主动在垃圾分类活动中担任小主持人,获得了"霍营街道文明之星"荣誉。这个辖区居民公认的"志愿奉献家庭"因表现突出,被北京电视台入户拍摄。

截至2019年10月28日,张妮娜志愿服务累计时长已达1054小时，母亲杨玉秀累计时长达571小时，丈夫张建军累计时长达42小时，儿子刘知远累计时长达3小时，全家志愿服务累计时长共计1670小时。正是这样一个普通的家庭，积极参与志愿服务，在实践中奉献爱、彰显爱，引领着社区志愿服务风尚，把志愿服务精神传递给家人，传递给邻友，传递给社会。

陈爱菊：首都最美志愿者

陈爱菊是昌平区回龙观镇东村家园的居民，也是回龙观社区网的一名老网民。从一名普通的志愿者到回龙观的志愿服务模范，再到北京首都最美志愿者，陈爱菊的网名"小年"比本名更为回龙观居民所知。

十几年前，"小年"就是义工了。当时没有"志愿北京"平台，也没有志愿者积分，更没有服务时长记录。即便这样，"小年"依然活跃在回龙观各项志愿服务活动中。最开始，"小年"因为照顾孩子没有参加工作。后来，她接触到志愿服务，她觉得志愿服务是一种高尚的学雷锋行为，让大家的生活变得更加丰富和有意义。就这样，她开启了十几年的志愿服务生涯。

儿子读小学期间，"小年"在孩子就读的农学院附小连续两个学期担任"安全伴我行"志愿者。当时，"小年"每周三早上执勤35分钟，风雨无阻，为孩子们安全进入学校保驾护航。后来,儿子升学换校,"小年"也从家长志愿者队里"毕业"了。但是,她志愿服务的脚步从未停歇,而是活跃在各类志愿服务活动中。

"小年"努力学习医疗急救知识,成为市应急志愿者服务总队中的一名专业志愿者。专业知识素养使其在志愿服务领域发挥出更大效能。她走进社区,为社区居民做脑卒中筛查,连续两年参加了20多场关爱老年人志愿服务活动。

"小年"还在回龙观志愿者协会亲子小屋公益图书馆从事志愿者服务。至今,"小年"坚持每周两三次去帮忙整理图书,累计服务100余次。"小年"说,那里的图书都是网友爱心捐助的,这种爱激励着她一直为小屋服务。

"小年"连续5年在北医三院当志愿者,帮助患者顺利就医是她的主要职责。至今,"小年"的服务人数累计达几万人。她一边做志愿者,一边努力学习外语,希望自己也能顺利为国际友人提供志愿服务。她曾帮助国际友人、盲人等顺利就医。凭借爱心、耐心和决心,"小年"连续5年被北医三院评为"优秀志愿者"。

"小年"乐于助人,拾金不昧。她总是想尽办法帮助他人。在香港旅游时,她帮助一个小女孩儿顺利找到了家人,历经重重困难找到了她捡到的手机的主人并无偿归还。

自"回天有我"志愿服务活动开展以来,陈爱菊更加忙碌了,她在各项志愿服务活动中担任志愿者。2017年,"小年"被评为"回龙观感动人物"。2018年,她又被评为"观里好人"。

自2015年10月在"志愿北京"注册为志愿者以来,"小年"累计服务时长达973小时,参与大型志愿服务项目达32个。作为志愿服务的榜样人物,陈爱菊于2020年3月荣获"首都最美志愿者"称号。

二、回天地区居民参与社区志愿服务存在的主要问题

(一)居民参与的意愿不强

1. 居民参与志愿服务的动力不强

居民参与动力是居民志愿服务行为意愿产生的源泉。宋辰婷以行为功能和驱动力来源为依据,把动机概括为"双轨动机",包括内生功利性、外生功利性、内生非功利性、外生非功利性等4种动机。[①]动力不同,其所激发的行为效果也有差异。

---

① 宋辰婷.共青团志愿服务中青年学生的参与驱动力分化研究——基于共青团组织凝聚青年现状研究(2016年)的调查数据[J].中国青年研究,2019(06):26-33.

按照"双轨动机"划分，把增加社会认知、提高自身技能划分为内生功利性，占比为104.26%；把换取积分、建立社会网络划分为外生功利性，占比为24.46%；把帮助需要帮助的人、倡导社区文明、践行社会责任划分为内生非功利性，占比为191.49%；把受到他人感染、其他划分为外生非功利性，占比为15.95%（见图5-12）。数据占比反映了居民社区志愿服务参与动机以内生功利性和内生非功利性为主。居委会在动员居民参与方面是主力军，占比为82.98%，而没有人动员自主参与的居民占比仅为31.91%（见图5-13）。以上调查数据反映出，当前居民参与社区志愿服务普遍存在内在动力不足的现象，动机驱动力没有发挥出最大效益，居民被动参与、志愿者"被志愿"等问题依然存在。

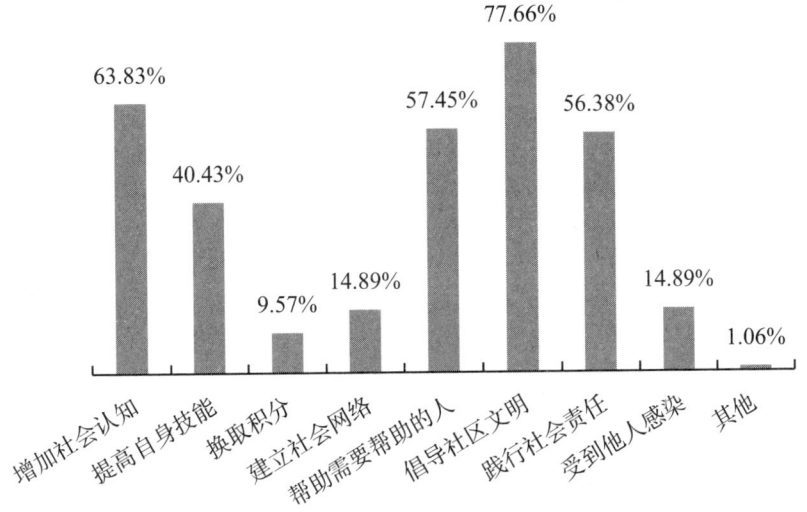

图5-12　居民参与动机占比情况

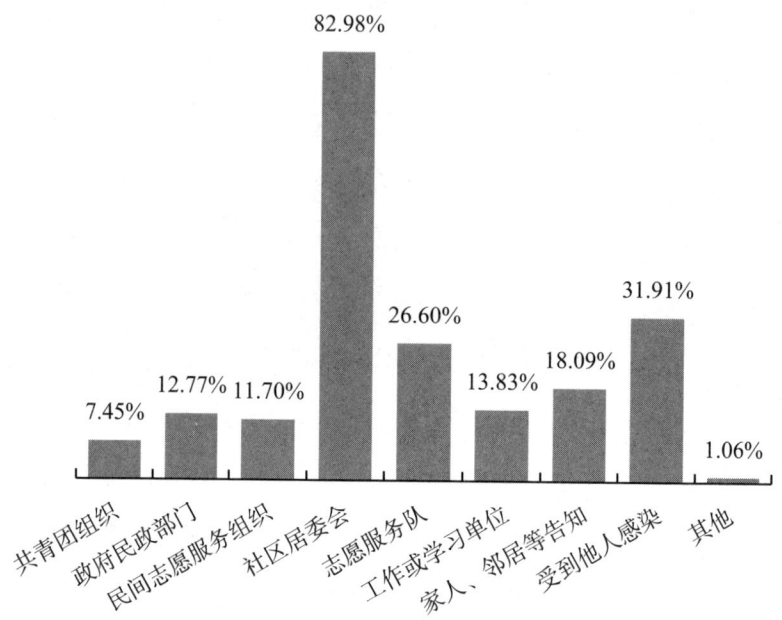

图 5-13 居民参与的发起力量占比情况

2. 居民对志愿服务的满意度不高

居民对志愿服务的满意程度主要表现为对服务项目和服务质量的满意度。如果社区提供的志愿服务与居民需求不对接、不匹配,加之服务质量不高,居民便会产生不满情绪,直接影响居民对志愿服务的评价和对社区志愿服务的认同。现阶段,社区志愿服务发展有待进一步完善,存在居民满意度不高的问题。

(1)从服务项目来看,服务供给与居民期望不匹配

社区提供的志愿服务项目集中在环境卫生服务、社区安全、文体艺术等活动,占比分别为65.62%、60.69%、58.62%。对比居

民期望得到的服务，医疗保健是居民期望值最高的志愿服务（见图5-14）。可见，社区志愿服务供给与居民需求并没有实现百分百有效对接。

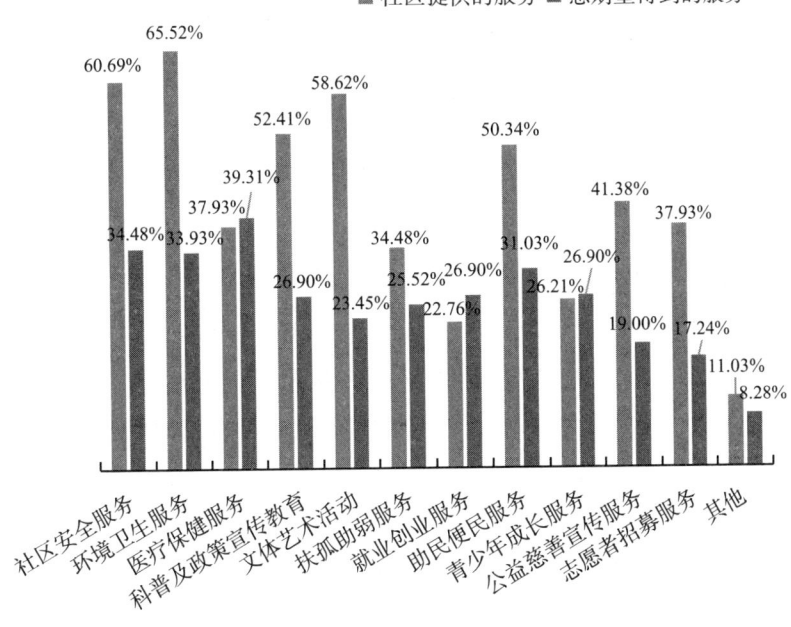

图 5-14　志愿服务供给与需求对比情况

（2）从服务质量来看，居民对社区志愿服务满意度有待提高

在关于"您对社区提供的志愿服务质量满意吗？"的选项中，有27.59%的居民选择了"非常满意"，认为社区志愿服务充分满足了居民需要；有42.76%的居民对社区志愿服务质量比较满意；有26.95%的居民表示一般；将近3%的居民对社区志愿服务质量不满意（见图5-15）。

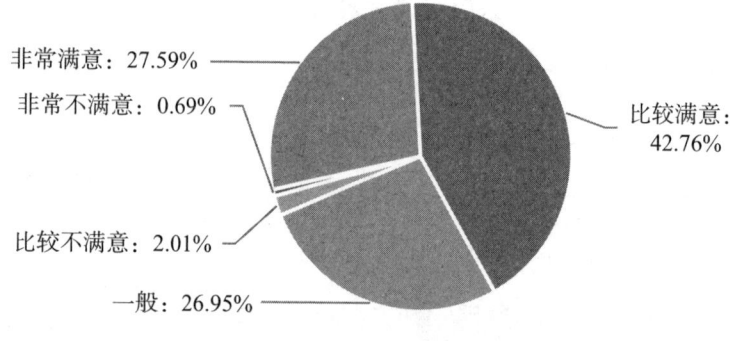

图5-15 居民志愿服务满意度调查结果

（二）居民参与的能力不足

1. 居民对志愿服务的认知存在偏差

居民对志愿服务的认知主要包括居民对社区志愿服务的内涵本质、志愿服务参与经济基础、志愿服务责任主体的理解和认识。问卷调查数据显示，高达93.10%的居民能够准确把握志愿服务无偿性、公益性的特质，有63.45%居民能够正确判断志愿服务参与不建立在个人经济基础之上（见图5-16）。但是，在关于明确志愿服务责任主体的问题上，居民存在认知偏差。高达80%的居民认为，志愿服务属于社区居委会的工作范畴，居委会对社区志愿服务活动管理、志愿者招募等工作负责。此外，我们通过访谈了解到，有的居民将志愿服务与"学雷锋做好事""做公益献爱心"简单等同；有的居民认为，志愿服务是无成本的免费劳动；有的居民把志愿服务误解为争名夺利、虚假作样的行为；有的居民认为，志愿服务就是提供治安巡逻、环境卫生、文体娱乐等活动。由此可见,居民对志愿服务深层次认知把握不准确,存在认知偏差。

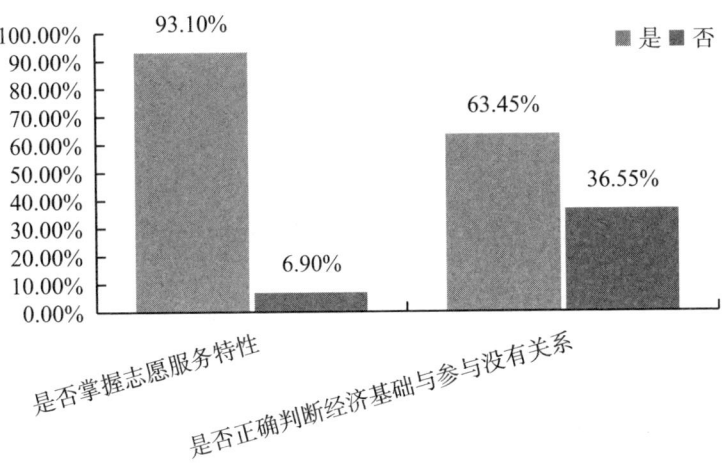

图5-16 居民关于志愿服务无偿性的认知情况

2. 居民志愿服务专业技能掌握薄弱

居民志愿服务专业技能包括提供志愿服务所需的专业素养和专业能力。居民在参与常规性志愿服务时无须具备较高的专业技能,但是在参与专业性志愿服务时则需要具备服务所需的素养和技能。以医疗保健类志愿服务为例:此类志愿服务活动对居民专业健康知识和操作技能提出了较高要求。在关于"您认为自己是否具备志愿服务专业素养和专业技能?"的问卷调查中,有90.91%居民表示自己不具备专业志愿服务能力,仅有9.09%的居民表示自己具备参与专业志愿服务项目所需的专业素养和专业技能,相当于每10位居民中有9位居民自认为缺乏志愿服务专业技能。

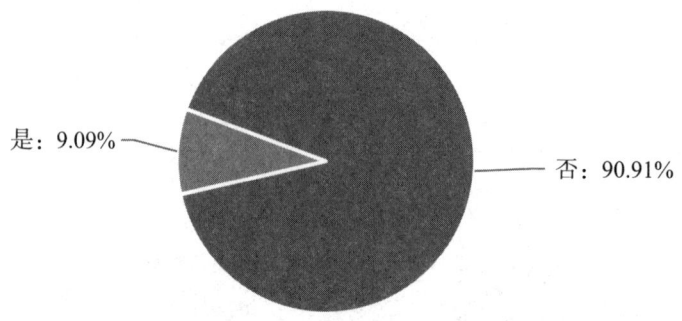

图 5-17　居民是否具备志愿服务专业能力调查结果

（三）居民参与的形式老旧

1. 居民依附性参与

现阶段，社区志愿服务活动的发起形式主要有两种：居民自发和组织发起。调查结果表明，我国社区志愿服务发展不完善，社区志愿服务与社区行政任务、政治绩效等因素密不可分，社区志愿服务活动发起、决策、实施、管理等环节带有一定的行政色彩，社区志愿服务活动的发起形式出现居民自发较少、组织发起为主的局面。首先，在活动发起层面，一项常规的社区志愿服务活动，需要街道办、居委会层层汇报审批。即使居民自发的志愿服务活动，往往也需要报备居委会。此外，由于缺乏组织、人力、财力等资源支持，志愿服务活动最终由居委会接管。其次，在活动实施层面，居民参与社区志愿服务听从居委会调度，定时定点参与社区服务。正如下面访谈对象所述：

> 社区有个朋友曾自发组织一项拾捡宠物粪便的志愿服务活动，我参加过几次。我觉得这项活动很有意义。我们建了一个微信群，里面有几个人会不定期约好时间在小区内拾捡宠物粪便。后来，居委会接管了这项活动，采购了一些工具，建了一个更大的微信群，每周安排两个志愿者开展一次活动。

综上所述，志愿者参与志愿服务活动以依附性参与为主，统一听从发起者调度。

2. 居民重复性参与

从居民参与社区志愿服务项目的角度来看，居民重复性参与是相对于多样化参与、创造性参与而言的，主要是指居民重复参加一种或几种志愿服务项目，缺乏参与的多样化。多样化参与是指居民多渠道参与多种志愿服务项目，多样化参与减少了重复性和单调性，增加了新鲜感和趣味性。调查结果表明，目前环境卫生服务、社区安全服务、文体艺术服务三大活动是社区志愿服务提供的基本服务，也成为居民重复性参与的三大项目。一方面，居民习惯于参与曾经参与过的项目，缺乏对新项目或其他类型项目的学习动力；另一方面，社区提供的志愿服务项目虽然较多，但持续性较差，从而出现居民重复性参与的现象。正如下面访谈对象所述：

> 我参加过居委会组织的打扫卫生、门口治安值岗等活动，其他活动参加得比较少。大多数居民也主要参加这些活动。有些有才艺的居民会参加一些文艺表演、书法等活动。但是我们这些打扫卫生、治安值岗的人员比较固定，很少有变化。社区志愿服务就是方便大家、服务他人的善举，大家都愿意在居委会的带领下为社区做一些事情。

3. 居民线下参与

社区志愿服务发展离不开线上策划、招募、点单，线下实施、参与、对接等环节，线上线下深度结合使志愿服务发展模式更加多元。社区志愿服务涵盖内容广泛，社区安全服务、环境卫生服务、医疗保健服务、科普及政策宣传教育服务、扶孤助弱服务、就业创业服务、助民便民服务、公益慈善宣传教育服务、志愿者招募服务等11项志愿服务活动在不同程度上被广大居民所熟知。与此相对应，居民参与社区志愿服务集中在以上11项线下志愿服务活动。但是，居民参与志愿服务呈现以线下志愿服务参与为主的特征，缺乏时效性强的线上志愿服务活动。正如下面访谈对象所述：

> 社区举办了很多志愿服务活动，比如巡逻服务、垃圾分类服务、文艺演出服务等，这些志愿服务为社区建

设做了很大贡献。有时候，我也想参与社区志愿服务活动，但是我家里有小孩儿和老人需要照顾，平时忙于工作没有时间参加。其实，很多人和我一样，大家都很爱帮助别人。如果社区能够推出一些线上志愿服务活动，用手机就能帮助他人就好了，比如线上心理疏导等。我认为，志愿服务可以有更多服务形式。

（四）居民参与的渠道不畅

1. 志愿者注册平台不兼容

居民注册志愿服务信息是完成志愿者身份转变的正规方式，社区居民注册成为志愿者主要有两种渠道：一种是通过线上平台（"志愿北京""志愿汇"等网站、小程序等）注册成为志愿者，另一种是向社区所在地的志愿服务组织（青年汇、社区服务中心、义工站等）提出申请，登记信息，填写必要表格，宣读志愿者誓词，注册成为志愿者。据了解，线上信息注册平台对操作者提出了较高的技术要求。社区志愿者大多为退休人士，他们难以克服技术障碍。此外，部分居民对组织注册方式不太熟悉。目前，大多数志愿者注册工作都由居委会承接，居委会收集有注册意愿居民的相关信息，通过注册平台上传居民个人资料，帮助居民完成志愿者身份的转变。在居委会带领下，居民志愿者注册工作取得了一定进展，但仍面临一些问题。目前，志愿者信息注册平台尚未在全国范围内建立跨地域、跨系统的注册机制，志愿者信息难以统一。正如下面访谈对象所述：

> 我前几年在天津生活。只要有空闲时间，我就会参与社区志愿服务活动。那时，我注册成为志愿者，当地系统里面会记录服务时长。后来，我回到了北京，天津志愿者的身份和服务时长不通用了。所以，我又注册为北京志愿者，重新录入了基本信息。

2. 服务信息获取渠道单一

我们通过调查发现，居民主要通过线上渠道、线下渠道获取志愿服务信息。线下渠道包括居委会通知、志愿者告知、社区宣传栏、工作单位通知、邻居告知，线上渠道包括互联网、志愿服务平台。在实际工作中，居民志愿服务信息获取渠道的应用频率不尽相同（见图5-18）。其中，居委会通知是居民获取社区志愿服务信息的主要渠道，占比为71.03%；宣传栏告知是居民获取社区志愿服务信息的第二大渠道，占比为48.28%；志愿者通知是居民获取社区志愿服务信息的第三大渠道，占比为37.24%；较少人通过工作单位通知、志愿服务平台等渠道获取志愿服务信息。居民获取志愿服务信息的渠道较全面，居委会、互联网、邻居、工作单位、志愿服务平台、宣传栏等渠道建设水平及特点不同，居民获取志愿服务信息渠道主要以线下渠道为主，表现出单一性。

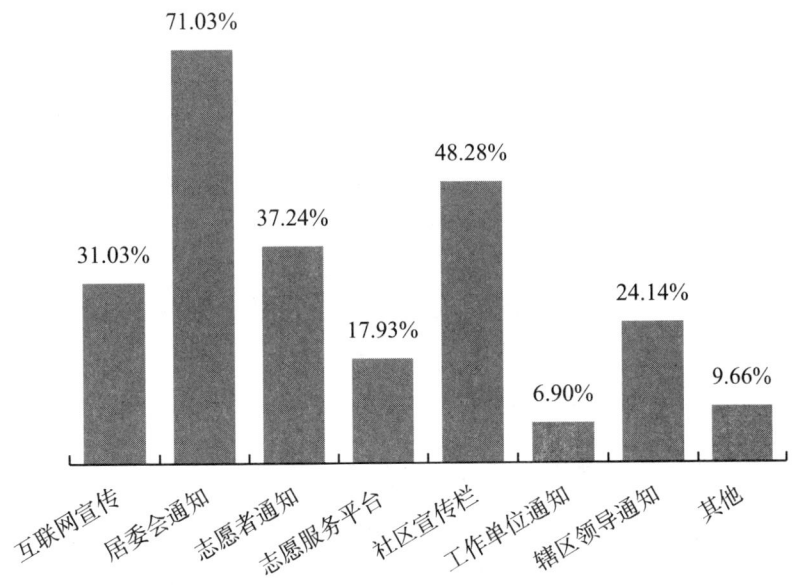

图 5-18 居民获取志愿服务信息的渠道

3. 志愿服务反馈跟踪迟缓

在志愿服务活动中,志愿服务反馈渠道具有重要的交互性特征,为志愿服务发展提供正确的导向信息。目前,霍家营社区建立线上线下两个信息反馈方式。一是霍家营自主开发的一款名为"霍家营社区"的小程序。这款小程序集社区党委、居委会、货币商城、垃圾分类、社区12345、信息公开、建言献策等服务于一体,居民可以点开"社区12345""建言献策"等服务版块填写志愿服务反馈信息。二是社区开通了"社区12345"24小时应急热线,居民可以拨打热线反馈社区各项事务,包括对志愿服务建言献策。24小时应急热线秉承"接诉即办"的工作宗旨,实现在

5分钟内根据居民需求进行派单，必要时能够15分钟达到现场，24小时内解决反馈问题。优质的平台、好的设计是成功的一半，最关键的是平台所发挥的效能。有的社区居民表示，线上反馈平台操作不方便，反馈时效性较差，问题往往得不到及时解决。

三、回天地区居民参与社区志愿服务的制约因素

（一）外部制约因素

1. 社区志愿服务组织发展不成熟

志愿服务组织是推动社区志愿服务发展的重要机构，通过统筹社区资源、发挥动员力量、健全保障机制、做实宣传工作等措施，积极参与社区志愿服务建设。当前，社区志愿服务居民存在总体参与率较低、参与意愿不强、参与热情不高等问题，在某种程度上是因为志愿服组织建设尚未成熟，关键环节尚未打通，志愿服务组织动员作用发挥不充分。

（1）组织动员作用不充分

受诸多因素的影响，志愿服务组织动员居民自觉参与志愿服务的关键环节没有打通，很大程度上制约了居民参与。

第一，组织动员方式错位。组织动员方式，按范围分为公开动员和局部动员，按主客体融合关系分为请愿、引导、鼓励、劝服、强制。我们发现，在动员过程中，相关人员缺乏严格的管理规范，以及部分行政力量干预，社区有时为完成街道下达的临时

志愿服务任务，往往会采取局部动员的方式引导活跃分子参与志愿服务活动。如果人数不够，他们会采取劝服动员的方式引导其他居民参与，导致部分志愿者被动参与，而部分志愿者缺失参与机会。

第二，资源调动能力不足。组织掌握了一定的人力、物力、环境等资源要素，但是缺乏有效的运行框架与财政支持，组织资源调动能力不强。据了解，只有极少数社区拥有可用于发展社区志愿服务的集体经济收入，大多数社区开展志愿服务的经费主要来源于财政支持，少数组织能够获得政府购买服务的资金支持。缺乏开展动员工作所需资金，组织动员效果难以最大化。

第三，动员目标不明确。社区动员重在让志愿服务成为一种自觉行为，成为一种社会风尚，最终目标是实现居民自愿广泛参与社区志愿服务。但是调研结果表明，动员主体往往将精力集中于如何完成动员指标的任务上，忽视对动员目标的深入理解，以及对动员意义的积极宣传，导致动员客体对动员活动缺乏清晰认知，动员客体的积极性难以被调动。

（2）组织保障机制不健全

调查数据显示，有1/5的志愿者参加志愿服务活动受到过轻微伤害[1]，有2/5以上的志愿者难以获得人身保险赔偿[2]。这表明，志愿服务组织保障机制不健全，志愿者权益保障不全面。

---

[1] 谭建光.和谐社会需要志愿服务的创新发展——志愿者事业现状、问题与对策调查报告[J].中国党政干部论坛，2007（09）：32-34+18.

[2] 莫于川.中国志愿服务立法的新探索[M].北京：北京法律出版社，2009.

"志愿北京"是北京志愿服务综合信息平台，集志愿服务项目、志愿团体、救助中心、志愿服务任务等为一体的交流互动应用平台。参加"志愿北京"平台上的志愿服务活动，志愿者会自动获取活动保险。社区志愿服务项目有地域性、常规化、范围小等活动特征，社区志愿服务项目发布、志愿者招募等环节通常不利用"志愿北京"平台，而是通过志愿服务群、社区宣传栏等渠道。这样一来，志愿服务组织可能不会与志愿者签订书面协议，志愿者也缺乏基本的风险保障。此外，志愿者权益保障应包括餐饮、通信、交通等必要的物质补助。但是，我们通过访谈了解到，志愿者参与志愿服务不仅需要付出宝贵时间和大量精力，甚至要自掏腰包"倒贴"，而相应的物质补助却无法落实。

国家对志愿者相关权益保障有明确规定，但是很多权益保障仍停留在书面上，志愿者权益保障难以实现。缺乏全面且能落地的权益保障措施，志愿服务成为具有一定风险性的助人行为，严重制约居民参与志愿服务，不利于社区志愿者队伍的稳定发展。

（3）组织宣传工作不到位

随着科技的进步和新媒体的发展，志愿服务宣传工作面临新的挑战，充分利用新媒体时代多元化的传播媒介是弘扬志愿服务精神和公共服务文化的重要途径。当前，社区志愿服务宣传工作存在宣传手段单一、宣传工作流于形式、宣传效果不佳等问题，明显阻碍了社区志愿服务的文化构建工作。社区志愿服务宣传工作采用传统宣传手段和互联网宣传手段相结合的宣传机制，进行线上线下宣传。传统的线下宣传主要通过社区宣传栏、纸质宣传手册、志愿服务活动传单、广播播放等方式,这种面对面的宣传方式能起到消除距离感、增强宣传效果的作用。大多社区会在大型志愿服务活动或雷锋日利用这种宣传方式,一旦活动结束,宣传工作也随之结束,宣传效果不能持续化、常态化。线上宣传主要通过社区微信公众号和微信群传播志愿服务信息,这类宣传方式具有传播速度快、成本低等优势,但信息受众更多面向青年群体,对老年群体不友好。

(4)组织培训机制不完善

对没有经验的志愿者而言,志愿服务是一个全新领域,是一项系统业务;对资深志愿者而言,志愿服务需要精益求精,他们对专业志愿者培训有很大需求,组织培训对居民志愿服务水平有较大影响。当前,社区志愿服务依然存在"重参与轻培训"的现象,组织培训仍存在较多问题。

第一,社区志愿者培训需求定位有偏差。志愿者培训是确保志愿服务质量的重要环节,而精准定位培训客体的培训需求是确保志愿者培训工作成效的首要条件。当前,志愿者培训大多由居委会牵头组织开展,受居委会人力、物力、财力等资源不足的限制,他们往往不会对志愿者进行知识、技能等方面的系统调研与分析,而采取主观经验主义的方式确定培训需求,即主观确定培训人员、培训方式、培训内容等。这种工作方式往往会导致组织提供的志愿者培训与居民的真实需求不匹配,需求定位偏离培训对象真实需求,导致培训效果不显著。

第二,社区志愿者培训次数较少。从集体培训来看,缺乏经费、场所、师资等保障,志愿者集中培训次数约为每年培训一次,但一年一次集中培训很难保证培训成效的持久性和培训内容的针对性。调查数据表明,有30.85%的居民表示,并非每次活动都会组织培训(见图5-19)。因此,大多数志愿者缺乏培训,他们难以在志愿服务过程中提升能力,还会产生情绪懈怠、动力不足、参与积极性下降等问题。

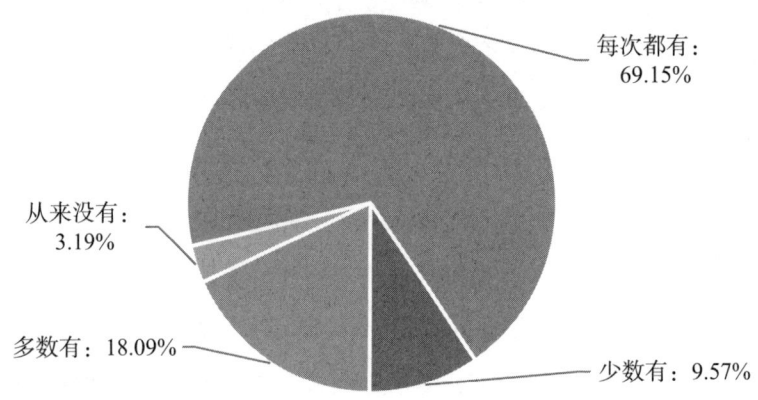

图5-19 志愿服务组织服务培训频率

第三,社区志愿者培训内容空洞。我们调研了解到,培训内容主要为安全教育、活动背景及意义;关于专业知识和技能的培训则较少,缺乏实操性培训、岗位培训和专业技能培训。志愿服务培训内容大多停留在基础层面,但对实操性和专业性较强的志愿服务,空洞的志愿服务培训较难发挥实际作用,志愿者的专业技能较难有明显提升。

2. 社区志愿服务平台建设不科学

志愿服务平台是实现志愿服务信息与居民及时交互的重要渠道，完善的平台建设能保障居民获取信息的时效性和便捷性；相反，平台建设不完善，肯定会影响居民获取信息的有效性和精准性，进而影响居民志愿服务参与率。居民通过线上线下平台获取信息，存在诸多建设性问题。

第一，线上平台使用不够便捷。当前，社区志愿服务主力军集中在老年志愿者群体。面对智能化的线上信息获取平台，相比于年轻志愿者，老年志愿者更容易受视力、对新知识的吸收能力等影响，他们在使用互联网时会遇到更多障碍，比如看不懂使用程序、操作无效等。然而，大多数社区没有开发出老年人易操作上手的信息平台，这就使得大多数老年志愿者无法及时高效地获取志愿服务信息，直接导致他们无法及时参与志愿服务。此外，社区缺乏平台专职操作人员。由于缺乏专职人员的指导，居民在使用志愿服务信息平台的过程中往往会遇到无法成功注册为志愿者、无法及时录入服务时长、系统出现故障等问题。这时，他们首先会找社区有关人员处理，而不是联系平台维护方，从而导致问题解决的时效性较差。

第二，线下平台推广有"时空"限制。志愿服务信息有时通过报刊、宣传单、贴告示等线下载体进行推广。这类传播方式能给受众带去更为直观的信息，但是线下平台的信息推广受到一定的时空限制。这在时间上表现为信息更新不及时，内容不新颖；

在空间维度上表现为信息传播面不宽泛，线上线下平台整合度不高。以宣传栏为例：只有当居民路经社区宣传栏且对宣传内容感兴趣时，志愿服务信息才发挥作用。不仅如此，受到晚上光线暗淡的影响，宣传内容很难被及时看到，志愿服务信息无法及时准确地传达给受众。

第三，平台共享度不高。目前，线上志愿者信息注册平台众多，全国范围内建立起跨地域、跨系统的注册机制，但志愿者信息尚未实现跨平台、跨系统间的数据共享。以省市为单位，各个省市志愿者注册信息尚未统一；以街道社区为单位，社区志愿者注册方式尚未完全规范化。多种注册渠道之间志愿者信息互不共享，志愿者信息管理主体各自为政，缺乏交流互动，各个注册信息平台之间相互割裂，无法最大限度地实现志愿信息的融合传递，难以建立统一而具有流动性的志愿者信息。加之，科技发展不断加速志愿服务平台的改造升级，有些志愿者在使用过程中会出现较大的不适用性。

3.社区志愿服务活动管理不规范

志愿服务活动管理的规范化程度直接影响居民参与社区志愿服务的意愿和参与形式。当前，社区志愿服务活动管理存在行政化和任务化两大问题，具体表现为：

第一，志愿服务活动管理行政化，居民参与的自主性不高。志愿服务的发展有较多行政力量，而非志愿力量介入。当行政力量大于志愿力量时，志愿服务就会产生行政化倾向。首先，在项目决策层面，社区志愿服务项目往往需要街道办、居委会的层层汇报审批，或者政府购买项目，形成政府推动和主导的局面。在一些社区，志愿服务项目甚至成为居委会的工作内容。其次，在项目实施层面，项目运作需要资金支持，社区自给和外援占比很小，往往依靠街道调度，从而与政府形成资源依赖。为了更好实施项目，积极寻求与政府行政部门接近或合作的途径成为组织的重要任务。根据路径依赖理论，这种运作方式一旦发展为一种既定路径，就会不断强化项目运作行政化特征。最后，在项目管理层面，社区没有专门制定志愿服务项目管理细则。某些问题出现后，由于缺乏灵活的管理规范，往往得不到快速解决。志愿服务项目不可避免地会偏离志愿服务的发展趋势，志愿者会产生"被参与"的心理认知，他们的参与自主性和积极性就会受到抑制。

第二，志愿服务活动管理任务化，居民参与热情不高。社区志愿服务项目以服务和满足居民日常生活为目的，既有常规的志愿服务活动，也有独具节日特色的志愿服务项目，比如端午节举办"粽子大赏"活动，雷锋日举办"学雷锋做好事"活动。在志愿服务越来越走进居民生活的同时，志愿服务逐渐演变为一种形式化任务。如："雷锋同志'3月5日来，3月6日走'"，在一定程度上体现了志愿服务存在"喊口号"的问题。有些志愿服务活动一结束，服务也彻底结束，缺乏持续性，这反映了有些志愿服务为"一次性服务"的问题。有的社区只在国家举行重大活动时才开展环境卫生、社区安全等志愿服务活动，存在志愿服务的"应付性"问题。有些志愿服务活动频繁举办，但无法满足服务对象的需求。无论是服务周期的临时性，还是服务数量的简单相加，这种流于形式的活动势必带来志愿者流失、服务质量下降等消极影响。

4. 社区志愿服务激励作用不充分

社区志愿服务居民参与率低、参与动力不足、参与意愿不强等问题，反映了志愿服务激励机制不健全，激励作用不充分。这主要表现为：

第一，激励内容不精准。建设以精神激励为主、物质激励为辅的激励机制是实现激励效果"1+1＞2"目标的必有之举。然而，在具体落实层面，运行现状与既定目标背道而驰。从调研反馈的信息来看，志愿服务组织缺乏对志愿者激励需求的深度调查，忽视志愿者偏好，采取以物质激励为中心的激励方式，而这种激励仅停留在人的较低需求层面，与志愿者需求存在偏差。对有更高层次需求的参与者而言，物质激励方式无法满足他们实现自我的高层次追求。

第二，激励方式不新颖。创新精神激励方式是完善志愿服务激励机制的重点内容，精神激励不应该停留在荣誉激励层面。荣誉激励由市级、区级、县级、街道级等不同荣誉称号组成，包括"好人""优秀志愿者""星级志愿者"等荣誉称号。但是，在一些市区，授予荣誉称号尚未成为体统，荣誉称号的数量指标也由上级层层分配；再加上考核指标僵硬化，过分强调志愿服务时长和参与次数，忽视志愿服务效果，志愿服务造假现象屡见不鲜，破坏了荣誉激励的公平性。此外，有学者对志愿服务时长和积分提出兑换服务的设想,但是目前志愿服务时长或积分只能存储,未来需要进一步探讨并解决这类问题。

(二)内部制约因素

1. 居民志愿服务意识淡薄

社区意识是居民对社区的综合情感,包括认同感、归属感、责任感和参与感。社区环境、社区交往、社区参与等社区因素是影响居民社区意识的核心变量。[①]反过来看,居民的社区意识影响社区环境、社区交往和社区参与。

城市社区人口流动性强,社区环境的不稳定性不利于居民积极参与社区交往和社区志愿服务活动。对大量流动人口而言,社区是落脚之地。一方面,社区组织动员作用不充分,居民往往缺乏社区归属感和社区共同体意识,对参与社区交往和社区志愿服务活动表现得消极被动。另一方面,社区资源的外部性和公共性满足了社区居民搭便车的心理,他们可以无条件共享社区志愿服务发展成果,加剧了社区居民的"无为"心理。简而言之,居住生活空间更加私密,社区环境更加优美,但是居民之间的社区交往变得更少,最终导致社区居民的社区共同体意识淡薄,人际关系冷淡。居民对社区共同体的主观性、狭隘性的认知会影响居民对社区志愿服务的认知。志愿服务行为不被广泛理解,志愿者不被充分认同,志愿服务发展就很难取得重大

---

① 高红,孙百才.情感治理视域下社区意识影响因素及培育路径[J].安徽师范大学学报(人文社会科学版),2020(05).

成效。

2.居民自身能力有限

时间、知识、技能、体力等共同作用，成为影响志愿者参与能力的主要因素。调查结果表明，有68.63%的居民表示，时间因素是制约社区志愿服务参与的最大因素（见图5-20）。大城市生活节奏快，休闲娱乐时间少，社区居民大多把周末和节假日用于陪伴家人，缺乏充足的时间来参与社区志愿服务。我们通过访谈了解到，有的居民参与志愿服务的专业能力不足，缺乏专业的志愿服务素养和技能，只能参与一些简单的服务活动；有的居民自身身体状况不佳，不具备参与志愿服务的身体条件。

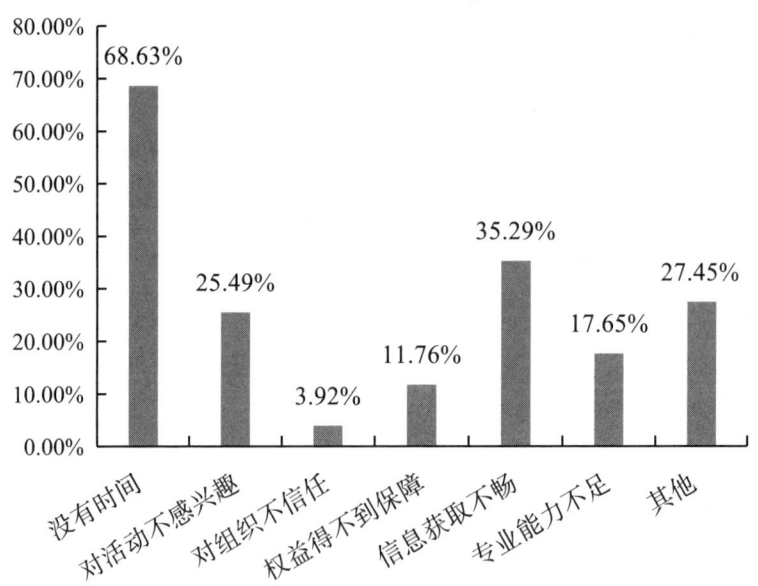

图5-20　居民参与志愿服务的制约因素

四、促进居民参与社区志愿服务的对策建议

社区志愿服务经过30多年的政府推动,获得了长足发展,产生了良好的社会效益,成为新时代社区治理与创新中的一支重要力量。从实践层面看,社区志愿服务发展受到内部环境和外部环境的双重制约,推动志愿服务朝着常态化、组织化、规模化、平台化、社会化方向发展仍面临诸多问题。我们必须整合内外部优势资源,集中多方主体力量,不断夯实居民参与基础,增强居民参与意愿,提升居民参与能力,拓宽居民参与渠道,创新居民参与形式,积极探索和优化居民持续参与社区志愿服务的路径。

(一)提高居民参与意愿

居民志愿服务参与意愿直接影响他们的参与行为。针对当前志愿服务发展面临居民总体参与率不高、参与动力不足、满意度不高等问题,我们必须采取有效措施,从根本上提高居民参与意愿,促进居民自主持续参与社区志愿服务。

1. 厚植志愿文化底蕴

志愿服务精神是一种社会文化,充分发挥社会力量需要以弘扬志愿服务文化为核心,不断提升居民的社区志愿服务认知水平和参与意愿,引导他们把志愿服务精神内化于心,建构居民自主、自觉、自愿参与志愿服务的新格局。

第一,发挥传统文化优势,加大理论研究。中国优秀传统文化在理论和实践层面高度契合,"奉献、友爱、互助、进步"的

志愿服务精神与"仁爱""兼爱"等传统思想表现出相同的文化内涵，是引导人们行善事、积善德的精神力量。我们需要深入研究我国传统文化，加大志愿服务文化理论研究，挖掘志愿服务精神的新的时代内涵。管理学、社会学、历史学等领域专家要助力志愿服务文化内涵研究，扩大志愿服务适用范围，不断增强全社会的志愿服务文化认同感。

第二，创新雷锋精神，树立正确认知。大力弘扬雷锋精神，有利于把雷锋精神与志愿服务活动紧密结合起来，推动志愿者积极参与社区志愿服务活动。了解雷锋事迹、正确认识雷锋精神和深刻领悟雷锋精神是推动"雷锋活动日"常态化的基础。雷锋精神是"螺丝钉精神"，它在志愿服务领域表现为全心全意为人民服务的"上善"精神。我们要以"雷锋活动日"为契机，把弘扬雷锋精神、开展雷锋活动列入年度工作计划。一方面，在整个回天地区范围内，组建多支雷锋志愿服务宣讲团或宣讲队，结合雷锋主题活动日，开展系列志愿服务精神宣传活动，不断丰富雷锋精神内涵，拓宽宣传渠道，创新学习方式；另一方面，借鉴优秀做法，加大学习力度，增强雷锋精神的感染力。

第三，打造学校、社区、家庭一体化教育阵地。学校要充分利用教育资源，制订志愿服务精神培养方案，对不同年龄段学生实施差异化教学授课；合理设计志愿服务精神嘉奖工作方案，通过设置荣誉称号、奖学金、增加学分等鼓励学生发扬志愿服务精神。社区可以通过不断挖掘社区志愿服务精神内涵、优化宣传载体、合理配置资源等方式，营造社区志愿服务氛围。家庭要担当起志愿服务精神启蒙工作。家长可以通过讲好雷锋故事、带领孩子参与志愿服务活动、书写志愿家庭日志等方式,分享和传承志愿服务故事。

2.健全权益保障机制

提升社区志愿服务居民参与意愿,必须以志愿者权益保障、激励保障两方面为出发点,保障志愿者权益,引导居民持续参与志愿服务。

(1)推进志愿服务法制建设

社区志愿服务发展具有复杂性、多元性、丰富性等特点,居民权益保障工作并未从根本上得以全面解决,我们必须深入了解当前志愿服务发展中相关法制建设的瓶颈和发展空间。

第一,落实《志愿服务条例》,增强实施效果。从实践层面看,《志愿服务条例》存在立法漏洞,志愿者权益保障得不到全面落实。但是,在相关志愿服务法律正式出台之前,党组织、共青团、志愿服务组织、街道、社区等主体应该积极探寻其他可行的保障措施,明确志愿者权益保障协议书的具体内容、赔偿程序、给付标准等,完善对志愿者交通费、误餐费等方面的福利保障机制,落实志愿者权益。

第二,加快制定全国性志愿服务法律。目前,志愿服务立法工作停留在行政法规层面,尚未出台正式的志愿服务法。要夯实居民参与的法制基础,必须推动制定全国性志愿服务法律。事实上,我国部分省已经制定相对独立的地方性志愿服务法规,对志愿者权益保障、组织注册登记规定、协议签订标准等有了初步的法律保障，但是这些地方性法规相对独立分散。因此，推动各地志愿服务法律法规融合发展，借鉴发展成熟的法律经验，由立法部门主导出台全国性志愿服务专项法律，是推动志愿服务法制建设的必要举措。

第三，全面实施志愿服务权益保障第三方监管模式。当前，昌平区志愿服务第三方监管主要承接政府购买公益性服务的服务项目，需要进一步把监管作用延伸至志愿者权益保障层面。

（2）创新志愿服务激励方式

志愿服务的公益性、志愿性决定了单纯的物质激励不能充分调动居民参与志愿服务的热情，以精神激励为主、物质激励为辅的激励方式往往更容易引导居民参与社区志愿服务。

第一，情感激励。情感激励就是强化居民的社区认同感和归属感。社区工作人员、社区志愿者在工作过程中要注重感情投入和交流，注重人际互动关系，不断强化社区居民身份认同感，增强居民共同构建社区家园的情怀。居民只有生活在欢乐友爱、互相尊重的社区环境，才会主动与其他居民建立和谐友爱的关系。

第二，参与激励。参与激励是一个相对成熟的激励举措，强调居民参与社区志愿服务的管理决策，是调动居民参与社区志愿服务的有效方法。比如：设置志愿服务队轮流队长机制，满足居民参与组织管理的愿望，为居民发挥个人才能提供机会。因此，让居民适当参与志愿服务项目的发起、决策、指导等环节，既能激发居民的参与热情，又能为志愿服务发展增添创新活力。

第三，荣誉激励。荣誉激励主要通过授予荣誉称号、新闻报道等方式对志愿者的辛勤付出给予肯定，是对志愿者工作的高度认可。社区应通过定期评选"星级志愿者""优秀志愿者"，举办表彰大会，颁发"好人"荣誉等，并通过社区宣传册、微信文案推新、电视台采访等方式进行宣传，落实好激励工作。

第四，回馈激励。借鉴全国各地的成功经验，设立优惠待遇机制，比如"时间银行"储蓄回馈，购买景区门票时享受一定优惠，志愿者在招收公务员、招工、升学、学分考核、职称评定等事项时享有加分项。同时，要注意优惠待遇机制的阶梯性和差异性，优先保障星级志愿者权益。我们希望通过多元化激励机制形成良性循环，实现志愿服务思想内化和志愿服务行为外化。

3. 强化组织动员作用

强化社区志愿服务组织动员能力，要做实动员行为，关注动员对象和动员时间，制订合理的动员方案，尽可能提高动员效率。通过把动员时间分为工作日和休息日，在不同时间对不同动员对象进行分类动员。比如：工作日将动员力量集中在动员全职妈妈、社区老人等对象，休息日将动员力量集中在上班族、学生等对象。具体来看，我们可以从党员动员和榜样动员这两个方式着手。

第一，加大组织动员作用，增强参与意愿。笔者对某社区负责人进行了有关"如何提高居民的积极性"的访谈。该负责人认为："要做好带头作用，本人要先积极投身于社区志愿服务，做实做好服务工作，让居民感同身受，起到动员作用。"要依靠行政力量进行组织建设，依托行政化组织体系和管理体系，发挥精神文明办、北京志愿服务联合会、街道、社区服务站、居委会、志愿服务组织等的牵头作用,制定完善的制度,加强文化宣传,创新动员方式,增加动员资源,以实现动员目标,弥补组织动员行政化的短板,增强居民参与志愿服务的意愿。

第二,重视榜样动员作用,促进参与自觉。重视榜样力量,形成榜样动员机制,是促进居民参与志愿服务活动的有效做法。一方面,加大榜样的正面形象宣传。对优秀志愿者、志愿工作者、志愿服务组织有感召力和故事性的素材进行全方位宣传。如:充分利用新闻发布会、媒体专访、新闻通稿、微信公众号、微视频、公益丛书等线上渠道进行宣传,同时充分利用社区宣传栏、公共城建设施、拉条幅、张贴爱心海报等线下渠道进行宣传,加大对榜样的宣传力度,向社会传递正能量。开展"争做志愿者 争做榜样"主题教育活动,塑造"星级志愿者""好人""志愿者先锋"等榜样,通过微信公众号、社区宣传栏、微博、小程序等平台扩大受众面,增强动员效果。另一方面,充分利用反面典型的警示工作。社区要建立惩戒机制,利用个别志愿者的典型反面事件,进行深入调查,真实客观地曝光,让其他志愿者引以为戒,真诚为人民服务。

(二)提升居民参与能力

在回天社区开展志愿服务过程中,居民参与社区志愿服务仍缺乏一定专业能力,包括居民对志愿服务的认知能力、参与志愿服务的专业能力。对此,我们仍需采取措施,提高居民参与能力，促进居民参与能力与志愿服务需求顺畅对接。

1. 加大志愿服务精神宣传力度

志愿服务精神作为志愿服务的文化精髓，是志愿服务活动开展的文化基础。我们要把加大对志愿服务精神与理念的宣传作为居民社区志愿服务认知水平的核心方法，通过加大宣传的手段提升居民对志愿服务的认识，促进居民将志愿服务精神内化于心。

志愿服务精神的培育深受特定社区环境的影响，社区要利用积极因素，优化社区环境，消除不良影响因素，健全社区宣传环境。首先，丰富宣传主体。切实发挥主流媒体、民政系统所属媒体、新闻慈善促进会等的宣传作用，大力弘扬志愿服务精神，以此产生较大的社会反响。其次，创新宣传方式。充分利用新闻发布会、媒体集体采访、媒体专访、新闻通稿、图文解读、交流专栏、微视频、公益丛书、公共城建设施等渠道，通过拉条幅、张贴爱心海报、播放公益视频等方式，快速达到直观全面的宣传效果。最后，深度挖掘宣传内容。对优秀志愿者、优秀志愿工作者、优秀志愿服务组织的感人故事进行全面宣传，向社会传播正能量，树立志愿服务榜样。

2. 深化志愿服务专业培训

完善社区志愿者执证上岗、岗前培训等制度安排，健全培训权益、培训经费保障等实现机制，才能使社区志愿者的服务能力得到实质性提高。以培训主体、培训内容、培训次数和培训方式为关键着力点，不断深化培训效果。

第一，在培训主体和培训内容层面，依托政府、居委会发挥培训资源优势，建立协同培训机制：依托社会组织、义工服务总会等第三方培训机构提升培训质量。因事设项，把培训内容分解为初级培训内容和高级培训内容。初级培训内容主要聚焦于志愿服务活动的意义、背景、主题等层面，高级培训内容主要聚焦于志愿服务活动所需的专业素养、专业知识、服务技巧等层面。重视对资深志愿者、无经验志愿者的培训，增加实操和专业培训，达到精准定位培训内容、节约培训资源、满足培训需求、增强培训效果的目的。

第二，在培训次数和培训方式层面，采取"分层和阶梯式"的培训模式，即依据不同志愿服务项目的需求确定培训次数。比如：社区以外的志愿者采取招募完一批培训一批的高效方式，社区内的志愿服务队采取定期基层培训方式。通过组织开展定期讲座、课堂、主题沙龙、线上培训等多元方式实现全面普及、全面提升的培训宗旨；通过培训者对被培训者进行"一带一"或"一带多"培训，强化志愿者的服务能力。

（三）创新居民参与方式

实现志愿服务发展常态化，要不断创新居民参与形式，着重破解志愿者依附参与、重复性参与、传统线下参与的困境，促进居民自主参与、多样化参与、线上参与等形式相互补充，构筑社区志愿服务体系，吸引更多人参与志愿服务。

1. 增强志愿服务组织自主造血功能

打破居民依附性参与志愿服务的形式,实现居民自主参与,最关键是重构社会力量与行政力量运行机制,减少行政力量的干预,增强居民志愿服务参与的自主性和独立性,提高志愿服务活动的社会效能,让志愿服务更好地服务居民。

第一,做好政社分开,增强志愿服务自主性。目前,中国志愿服务发展以自上而下发起、自上而下推广,自下而上发起、自上而下推广两种模式为主要形式,志愿服务组织与政府之间仍然存在较强的依附关系。从长远来看,实现传统志愿服务模式向自下而上发起并推广模式转变是实现志愿服务独立化和社会化的有效路径。因此,政府部门与居委会、志愿服务队都应该正确认识自身扮演的角色,厘清职能范围。政府作为国家行政机构,应在志愿服务中发挥目标引领和资金保障作用;居委会与志愿服务队作为具体活动的实施者,应在项目决策、实施、管理过程中拥有一定程度的自主权。只有社区志愿服务发展充分社会化,社会力量和行政力量良性互动,社区才能营造良好氛围,居民才能有自主参与环境,从而进一步实现志愿服务在独立自主的社会化轨道上发展。

第二,切实志愿服务组织发展保障,提升居民发展空间。社区志愿服务组织大多未在民政局备案,这类组织发展往往受到地域、资金、人才、平台等因素限制,发展规模较小,发展速度较慢。但是,在社区层面,它们是社区志愿者最主要的归属组织,它们的发展前景直接影响志愿者的发展空间。从这个角度看，要提升志愿者发展空间，促进居民自主参与志愿服务，必须注重打造人才队伍，明确组织职责，完善治理结构，保障组织经费。

2. 加大志愿服务项目开发力度

为提升社区志愿服务实效，创新居民参与方式，避免重复参与，回天社区应紧紧依靠志愿者驿站、青年汇、居委会、志愿服务队等主体，以各种纪念日、节假日、重大活动等为契机，积极开发志愿服务项目，打造品牌项目，实现居民多样化参与，助推社区志愿服务工作达到新高度。

鼓励项目开发主要通过识别社区居民需求，确定志愿服务项目的目标、范围，通过向社区居民和社会公众征求项目意见。一方面，团市委、文明办、街道、青年汇、居委会等主体要深化交流，及时报告成果，优化经验，不断创新；另一方面，通过组织项目设计大赛、有奖征求等方式，鼓励基层开发紧跟时代发展和居民需求的志愿服务项目，提升项目的活跃度，丰富项目内容。在此基础上，要以品牌创建为引领，以服务创新为引擎，进一步依托志愿服务主题系列活动，丰富"回天有我"品牌内涵，依托志愿服务打通宣传、引导、关心、服务社区居民的"最后一公里"，推动阶段性、松散性志愿服务活动向经常性、规范性志愿服务活动转变，形成"昌平经验"，形成可复制、可推广的志愿服务品牌项目，将其纳入新时代文明实践活动项目库，从而保证基层社区治理的模块化和持续性。

3. 推动参与方式线上线下结合

随着志愿服务多样化和深入发展，服务对象需求复杂不一，打破传统的线上志愿服务形式，推行线上线下结合模式是促进居民广泛参与的重要举措。线上志愿服务以互联网平台为载体，以微志愿服务、远程服务为主要形式，改变了居民获取志愿服务信息与服务对接的方式，突破了线下志愿服务的时空限制。

第一，推广线上微志愿服务。微志愿的概念在社区应逐渐被关注和推广，让微志愿走进社区，走进生活成为现代志愿服务发展的新趋势。微志愿以"莫以善小而不为"志愿服务精神为出发点，倡导小志愿大爱心的服务形式，如利用网络界面的转发功能转发公益信息，利用手机拍摄志愿服务行为上传到互联网。线上微志愿服务凭借手机或电脑即可参与，有较大灵活性。创新线上微志愿服务，可以以家庭为单位，推广线上"家庭志愿服务日"，让志愿服务具有仪式感，家庭成员与服务对象之间密切互动，增强家庭成员的参与意愿。

第二，开发远程志愿服务。利用网络平台开发出远程点单志愿服务，志愿者线上接单的服务形式，打造从发布服务需求到接单、完成任务全过程的一体化线上模式，开发在线课堂、在线心理咨询、在线义诊等相关服务。线上志愿服务不需要复杂的招募、甄选等环节，增强了居民参与志愿服务的便捷性。同时，线上志愿服务对年轻人具有较大吸引力，能大大提高年轻人的参与热情。将志愿服务线上线下结合，使越来越多的志愿者向志愿服务聚集,传播更多正能量。

(四)畅通居民参与渠道

加快志愿服务平台建设,促使志愿服务向"科学管理、资源共融、信息互通"方向发展,是畅通居民参与渠道的重要手段。打通居民注册志愿者—信息注册—参与反馈的志愿服务参与过程,需要加强平台与社区之间的对接联系,建设智能化、媒体化、规范化的参与渠道,确保参与过程进展顺利。

1. 打造一体化志愿者注册平台

志愿者与志愿服务组织的融合是建立在身份确认、信息注册的有效性基础之上。畅通志愿者注册过程,需要打通志愿者信息注册的技术障碍,打造一体化志愿者注册平台,不断优化和拓宽注册渠道,实现居民志愿者身份的转变。

第一,以规范化制度为准则,完善志愿者注册办法。2013年11月修订的《中国志愿者注册管理办法》第二章对志愿者注册基本条件、注册机构、注册程序等方面进行了说明,指出团组织、志愿者组织是主要线上注册渠道,网络、通信是主要线下注册方式。根据现有社区居民志愿者注册情况,社区应在《中国志愿者注册管理办法》的指导下,制定出具体的社区志愿者注册管理办法,明确多种注册渠道,细化注册管理责任人,规定注册基本条件,积极探索适用社区居民的一整套注册管理办法,打造规范化、社会化、智能化的注册渠道。

第二，以网格化管理为依托，优化志愿者注册渠道。结合社区"党小组—楼长—楼门长—雷锋管家（层长）4级网格化管理体系"，形成一体化的信息注册机制，即：居民可以通过党小组、楼长、楼门长、雷锋管家负责人提出申请、登记信息、填写必要表格等注册成为志愿者；社区志愿者负责人或社区志愿者服务站进行信息整合，及时在"志愿北京"平台上更新居民的志愿者身份。通过网格化对口专业志愿者开展注册服务，以负责人入户走访的形式，向居民注册志愿者带去极大方便，有利于扫除志愿者注册障碍。

第三，以信息化平台为载体，创新志愿者注册方式。目前，高校学生志愿者主要通过"志愿者+APP"的模式注册成为志愿者，比如校团委微信公众号、志愿北京网站、小程序等。这些志愿服务平台借助现代信息技术，集志愿者注册、项目发布、项目申请、时长记录等服务于一体。但是，由于社区志愿服务主体的特殊性，信息化志愿者注册平台并非目前社区居民首选途径。构建全新实用的志愿者注册方式势在必行。积极探索志愿者卡融入市民医疗卡、交通卡、学生卡等实体或电子的技术路径，实现一卡多用、一卡通用。同时，在技术、资金等可行条件下，定点设立志愿者一卡机，实现贴卡信息及时显示功能，简化注册流程，畅通志愿者注册渠道。

2. 拓宽志愿服务信息获取渠道

拓宽居民志愿服务信息获取渠道，应搭建以线上平台为主、线下平台为辅的信息联动机制，打造线上线下综合平台，让信息联动机制服务于志愿者招募、培训、管理等阶段。

第一，拓宽志愿服务信息线下获取渠道。首先，突出社区服务站功能，致力于把社区服务站打造成集多种服务功能为一体的信息交流中心。对于不具备建设志愿服务站条件的社区，突出社区居委会功能，把居委会打造为志愿服务信息采集者，实现信息一体化。其次，创新特色志愿服务信息宣传方式，突出线下宣传优势。紧密结合居民信息需求，适时拓宽宣传渠道，及时更新宣传内容，不断提高线下平台的使用效率。线下平台辐射作用增强，志愿服务信息才能全方位覆盖不同志愿者的需求，让更多居民及时获取志愿服务信息。

第二，拓宽志愿服务信息线上获取渠道。"互联网﹢"概念在新媒体时代快速发展。在志愿服务领域，"互联网＋志愿服务概念"被广泛应用，其中智能软件和线上服务平台是其重要组成部分。扩宽线上志愿服务信息获取渠道，要以互联网为技术支撑，借助现代信息手段，进一步保证志愿服务信息的有效性。扩宽线上志愿服务信息获取渠道，要注重打通线上平台使用的技术障碍，摆脱使用者软件操作不规范、信息识别不精准、平台系统不稳定等困境。因此，培养一批信息技术精英队伍是拓宽线上渠道必不可少的一环，对填补线上平台的操作性短板具有重要的弥补作用。通过程序化和规范化的技术宣讲形式，向信息获取者推广智能软件，普及操作知识，增强他们的志愿服务信息获取能力。

第三，整合线上线下平台的志愿服务信息资源。在社区志愿服务领域，搭建线上线下互补平台，整合资源，创造效益势不可当。建立志愿服务线上线下平台，尤其要注重信息发布环节的建设工作。线下平台往往通过微信公众号、APP、抖音、微博等渠道发布志愿服务信息，建立线上线下联动机制，依据线上一次曝光、线下二次曝光原则，有选择性、针对性地同步发布在宣传栏、报刊等线下平台，避免信息的不对称性，增加信息的流通性，保证志愿服务信息全方位地覆盖不同年龄段的社区志愿者。打好线上线下信息平台组合拳，发挥不同优势，以形成合力，确保更多有志愿服务需求的人能够全方位、多层次获取志愿服务信息。

3. 构建志愿服务信息反馈机制

志愿服务信息反馈机制是服务对象对志愿服务内容、志愿服务质量等内容进行点评的一种互动机制，包括正反馈和负反馈，即正面的评价和负面的评价。志愿服务反馈机制为优化志愿服务提供信息参考路径，探索有效的志愿服务信息反馈机制，健全志愿服务信息反馈渠道势在必行。

第一，发挥志愿服务组织作用，广泛听取反馈信息。健全志愿服务信息反馈渠道，提升志愿服务质量，提高志愿服务活动与服务需求匹配度，需要充分发挥志愿服务组织作用。建立社区居委会、志愿服务站、志愿服务队三大联动机制，为志愿服务信息提供反馈窗口，为志愿者和服务对象之间牵桥搭线，共同畅通志愿服务信息反馈渠道。具体来说，志愿服务组织可通过入户走访、问卷调查、设立社区电话热线等形式，对常规性、大型、重要节点、重要主题的志愿服务活动进行摸底访查，询问志愿者服务对象的活动评价，为信息反馈者提供建设性意见创造机会，针对完善志愿服务需求不匹配、信息不真实、反馈不及时等问题，增加改进空间，真正做到社区志愿服务为民。

第二，发挥现代媒体作用，全面共享反馈信息。借助网络平台，健全信息反馈渠道，对反馈信息通过大数据进行分类处理，为志愿服务组织化、平台化、规模化发展提供建设性意见。首先，社区在资金、技术、人才等资源支持下，建立社区志愿服务小程序、微博或微信公众号等，增设志愿服务活动信息反馈版块或志愿服务活动评价通道，将志愿服务点评信息呈现给志愿服务组织、志愿者，或者在平台上面向群众予以公开，实现志愿服务信息线上反馈。其次，要打破志愿服务信息反馈平台壁垒。避免多头重复建设，协调各组织、社区建立信息共享机制，分享相关反馈信息，实现资源共享。最后，要建立线上平台负责人与线下渠道负责人双向沟通机制，杜绝信息孤岛，实现互联互通。

第六章 社区志愿服务激励机制创新

一、回天地区志愿服务激励的相关举措

(一) 制度激励

制度激励是一种管理理性的内在要求,主要通过积极劝说、诱导、推进等方法来满足人的发展需要,从而持续调动人的主动性、积极性和创造性。

经课题组调研发现,回天地区在组织志愿服务活动的过程中,主要依据《优化提升回龙观天通苑地区公共服务和基础设施三年行动计划》《北京市志愿服务促进条例》来进行社区志愿者的招募注册、培训管理与激励回馈。在落实以上制度的过程中,有些做法确实对志愿服务的持续发展产生了一定的激励作用,如积分兑换商品机制、互动沟通机制、"回天好人"评选机制等。但是,这些机制毕竟比较松散,标准也不统一,没有发展为规范

化、系统化的志愿服务激励制度。

（二）物质激励

物质激励是指运用物质的手段促进行动者的行为或者约束行动者的不积极倾向，通常以奖金、奖品和罚款为主要表现形式，是志愿服务激励的重要手段。调研结果表明，回天地区志愿服务活动的物质激励主要分为两方面：一是实物激励，如矿泉水、水杯、中性笔、记事本、香皂、洗发水等。二是来自社区办公经费、公益基金、党建服务群众经费等现金奖励。但现金奖励频率较低，金额也相对较少，通常在20元至100元之间。此外，某些企事业单位也会通过社区招募志愿者，并给予志愿者一定补助。如：北京积水潭医院招募志愿者时，会提供工作餐、饮用水、交通补助等。

（三）精神激励

精神激励是指精神方面的无形激励，是一种内生激励，即：通过对受激励者的心理进行干预，进而促使其行为发生转变的激励，多以表扬、批评、记功、处分等形式出现，具有激励对象广、激励时间长、激励影响大等特点。回天地区对志愿者的精神激励主要集中在以下三方面：一是授予荣誉称号、颁发荣誉证书、树立先进典型，如授予志愿者个人或者团队"优秀志愿者""五星志愿者""回天好人""优秀志愿团队"等荣誉称号，并颁发荣誉证书。二是通过各种方式宣传先进典型、好人好事，激励越来越多的志愿者参与志愿服务，如组织宣讲会、邀请电视台进行专访、在微信公众号、社区网公开表扬等。三是注重对志愿者群体的情感关怀，如龙泽苑社区举办的"志愿者K歌乐"，龙跃苑东四区、东五区举办的"幸运大转盘"春节联欢会，天北街道总工会举办的"志愿者花艺培训"系列活动，东辰社区举办的"志愿奉献，感恩有你"志愿者减压活动。此外，回龙观居民王强创作的歌曲《回天有我》，也成为激励广大"回天"居民投身"回天有我"志愿服务活动的重要精神力量。

二、回天地区志愿服务激励的成功案例

（一）案例概述

1. 战"疫"网者行动

回龙观社区网、北京市昌平区回龙观志愿者协会、回龙观企业信用建设促进会联合北京市昌平区天通苑志愿者协会，以昌平区志愿服务指导中心为指导单位，发起了战"疫"网者（网络志愿者）行动。该行动创造了良好的社会效益，引导居民科学理智地抗击新型冠状病毒肺炎疫情，缓解疫情带给社区居民的恐慌情绪，激发了社区志愿者参与志愿服务的热情和积极性，进一步促进了社区志愿服务激励机制的发展。战"疫"网者行动取得如此成就，主要是因为其丰富的活动内容成功激励了人们。具体而言，可以概括为4个方面。

一是开展线上会议。该行动以微信群为媒介,通过开展夕会、记录志愿工时的方式,即晨会发布任务,夕会总结反馈任务,将激励贯穿志愿服务全程,实现了组织对于志愿者服务的全方位管理与激励。

二是开设网络课堂。疫情期间,该行动组织者通过对社区志愿者参与方式的网上调研,了解到居家参与是其最主要的参与需求。于是,该行动的组织者便专门开设了微信公益课堂,如亲子关系课堂、战"疫"网者健身课堂等,来对居民感兴趣的话题进行趣味讲解。该网络课堂不仅丰富了志愿者的专业知识,还满足了志愿者居家参与社区志愿活动的需求。

三是举办网络倡议书活动。回龙观社区网发起的"加油!中国!全民战'疫'守护家园"倡议书活动,志愿者纷纷响应。他们不仅在自己朋友圈转发倡议书,还积极号召朋友圈的其他朋友一起转发倡议书,将国家、社区关于抗疫的相关政策真正落到了实处。与此同时,他们也兑现了"少出门、不聚集、不传谣、不信谣"的抗疫承诺。

四是颁发电子纪念证书。回龙观志愿者协会联合回龙观社区网为参与战"疫"网者行动的优秀志愿者颁发了电子纪念证书,对志愿者的积极努力与无私奉献给予了高度赞扬与肯定,极大地激发了志愿者的工作积极性,也坚定了大家继续做优秀的网络志愿者的信念和决心。

2. "回天好人"先进典型评选活动

为进一步落实"回天地区三年行动计划",促进社区志愿服务发展，昌平区委宣传部和区文明办组织开展了"回天好人"先进典型评选活动。

经多年耕耘，该活动已为回天地区评选出诸多榜样人物和先进群体，如"回天好人"查鹏、李双月、孟祥印、胡维标，"金色旗手"志愿者服务队，天通苑南派出所青年突击队，不仅激发了社区志愿者的参与热情，也推动了社区志愿服务激励机制的发展。"回天好人"先进典型评选活动，按照基层推荐到组织审核、再到总结表彰的推选步骤进行。具体来讲，该活动包括两个方面。

一是高度重视，严格评选流程。首先，回天地区各镇街结合实际，制定下发"回天好人"先进典型评选活动方案，成立活动组委会，每月初审核基层上报和社会推荐的推选对象。其次，按照评选标准，特别是事迹真实性和遵纪守法情况进行审核把关，对审核通过的可列为"回天好人"推荐人选上报区文明办。再次，区文明办每季度根据汇总上报的先进典型进行季度评审与表彰。

二是加强宣传力度，营造良好氛围。各镇街不仅充分发挥QQ群、微信群、户外电子显示屏、宣传橱窗（栏）等媒介的作用，对活动及志愿者先进事迹大力进行宣传推广，还组织巡回宣讲，进一步推进"回天好人"事迹进社区，进农村，进非公企业，进驻区单位，为形成"人人学做好人、人人争当先进"的良好舆论氛围助力。

3."慰问最美志愿者,送鲜花进基层"活动

2020年,回天地区在全力抗击新型冠状病毒肺炎疫情的斗争中,中共北京市昌平区委和政府宏观调控,一线人员冲锋陷阵,还有一群无私奉献的人,他们就是社区志愿者。疫情期间,这群可爱可敬的志愿者始终坚守在社区抗疫的第一道关卡,守护社区的平安。在疫情进入常态化防控以后,他们又立即投身到社区各项志愿服务活动中,为社区的美丽和谐做贡献。

2020年11月,为了增强志愿者团队的凝聚力,表达对其倾情奉献的感谢,在昌平区总工会的支持下,天北街道总工会举办了"慰问最美志愿者,送鲜花进基层"——花艺培训系列活动。在活动中,志愿者和单位职工暂时放下忙碌的工作,走进社区活动室,于插花体验中感受美、欣赏美。通过诸如此类的集体活动,社区志愿者不仅放松了身心,缓解了压力,加强了沟通和理解,也增强了整体凝聚力和向心力。而这些活动也发挥了活动的情感激励作用。

(二)经验总结

完善社区志愿服务激励机制,我们不仅要解放思想、开拓创新,也要对成功的案例进行深入分析和梳理,将其凝练提升为具有广泛适用性、普遍指导性、高度可行性的典型经验。通过对回天地区志愿服务激励成功案例的分析与梳理,笔者总结出了5条经验。

1. 建立多元主体参与的激励体系

社区志愿服务激励机制要想繁荣发展，仅仅靠社区自身是不够的，必须有社会各界广泛参与，即：党委带头引领，志愿服务组织协同跟进，社会企业积极融入，志愿者广泛参与。首先，要充分发挥社区党组织的力量，以社区党建为引领，以志愿服务为载体，推动社区志愿服务激励的权威性和制度性激励。其次，要积极推动志愿服务组织的人才队伍建设，通过学习身边优秀典型，以及"请进来、走出去"的培训方式，培养更多优质志愿者，从而增强其活动参与的信心和决心，促进志愿服务的活动激励和精神激励。再次，要发挥广大社会企业的作用，不断拓宽筹资渠道，加强志愿服务的物质激励。

2. 健全宣传激励机制

一方面，社区要创新宣传方式，充分利用微信、微博、"志愿北京"平台、志愿者协会网、社区网等媒介广泛宣传志愿服务活动。与此同时，社区通过举办唱志愿歌曲、读经典案例、听志愿故事、谈志愿体会等活动，让志愿者在活动过程中自觉感悟志愿服务精神，从而主动加入志愿服务活动。另一方面，社区要树立先进典型，打造志愿服务品牌，通过宣传优秀志愿者、志愿工作者和志愿服务组织的先进事迹，广泛树立优秀志愿者典型形象，用榜样的力量激发志愿者的志愿斗志，从而激励更多志愿者加入社区志愿服务活动。

3. 加强精神激励

社区应通过口头夸赞、公开表扬和颁发荣誉证书等方式及时肯定和赞扬志愿者，使其保持连续积极的心理影响，获得心理上的满足，从而更加自觉地践行志愿服务精神，参与社区志愿服务活动。同时，社区也应注重对志愿者群体的情感关怀，积极开展针对志愿者的特色活动，如联欢会、读书分享会、趣味运动会、茶艺插花会等，以促进社区志愿者之间相互了解与交流，激励越来越多的志愿者参与其中。

4. 注重全过程激励

传统的激励方式将精力主要聚焦于事后激励，而对于事前、事中的激励则较为轻视，从而造成激励环节的脱节断层，并最终影响志愿服务的持续稳定发展。为了社区志愿服务的长久向好发展，社区对志愿者群体的激励，应贯穿志愿服务活动的全程，即：活动前宣传动员、活动中言语鼓励、活动后总结表彰，从而促使志愿者全方位、全过程参与志愿服务活动。

5. 提高供给能力，满足志愿者需求

根据马斯洛需求层次理论，不同志愿者的需求是不一样的，针对志愿者的不同需求，社区不仅要鼓励志愿者积极表达自身诉求，及时反映身边事，以及对社区志愿服务发展的建议，也要充分利用各种信息收集平台，如公众号评论、帖吧跟帖、论坛留言、问卷调研等，深入挖掘志愿者的真实需求，提高满足志愿者

需求的能力，并不断满足志愿者需求，最终实现志愿服务需求与供给的双向互动，推动社区志愿服务事业繁荣发展。

三、回天地区志愿服务激励机制存在的主要问题

（一）激励形式不全面

1. 激励机制的形式宏观不全面

激励机制的形式主要有三种：一是荣誉激励，二是物质激励，三是政策性激励。激励机制形式宏观不全面是指社区缺乏某一个激励机制形式，但这个激励机制形式是志愿者群体需要的。

为了解社区志愿者对激励机制形式的真实需求，课题组对回天地区的420名志愿者的激励期望进行了调查。课题组经过分析发现，尽管有55.02%志愿者表示志愿服务不需要激励，但仍有44.98%的志愿者期望得到不同类型的激励。其中，荣誉激励是目前期望最高的激励类型，占比为14.56%；其次是政策性优待，占比为14.41%；再次是物质激励期望，占比为12.23%（见图6-1）。

在对社区激励机制形式的实际调研中，课题组发现，目前回天地区给志愿者提供的激励机制形式主要集中在荣誉激励与物质激励方面，而政策性激励机制形式相对欠缺。如：社区提供的志愿时间证明、优秀志愿者证书等并未对志愿者的生活带来实际好处等。这就说明当前回天地区提供的志愿服务激励机制形式与

志愿者实际需求不完全匹配，即：回天地区的激励机制形式不全面。

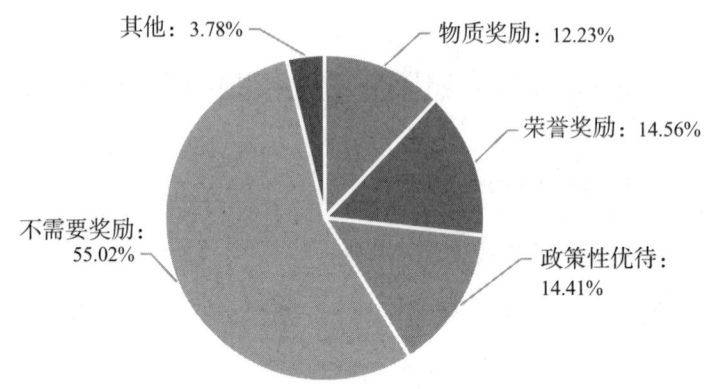

图6-1　志愿者激励期望

2. 激励机制形式的具体内容不全面

据调查结果显示，荣誉激励主要以志愿服务组织负责人与志愿服务对象的表扬感谢为主，占比为54.73%；而荣誉证书或荣誉称号授予则较少，仅占比12.89%（见图6-2）。此外，通过对社区工作人员的访谈，课题组发现，回天地区虽然会授予志愿者荣誉证书或荣誉称号，但是每年每个街道拥有的具体荣誉数量是有指标安排的，很难使注重荣誉激励的志愿者公平地获得荣誉。这对于那些注重荣誉激励的志愿者来讲是不利的。在物质激励方面，回天地区主要以发放纪念品为主，占比为45.56%；而物质报酬则较少，占比仅为5.73%。在随后对社区工作人员的访谈中，课题组发现物质激励存在活动款项到账迟滞、实物奖励形式单一、无志愿者领取奖励等问题。志愿服务注重公益性，但这并不代表不需要回报。相反地，如果社区志愿服务能够提供平均水平的基本物质保障，不仅可以保持志愿服务活动本身的自愿性与持续性，也可以防止高物质奖励下的偏差与志愿服务活动的变质。

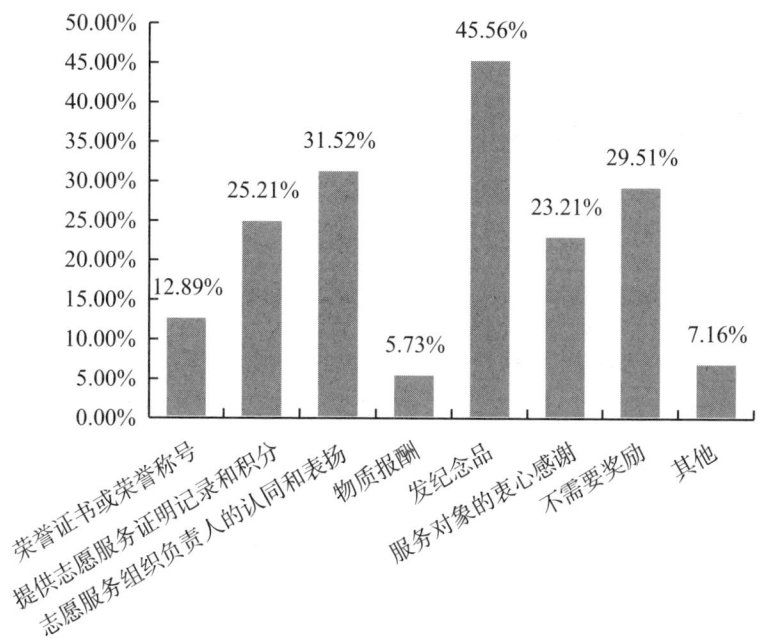

图6-2 激励形式的具体措施

（二）激励定位不准确

激励作为扩充志愿服务队伍、推动社区志愿服务发展的重要动力，其定位能力的精准程度将直接影响志愿服务的发展情况。从课题组的调研结果来看，回天地区对激励机制的定位存在一些问题。

1. 激励对象定位不准确

通过对回天地区的420名志愿者的调查问卷分析，课题组发现，回天地区社区志愿者以中老年人为主，45岁以上的志愿者人数占比接近60%。而有些激励措施对中老年群体来说不是特别适用。例如：在社区志愿服务活动的信息激励上，社区更倾向于通过新媒体进行，但中老年人一般更倾向于报纸、电视、广播等传统媒体，对新媒体不热衷；在激励形式上，随着年龄与阅历的增加，中老年群体对物质的欲望降低，转而追求更高层次的精神财富和社会认同感，他们更倾向于荣誉激励，而非物质激励。另外，志愿服务组织在对志愿者表彰的过程中，选取的奖励对象以有卓越贡献的优秀志愿者为主，而那些贡献不突出而参与较为积极的志愿者则往往不受重视，这与大多数志愿者的期望是不相符的。

2. 志愿者参与志愿服务的动机定位不准确

根据马斯洛的需求理论，以及相关学者对志愿服务动机的研究，可以将社区志愿者从事社区志愿服务的动机归结为组织动员、无私奉献、自我成长、自我实现和自我愉悦。但在志愿服务过程中，社区往往只看到志愿者乐于奉献与组织动员的利他动机，而忽视其他三种动机。根据调查数据可以看出，志愿者的服务动机除了利他动机，也有利己动机，如增加个人阅历（占比为36.25%）、拓展人脉、扩大朋友圈（占比为25.57%）、增加社会责任感、实现自我价值（占比为78.32%）等（见图6-3）。

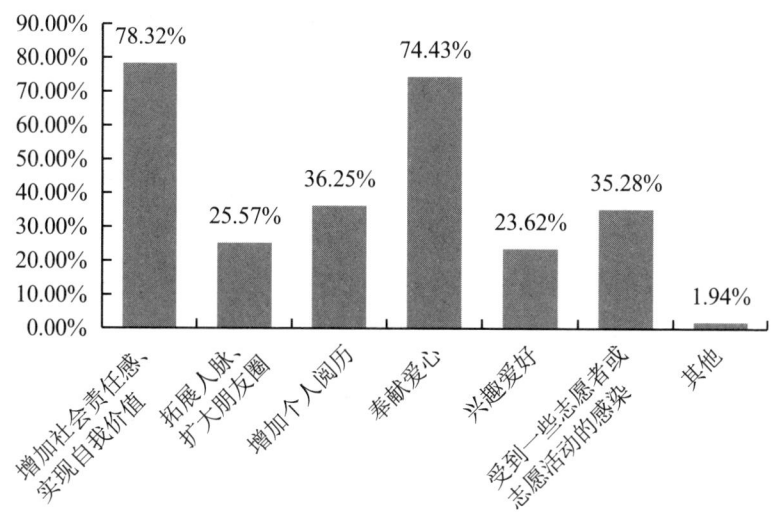

图6-3 参与志愿活动动机比例

(三) 激励过程不完整

社区志愿服务激励过程的完整性是社区志愿服务能否全面持久发展的重要环节。在实际调查中，课题组发现，回天地区的激励过程存在断层的现象。一方面，志愿服务活动的激励过程不完整。志愿服务活动通常包括活动前、活动中、活动后三个阶段。同样，激励也应该广泛存在于志愿服务活动的全程。但是回天地区对于志愿者的激励基本上都是在志愿服务结束之后，缺乏实时激励和全过程激励，即：缺乏活动前的动员激励，活动中的精神和言语激励，以及活动后的反思总结，从而造成了激励过程的部分缺失与脱节。另一方面，志愿服务组织对志愿者成长过程激励不完整。志愿服务组织对于志愿者的激励应该从志愿者加入志愿服务队伍之前开始，贯穿实现组织目标和志愿者成长目标的全过程。也就是说，从志愿者加入志愿服务组织之前的宣传激励到志愿者加入组织后的沟通交流、岗位提供和成果评价，志愿服务组织都要参与，以实现其对志愿者的全方位、全过程的管理与激励。

（四）激励认识不到位

思想是行动的先导，认识是行动的动力。同样，对社区志愿服务的激励而言，激励认知便是其先导和动力，推动着激励制度的发展。通过对回天地区的实地调研，课题组发现，志愿者、志愿服务组织、大众传媒对于志愿服务激励的认知还停留在相对浅显的阶段，具体表现为以下三点：

1. 志愿者对于激励机制的认识不到位

受"但行好事莫问前程""志愿服务就是无偿提供服务"等思想影响，一些志愿者认为志愿服务就是一种不求回报的奉献行为，不应受到其他社会因素的干预与约束。同时，他们认为实物奖励、优先升职等激励措施会使社区志愿服务趋于物质化和功利化，背离志愿服务的初衷，造成不好的社会影响。长此以往，志愿者便会形成社区志愿服务不求回报，而不须采取任何激励措施的片面认识。

2. 志愿服务组织对于激励的认识不到位

在崇高志愿服务精神的指导下，志愿服务组织往往会对志愿者提出超出正常标准的道德要求，即：一味地追求奉献与付出，忽略志愿者作为社会人、理性经济人所需的"回报"，从而挫伤志愿者的积极性，阻碍社区志愿服务事业的发展。另外，志愿服务组织往往会忽视社区志愿者的偏好，自行决定激励措施，从而无法满足志愿者的实际需求，使得激励需求与供给出现偏差。

3. 大众媒体对于激励机制的认识不到位

从当前对志愿服务精神、社区志愿服务激励的报道来看，广大媒体对志愿服务激励的认识是存在一定偏差的。如：报道主要集中于最有知名度的激励事例，过分强调精神激励的作用，导致公众对社区志愿服务激励的重视程度不够，造成志愿服务激励措施创新动力不足。

（五）激励体系不完备

完备的激励体系，可以有效推动社区志愿服务的发展。经课题组调研发现，回天地区的志愿服务激励机制发挥了一定的作用，但仍存在诸多问题。

1. 志愿服务储蓄转换不顺畅

回天地区已经出台相关规定，要求利用"志愿服务转换""志愿合作互助服务""志愿服务时间储蓄银行"等方式，将志愿服务提供与志愿服务优先享受结合起来，但是在推行的过程中仍然存在志愿服务时长无法储蓄或者储蓄失误、时长无法兑换、兑换形式单一、积分兑换超出指定区域便无法兑换等问题。

2. 志愿者利益保障不完善

志愿服务不以获得具体报酬为目的，但志愿服务组织也应顾及志愿者群体在志愿服务提供过程中的正当需求。当前，回天地区组织的志愿服务大部分缺少对志愿者自身的利益保障，如提供意外保险，报销交通费、餐饮费等。

3. 志愿者自我激励不到位

回天地区在对社区志愿服务进行激励时，往往更注重外在激励，而忽视志愿者内在激励，如自我价值、自我成长发展、自我愉悦等激励。

4. 志愿服务激励经费不充足

课题组调研发现，目前的政策文件都提出要对志愿服务进行经费补贴与保障，但是对补贴对象、流程、具体标准等没有明确规定。

四、健全社区志愿服务激励机制的对策建议

（一）强化政府激励

1. 健全激励法律体系

健全激励法律体系，是推动社区志愿服务激励机制走向标准化、正规化、体系化的根本保障。只有从法律上对社区志愿服务激励的各个方面进行明确界定，才能从根本上解决社区志愿服务激励发展中具有全局性、稳定性和长期性的问题，从而激励更多

志愿者加入社区志愿服务行列。此外，制度具有激励和约束两方面的作用，制定时要注重度的把握，不要过于细化与严格化，而只须用基本性、原则性的制度规定志愿服务各方主体的责任、义务与底线。

经实际调查，调研组发现，我国社区志愿服务激励机制仍然处于早期发展阶段，目前没有一套系统的综合性法律法规对社区志愿服务进行规范化管理，更没有专门针对社区志愿服务激励机制的法律法规。此外，对于社区志愿服务激励活动开展过程中出现的诸多问题，现有法律法规无法做出详细解释与说明。因此，完善社区志愿服务激励法律体系，对于持续激发志愿者参与服务的热情至关重要。具体而言，可以从以下两方面进行完善：第一，尽快出台全国性法律法规，明确社区志愿服务激励机制在社区志愿服务发展中的法律地位，厘清志愿者、志愿服务组织和第三方之间的法律责任与权利义务关系，保障各方在志愿服务过程中的正当权益。第二，强化相关法律法规在激励社区志愿服务方面的作用，进一步推动社区志愿服务事业的发展。例如：加大各项优惠性激励政策的力度，提高公众在升学、升职等方面的志愿服务时长要求；通过减免税收的方式鼓励社会企业向志愿服务组织捐款，拓宽社区志愿服务的资金筹措渠道。

2.健全社区志愿服务激励经费筹措渠道

社区要正常开展激励活动，离不开经费的支持与保障。从对回天地区的调查结果来看，社区志愿服务活动的筹资渠道较为单一，它们的大部分经费来源都是财政拨款，其他经费来源几乎可以忽略不计。这种局面的存在已经严重制约了社区志愿服务激励活动的开展，志愿服务组织必须拓宽社区志愿服务的经费筹措渠道。首先，各级政府机构可以采用编制专项财政预算、拨用专款、购买服务等方式，加大对社区志愿服务激励活动的经费支持和财政补贴力度，满足志愿服务组织为志愿者购买实物奖品、发放报酬、缴纳安全保险等资金支出的要求。其次，各基金会可通过设立志愿服务激励专项基金、开展特定志愿服务激励项目等方式拓宽资金筹集渠道。与此同时，鼓励社会爱心企业和团体慷慨解囊，为志愿服务激励项目的开展提供资金援助，从而推动社区志愿服务激励机制的正常运转。最后，社区志愿服务组织自身应主动作为，提质增效，不断提高资金筹集能力，为解决社区志愿服务激励的资金缺口出一份力。

3. 健全社区志愿服务激励文化

我国社区志愿服务组织起步晚、发展慢，不论弘扬志愿服务精神还是发展志愿服务文化，都存在一定的滞后性，再加上未能进行广泛宣传与普及，公众对社区志愿服务的认识仍停留在比较浅显的层面。因此，社区要不断健全志愿服务精神与理念宣传机制，积极培育和弘扬社区志愿服务激励文化，以激励更多志愿者加入。

第一，丰富宣传主体。回天地区应切实发挥主流媒体、民政系统所属媒体、新闻慈善促进会、社区居委会等主体的作用，加大志愿服务精神与理念宣传，为社区志愿服务发展营造良好的文化激励环境。

第二，创新宣传方式。除了传统的拉条幅、发宣传单、张贴爱心海报等激励宣传方式外，回天地区也应积极拓展新的激励宣传方式，如媒体专访、新闻通稿、图文解读、交流专栏、微视频等，从而使志愿服务激励机制真正成为居民生活中容易触及又乐于参与的一部分。

第三，挖掘宣传内容。首先，与媒体合作。通过开设专栏、专题等方式，对优秀志愿者、志愿工作者、志愿服务组织具有感召力和故事性的素材进行全面宣传，以广泛树立志愿者先进典型，不断提高社会各界对社区志愿服务的认同度。事实上，现实中就有相当一部分志愿者是受志愿模范人物事迹激励而加入志愿者队伍的，比如"五星志愿者"的精神和事迹就激励了一大批人。其次，加大对志愿服务活动本身价值与志愿者自我价值提升的宣传，以激励更多志愿者加入。

第四，畅通志愿服务激励诉求表达与反馈渠道。回天地区应充分利用各种沟通联系平台。如："志愿北京"、志愿者协会、回龙观社区网、天通苑社区网等，鼓励居民通过公众号评论、帖吧跟帖、论坛留言、微博私信等方式，表达对志愿服务激励的建议和意见。回龙观社区网、区委宣传部网管办与街道办每周统一收集居民诉求，形成反馈意见，并向网友回复问题处理结果，最终实现志愿服务激励需求与供给的双向互动，激励更多志愿者加入社区志愿服务组织。

（二）加强社会激励

1. 加强社会荣誉激励

社会荣誉激励作为一种重要的激励手段，可以通过营造某种舆论氛围，实现组织对个体或群体的肯定评价，从而达到有效激励志愿者的目的。社区和其他主管部门加强社会荣誉激励，及时肯定志愿者和志愿服务组织的成绩，对激发志愿者的工作积极性有着极为重要的作用。

第一，保证评选标准的公平。荣誉性激励的授予，需要基于一个清晰合理且被个体普遍认同的逻辑。因此，各组织机构在评选获得志愿服务荣誉称号的人员时，要始终秉持公平、公正、公开、透明的原则，严格把关，实事求是，充分发挥社会荣誉激励的作用，鼓舞更多志愿者参与社区志愿服务。

第二，注重仪式感的设计。各单位在对志愿服务组织和志愿者个人社会荣誉进行激励时，一定要注重仪式感的设计，以强化志愿者群体的价值感和自豪感，如设定正式的授予程序，颁发特制证书徽章，规范与会者着装，邀请荣誉称号获得者的亲朋好友到场见证，等等。

第三，加大表彰奖励的力度。各组织要深入挖掘医疗、教育、环保等领域的志愿者典型，以扩大志愿服务的表彰奖励范围，激励更多志愿者参与志愿服务活动。此外，各机构也可以通过增加表彰频次的方式来肯定志愿者的付出与贡献，提升激励效果，如将一年一次的表彰改为半年一次、一季度一次等。

2. 加强社会回馈激励

在志愿服务激励的发展实践中，社区应动员社会各方面的力量，对积极参加志愿活动的志愿者进行各种各样的回馈激励，更好地激发志愿者热情，使之积极踊跃地加入志愿服务行列。

第一，生活回馈。民政、教育、医疗、环保、司法等单位（行业）应积极采取各种回馈措施，在公共交通、文体活动、参观游览、教育培训、医疗保健、法律咨询等领域，以及水、电、气、网、通信服务等方面，给予优秀志愿者优惠、优待，减免一定费用。如：各企业联合起来建立爱心回馈联盟，为优秀志愿者提供衣食住行优惠；医疗部门为优秀志愿者酌情安排免费体检；司法部门为优秀志愿者和志愿服务组织提供免费法律咨询、援助等。

第二，助学回馈。学校可以将学生参与志愿服务的情况记入学生成长记录和综合素质评价，甚至纳入升学、评优评奖体系和实践学分管理，以激发志愿者参与志愿服务活动的热情。

第三，就业回馈。政府、企事业单位和其他组织招录招聘及评先评优时，应将人员从事志愿服务的情况作为重要参考内容，甚至同等条件下优先录用志愿服务记录良好的志愿者。

3. 加强利益保障激励

志愿服务不以获得报酬为目的，但我们也应考虑志愿者在参与志愿服务过程中的正当需求，加强基本利益保障，解除他们的后顾之忧。

第一，安全保障。在参与志愿服务活动的过程中，志愿者有时会面临诸如人身意外伤害、罹患疾病、财产受损等意想不到的情况。因此，志愿服务活动组织者应以保护志愿者的生命、财产安全为基本前提，并为其提供相应的风险解决渠道，以保障其合法权益不受损害。例如：志愿服务组织在志愿服务过程中提供基本的医疗保障，鼓励志愿服务活动组织者、保险企业为志愿者提供人身意外保险、财产保险、损害保险等。

第二，物质保障。社区志愿服务活动的开展，应尽量满足志愿者基本的物质需求，解除其后顾之忧，从而使志愿者全身心参与志愿服务，获得更好的体验感。如：在志愿服务工作结束后，适当给予奖金、纪念品、生活用品、交通费补贴等奖励，有效鼓舞志愿者，吸引更多人投身社区志愿服务事业。

第三，场地保障。志愿服务活动场地的有无、多少、大小是影响志愿服务能否顺利开展的重要因素。经实地调查研究，课题组发现，回天地区能用于志愿服务活动开展的场地极为有限，存在场地需求与供给不匹配的情况。因此，拓展社区志愿服务活动空间，加强活动场地保障就变得十分重要。一方面，可以通过开源手段，申请新的场地空间；另一方面，可以通过激活碎片化的社区闲置空间，让社区志愿服务活动承载更多优质内容与生活方式。如：针对回天地区废弃锅炉房、地下室、社区口袋公园、居民活动中心、小型空置房间、社区户外运动场地等公共空间进行资源整合、改造等。

第四，诉求表达保障。社区应采取各种方式保障志愿服务诉求与反馈渠道畅通。如：设立意见箱、社区留言板、搭建网络交流平台等，确保志愿者能够及时表达自身对社区志愿服务利益保障的意见和建议。

4. 加强情感归属激励

为了增强志愿者在志愿服务活动中的情感归属，活动组织者应加强对志愿者的情感管理与激励，注重感情的投入与交流。首先，注重理解。相关部门及工作人员在指导志愿服务活动过程中，对待志愿者应多一些关心，多一些理解，尽可能采取各种方式肯定志愿者的付出和成就，让志愿者充分感受到来自组织的认可和关怀。其次，注重表扬。完整的志愿服务活动分为活动前、活动中、活动后三个阶段。与此同时，表扬也应尽可能贯穿全程，这样才能将表扬对于志愿者激励的作用发挥到极致。比如：在活动前，组织者可以通过岗前培训等方式，向志愿者阐述开展此次志愿服务的目的与意义，对大家进行言语激励与广泛动员；在活动中，志愿活动组织者要合理安排巡岗，对表现优秀的志愿者进行口头称赞表扬；在活动结束后，相关部门与组织可召开总结与表彰大会，及时肯定大家的辛勤努力与付出，并对表现出色的志愿者进行感谢和表扬。只有始终秉持时时用心、处处留心的志愿服务理念，才能让志愿者真真切切地感受到组织的关怀与温暖。最后，强化组织关注。社区和志愿服务组织要积极开展针对志愿者的特色活动，如读书分享会、趣味运动会、新春游园会、春游野餐等，让志愿者相互熟悉，加深了解，增进感情，提高志愿者的心理归属感，确保志愿服务激励持续长久。

（三）创新内部激励

1. 创新内部培训激励

培训作为吸引广大志愿者参与志愿服务的重要影响因素之一，不仅可以满足其传递爱心、奉献社会的需求，还可以使他们通过培训实现自我成长与自我提升，从而激励更多人参与志愿服务。因此，志愿服务组织要创新对组织内部志愿者和工作人员的培训，充分发挥培训的激励作用。

为了更好发挥培训对于志愿者的激励作用，志愿服务组织应当正视志愿者参与志愿服务的内在动机与个人发展的需求。首先，确定培训目标。志愿服务组织应根据自身发展愿景与志愿者自我成长与发展需求，确定志愿服务培训的总体目标，根据不同服务主题、不同服务对象，细化每次培训的具体目标，突出培训重点。其次，创新培训方式。除了传统的理论学习，志愿服务组织应积极开辟线上学习通道，如远程培训、直播培训等，满足无法到现场参与培训的志愿者的需求。最后，创新培训内容。志愿服务组织应通过开设不同类型、不同内容的课程，加强对志愿者的志愿服务精神、志愿服务基本技能等的培训。

2. 创新内部竞争激励

组织内部竞争激励是内部激励机制中的一种非常有效的方法。合理的竞争激励可以有效激发志愿者参与志愿服务的热情，提高志愿服务效率。据实地调查，回天地区目前没有形成一套统一的衡量标准和竞争激励机制,而这直接或间接引发了一些不利于社区志愿服务激励机制健康发展的问题,例如部分工作人员缺乏创新精神、遇事推诿、消极怠工等。因此,回天地区应该创新出台一套合理的竞争激励机制,以充分调动志愿者和组织内部工作人员的工作积极性。一方面,通过正面嘉奖评优,肯定志愿服务人员的贡献与付出,给予表现优秀者一定的物质奖励和精神奖励,如公开表扬、调岗提拔、组织推荐等;另一方面,应采取相应的负激励措施,对考核不达标或不能胜任志愿服务工作的志愿者,调离服务岗或撤销其获得的荣誉称号等。此外,志愿服务组织也应加强竞争监管,对考核过程中被考核者提供的数据和资料进行多级审核与动态监管,保证考核公平公正,促进组织内部良性竞争,最终推动社区志愿服务繁荣发展。

3. 创新内部绩效激励

运用科学规范的方法和程序,制定合理的志愿者工作考评标准,不仅可以提高志愿服务工作的效率,还可以激发广大志愿者的参与热情,筛选出更多干劲十足的优秀志愿服务组织和志愿者。创新组织内部绩效激励可以从以下几个方面入手:第一,制定科学合理规范的志愿服务绩效考评制度,对志愿服务项目的效果和志愿者的绩效信息,如业绩、成就、实际作为等,进行收集与整合,做出客观公正的绩效评价。第二,发挥社区志愿者自身的主动性。以往对志愿者服务的评估都是把志愿者排除在评估过程外,他们作为被评估主体,只能被动等待评估结果,从来没有真正参与其中。因此,组织要充分发挥志愿者的能动性,主动将其吸纳到评估过程，让他们实时发表意见，从而提升绩效激励的效果。第三，组织要实时关注绩效考核的结果，做好跟踪与动态监测反馈，及时调整考核标准中与实际情况相悖的条款，从而避免考核过于严苛，挫伤志愿者参与志愿服务的积极性。

（四）完善自我激励

激励机制主要来自志愿者自身之外，是政府、企业、志愿服务组织等提供的激励，重在满足志愿者被他人尊重和认可的需要，并为志愿者提供一定的保障，从而激励更多志愿者加入志愿服务活动，提升活动的整体参与度。研究表明，来自志愿者自身的内部激励才是影响社区志愿服务的关键。也就是说，外部激励必须通过自我激励起作用，自我激励与外部激励同样重要。

1. 完善自我价值激励

志愿者通过全身心投入社区志愿服务，不仅身体力行地诠释志愿服务精神，实现自我人生价值的提升，还在服务过程中潜移默化地感染服务对象，增强公众对所居住社区的归属感和幸福感。完善志愿者自我价值激励，最重要的是促使志愿者不断加深对社区志愿服务意义的理解与认识，这不仅需要政府、社会、组织等多方力量的努力，更需要志愿者个人自我发现、自我领悟、自我激励。一方面，志愿者在参与志愿服务活动时，要敢于肯定自身的价值与作用，善于发现助人为乐的行为带给他人的愉悦和便利，不断增强自身获得感和成就感，激励自我再接再厉，提供更高水准的志愿服务；另一方面，志愿者个人要认真思考与对待亲身参加的社区志愿服务，要积极主动地挖掘服务对象的真实需求，通过为其提供切实帮助，促进自身价值认知的觉醒，为社会做好事的同时提升人生价值。

2. 完善自我发展激励

社区在推行志愿服务的过程中，除了强调志愿服务的公益性与无偿性外，也应注重志愿者群体的自我发展与成长，不断提升志愿者的志愿服务能力，激励更多志愿者加入社区志愿服务队伍。一方面，要注重精神境界的提升。广大志愿者通过参与社区志愿服务，不仅可以帮助他人，回馈社会，还可以陶冶情操，提高人生境界，塑造坚强的意志，增强对国家、社会、社区、他人的责任感，使公众逐渐养成遵守社会公德、职业道德和关心公益事业的文明习惯，最终提升公民的整体素质。另一方面，要加强能力素质的提升。志愿者应该深入参与志愿服务活动的每一个环节，包括活动初期的参与实践、活动中期的策划与组织、活动后期新人的指导与培训，不断提高自身的社会交际能力、组织协调能力，以及应对矛盾和解决问题的能力，为今后的工作生活提供有益借鉴。

3. 完善自我愉悦激励

志愿者愿意投身并持续参与社区志愿服务，不仅为了传递爱心、奉献社会，也为了获得快乐与幸福。因此，要让志愿者长期参加志愿服务，除了用责任、价值、奉献等激励他们外，还要实施快乐激励机制，使他们不仅能在服务中获得快乐，还能将志愿服务的经历转化为丰富人生、调剂生活的快乐因素,从而获得愉悦的体验和收获。实施快乐激励机制。一是构建平等相待、互相尊重的志愿服务关系,让志愿者和服务对象感受到彼此的真诚和心意,这是快乐激励机制中非常重要的一部分。二是活动组织者对志愿者表示关心和感谢,让志愿者切实感受到自己受到了认可与肯定,从而产生持续的快乐和满足感。三是积极开展针对志愿者的团建活动,促进社区志愿者之间的相互了解与交流,加强志愿者在组织内部的情感归属。例如:通过联欢会、读书分享会、趣味运动会、茶艺茶话会等,不断加深志愿者在志愿服务活动中的友谊与合作,推动社区志愿服务的繁荣发展。

第七章　社区志愿服务参与社区治理的模式创新

一、社区志愿服务参与社区治理的主要模式

（一）政府推动参与模式

1. 政府推动参与模式的内涵

政府主导了社区志愿服务组织的设立、发展与壮大，社区志愿服务组织"只有经过严格的制度嵌入才能成为合乎体制要求的组织形式，严格的门槛限制和登记许可都体现了政府试图将其纳入党政控制体系和服务体系"[①]。基于这一理念，社区志愿服务组织在体制内产生，并作为一种新的组织存在于政府主管范围内。

[①] 王名.关于中国NGO发展的总体看法和政策建议[C]//中国（海南）改革发展研究所.民间组织发展与建设和谐社会.北京：中国经济出版社，2016：296.

2. 政府推动参与模式的特点

政府在推动社区志愿服务事业中扮演着重要角色。以社区志愿服务组织作为管理的具体对象，设立专门的部门和人员进行管理，为社区志愿服务组织提供良好的环境，政府成为社区志愿服务蓬勃发展的坚强后盾。政府推动参与模式主要有以下特点：

第一，政府主动推动。政府主动推动的社区志愿服务组织参与模式分为自上而下型和自下而上型。自上而下型社区志愿服务组织的负责人均为政府工作人员，民政部门为其登记管理机构，它们开展的社区志愿服务活动范围广，也最容易被人们接受。自下而上型社区志愿服务组织从属民政系统，由民政部门主管，它们以街道为主体，以居委会为依托，建立了城市、区、街道和居委会的社区志愿服务指导委员会、社区志愿者协会等，主要开展社区志愿服务活动。

第二，管理方式为宏观管理。政府部门一般不直接参与社区的社会组织的运营，而是通过建立有效的管理机制，宏观管理社区志愿服务组织，为社区志愿服务组织提供人力保障。另外，政府还为志愿服务组织提供硬件设备、场地、财力等资源。

第三，政府投入占比较大。社区志愿服务组织参与志愿服务活动的资金主要来自政府拨款、政府购买公共服务等。

（二）邻里守望参与模式

1. 邻里守望参与模式的内涵

邻里守望参与模式是指社区居民渴望友善、熟人相帮、爱心奉献的助人、自助模式。具体而言，它主要是指社区志愿服务组织立足于社区，满足身边的志愿服务需求，参与社区志愿服务活动，营造邻里互助友爱的和谐氛围，让社区志愿服务融入生活。

2. 邻里守望参与模式的特点

邻里守望参与模式是社区志愿服务组织参与的模式之一。该模式强调社区内的全体成员积极参与社区各项事务管理，改善社区邻里关系冷漠，增强社区内居民的凝聚力与归属感，建设和谐美好的社区。邻里守望参与模式主要有三个特点。

第一，社区志愿服务组织管理和服务的对象都是社区本身。社区志愿服务组织的登记机关和管理机关是政府部门，但政府部门的作用是监督，社区志愿服务组织采用的邻里守望参与模式以社区为主，管理和服务的对象都是社区本身，形成互惠、信任、合作的规范。

第二，注重人与人之间的感情。邻里守望参与模式以社区各种关系为载体，承载着充满人情味儿的邻里关系，强调邻里之间的频繁互动、相互关照、相互帮助和相互影响。

第三，以就近为原则。邻里守望参与模式以身边的事为主，不需要太多的空间和时间。

（三）"三社联动"参与模式

1. "三社联动"参与模式的内涵

"三社联动"参与模式是指通过政府购买社会工作服务的形

式，以社会组织为载体，社区作为平台，专业的社会工作者作为人才支撑，创新社区管理机制，发挥社区干部的主观能动性，调动社区居民和社会工作者积极参与，整合社区的志愿者和各种社会力量，利用专业社工的工作方法把矛盾在基层社区化解，实现社区服务供给多元化。这是一种新的社区志愿服务参与模式。

2. "三社联动"参与模式的特点

第一，合作是基础。"三社联动"参与模式具有合作治理的特征，"三社"之间相互合作，彼此信任，把对满足居民的需求作为共同的使命，构建多元主体的合作网络，以平等互惠的原则，进而实现协同行动。

第二，各自角色位置互通有无。社区居委会、社会组织的资源禀赋、组织能力和服务能力各有千秋。在服务社区居民的过程中，它们要充分发挥自身的作用，还要兼顾其他主体，通过有机结合促进社区志愿服务组织参与。

二、回天地区志愿服务参与社区治理的模式创新

回天地区三年志愿服务行动计划启动后，团区委不断深化"党建带团建促社建"，充分发挥枢纽型社会组织的作用和资源整合的优势，在回天地区推出了"回天有我 志愿先行"系列志愿服务活动，探索社区志愿服务的创新模式，在试错、调整、发展中不断完善新模式，为回天地区志愿服务发展贡献成功经验。梳

理回天地区志愿服务参与社区治理现状，总结其行业特色、地区特色，展望其未来增长点，有利于回天地区志愿服务事业向精细化方向发展，也为其他社区志愿服务参与社区治理提供有益借鉴和启示。

（一）组织参与模式创新

建立志愿服务组织网，充分发挥各类枢纽型志愿服务组织的动员优势。为了促进回天地区治理模式创新，昌平区将社区现存的志愿服务组织全部整合起来，形成工作合力。

第一，以团为单位。昌平区于2018年成立昌平区志愿服务联合会，吸纳回天地区活跃的志愿服务团体作为会员单位，加强日常联系和工作指导。依托回天地区志愿者协会、天通苑志愿者协会、回龙观社会组织发展服务中心，辐射带动更多活跃的志愿服务组织、社会组织和个人，向联合会靠拢。同时，昌平区组建了4支专业志愿服务队。

第二，以地域为单位。以社区（村）为单位，成立了回天地区"八大员"志愿服务队。依托党员、团员、中学生回社区报到机制，社区居委会吸纳在职党员、团员、高校学生、中学生、社区居民、社会组织成员、社会企业成员、专家、学者等使之成为注册志愿者。

第三，以个人为单位。依托"志愿昌平"微信公众号，实现志愿者注册、招募、供需对接、培训指导、服务记录、查询信息、展示交流等功能，志愿者个人可以通过"寻找项目"平台加入某个团体,参与某个服务项目。通过微信小程序"回天有我"持续招募领读人专业志愿者、律师专业志愿者、青少年发展专家志愿者等专业志愿服务人士。

(二)居民参与模式创新

为了回天地区志愿服务组织更好地参与社区治理,团组织通过发挥整合资源,将体制内的工作资源、志愿服务组织的服务资源与社区居民的实际服务需求对接起来,形成一个个志愿服务项目,创新出一个体制内与体制内、体制内与体制外、体制外与体制外三环相扣的"三环联动网"。

1. 创新居民服务供需对接

回天地区结合社区内实际情况和切实需求,由昌平区社会组织发展服务中心提供回天地区志愿服务项目清单,为社区提供点单服务。例如:定期举办志愿服务对接"相亲会",为社区提供"量体裁衣"的精准化服务,每周六在"回天有我"社区服务活动中对接昌平区红十字会、邮政银行昌平支行、北京安全芯消防志愿服务队等单位、团体、机构进社区常态化开展志愿服务。招募回天地区110名"快递小哥"为网格员志愿者,充分发挥兴业优势参与城市精细化管理,实现了志愿服务组织与社区居民实际需求的对接。

2. 创新居民与社会组织合作

在持续开展一项涉及某一专业的志愿服务活动过程中,社区牵头将社会组织专业化服务与志愿服务团队专家资源整合起来,实现长期合作机制。例如：在霍营街道龙回苑开展"爱耳日"健康义诊活动中，社区居委会牵头，北京王府中西医结合医院耳聋耳鸣门诊健康医疗志愿服务队在社区进行现场义诊治疗。健康医疗志愿服务队与社区达成了合作意向，定期共同为更多回龙观社区居民进行健康义诊和康复咨询。

3. 创新居民诉求表达与反馈

自"回天有我"社会服务活动启动以来，回天地区充分利用网络的社会影响力，大力开展"志愿服务大比拼活动"，社区居民通过随手拍的方式参与"清洁空气 每周少开一天车""文明交通我带头""垃圾分类我先行""社区是我家 美好靠大家""社区互助 你我共参与"等线上志愿服务活动。同时，网友也通过微信后台留言、跟帖留言、论坛留言等方式，反映身边事，以及对社区建设的意见和建议。通过畅通回龙观社区网与区委宣传部网管办、镇政府问题反映与答复机制，每周形成反馈意见向网友回复问题处理结果，车辆占道、环境整治等问题第一时间被发现并整改。

（三）项目参与模式创新

1. 注重推广优秀项目

回天地区通过项目本身的执行培育出一批有经验的社区志愿者骨干，并在不同社区进行复制。如：回天地区依托社区青年汇开展了29期"回+周末绿跑"，融入跑步捡拾垃圾、礼让斑马线、垃圾分类等创新元素，期期爆满，吸引1300余名青年志愿者及其家庭参与；成立30支绿跑少年行动队，组织500余名少先队员和家长参与"门前三包"督查宣传活动。2019年，回天地区对青年汇的社工进行统一培训，复制经验的同时也激发出新的创意火花，采取"规定动作"与"自选动作"相结合，不断丰富活动成果；紫金家悦服务中心的"幸福社区 悦享你我"项目关注了幼儿家庭教育，社区全职妈妈自发组成"妈妈团"，协助年轻父母解决家庭养育问题，通过"传帮带"经验交流的形式，在多个社区成功推广。学做《回天有我》原创手势舞、教唱《回天有我》原创歌曲成为各项志愿服务活动的热身环节。通过志愿服务活动实现社区覆盖率达100%，参与居民达两万余人，吸引超过10万群众关注、支持、参与回龙观社区治理三年行动提升计划。

2. 发挥项目专业化优势

根据群众切实的需求及社区迫切需要解决的问题，增强志愿服务活动的趣味性和竞争性，简单易操作，发挥各类专业人才参与策划开发志愿服务项目，带动普通群众成为志愿服务的重要参与者。例如：回天地区志愿服务协会的"G+"绿色社区项目里的"G+"健步走邀请了社会企业博西斯顿健康机构将专业的健康运动理念及技能服务于社区居民；"G+"井上添画联合彩色圆点艺术空间将专业的美术设计与绿色社区结合，将优秀项目设计成一个完整成熟的公共服务产品，在社区中完成了156个井上涂鸦作品。这个项目已在多个社区成功推广，提升了社区居民的参与度和满意度。

（四）队伍参与模式创新

为将志愿服务和志愿服务机制落地生根、开花结果，团区委牵头成立了回龙观社区"4+8"模式的志愿服务团队。

首先，"4"即打造4支区级专业化志愿服务队，广泛调动专业力量参与社区治理。这4支专业服务队分别是禁毒志愿服务队、安全防范志愿服务队、金融知识宣讲志愿服务队、医疗健康志愿服务队，它们共同组成了回天地区志愿服务队，每支队伍有两名志愿者为专业培训师，分别来自区内职能部门、社会组织和金融机构，通过社会招募吸纳志愿者成为队员。回天地区志愿服务队运转模式主要是发挥专业人才优势，在社区志愿服务组织中专业培训师作为骨干带头人，以"传帮带"的模式培训社区志愿者来掌握专业知识，再由受到培训的志愿者回到各自小区为社区居民进行全面的知识宣讲和实地演练。通过专业志愿服务队的方式，吸引具有高素质、有技能的专业人才参与到社会志愿服务中来，是对社区治理创新的有益探索和实践。

其次，"8"即每个社区建立一支志愿服务队，内含"八大员"，实现社区志愿服务内容全覆盖。得益于党员、团员"双报到"和区委"五方共建"工作机制，"回天有我"社会服务活动中也涌现了一批经常参与社区治理的在职党员、团员和学生志愿者。回天地区志愿服务队的成立，就是促使"散客成团"，在细分社区内原有志愿者的基础上，用好各级机关企事业单位资源，发挥社区老党员、楼门长、网格员、协管员的骨干作用。根据服务内容分门别类，志愿者分为"八大员"，分别为：文体员志愿者，策划组织开展文体活动；健康员志愿者，对接医疗机构进社区开展义诊和健康知识讲座；帮扶员志愿者，针对特殊群体开展扶危济困；宣传员志愿者，传播正确理念；巡查员志愿者，及时发现隐患，维护社区平安，劝导员志愿者，及时劝导不文明行为；环保员志愿者，开展环境整治，举报污染问题；安全员志愿者，普及安全知识，组织应急演练，力争在服务民生、宣传倡导、维护秩序等社区治理方面，做到志愿服务全覆盖。据统计，回天地区全部建立起"八大员"志愿服务队，号召居民行动起来，争做社区问题的"减压阀"和"清除剂"，持续开展志愿服务工作，新增注册志愿者达7500余名。

三、回天地区志愿服务参与社区治理的成效

（一）参与队伍逐渐壮大

自2018年8月"回天有我"社会服务活动启动以来，社区志愿者与志愿团体数量出现大幅增加。志愿者由2017年的55 314人增至2018年的84 749人，增长率为53.2%，志愿者团体由2017年的175个增加到2018年的1348个，增长率为670.3%。其中，"4+8"志愿服务团队和"八大员"志愿服务队吸纳新增注册志愿者6478名，其中党员有2290名，团员有1701名，社区群众有2487名。此外，回天地区通过微信小程序"回天有我"持续招募领读人专业志愿者、律师专业志愿者、青少年发展专家志愿者等专业志愿

服务人士，志愿者队伍不断扩大。

（二）参与活动日趋丰富

昌平区志愿服务行动开展20年以来，文明之花正在昌平大地竞相怒放。昌平区依托156个志愿服务项目，通过服务项目结对共建、培育孵化、引进合作等，大力整合社区资源。回天地区开展了广泛的服务民生、秩序维护、宣传引导等活动，提供政策解读、政策宣传、居家改造、心理咨询、免费咨询等生活便民志愿服务；通过组织唱红歌、猜灯谜、广场舞、体育比赛等丰富的文化娱乐活动，陶冶居民情操，加强邻里沟通。形式多样的社区志愿服务有效对接了社区居民多样化服务需求。

（三）参与能力不断提升

随着社区问题的复杂化、多元化与不确定性，社区志愿服务参与能力不断受到限制，回天地区出现了资源不足、专业化水平低、治理深度不够等问题，社区志愿服务组织参与社区治理的实践难度不断加大。社区志愿服务组织参与社区治理能够预防和化解社会冲突与矛盾，扩大社区治理的广度，加强社区治理的资金筹措能力、志愿服务的资源整合能力和志愿服务的供需对接能力，营造出和谐稳定的良好氛围，不断提高社区治理能力。此外，回天地区充分发挥志愿服务组织参与社区治理的模式创新，开展高水平的志愿服务，强化社会力量参与社区治理，提升志愿服务组织专业优势，推广优秀项目，加强多元主体参与的贡献度，不断提高社区治理能力。

（四）参与态度更加积极

回天地区志愿服务参与社区治理的模式创新，不仅践行了社会主义核心价值观，还培育了新型邻里关系，不断增强居民参与社区的共同体意识。社区志愿服务参与社区治理的模式创新，完善了资源共治、共建、共享的政策措施，培育了社区居民认同价值体系，这种认同体系形成社区人群的文化维系力，社区居民生活归属感倍增。同时，社区居民的认同感与归属感可以增强志愿者与居民之间的互动，消除志愿者与居民之间的疏离感，增进志愿者与居民之间的信任，邻里之间的关系更加亲密。通过社区志愿服务活动，有效满足社区居民的需求，他们不再向外寻求帮助，增强对志愿服务的信任感。社区居民对其生存环境、人际互动、生活方式等形成了强大的同理心，提高了社区志愿服务参与次数，提高了社区认同感与归属感，构建了社区生活共同体。

四、回天地区志愿服务参与社区治理模式创新存在的问题

随着社区治理进程的加快，社区志愿服务参与社区治理的模式创新也得到了良好发展，志愿者、志愿服务组织的数量和规模不断扩大，社区志愿服务在社区治理中发挥的作用日益凸显。但是，社区志愿服务参与社区治理模式创新也存在一些现实问题需

要解决。

（一）参与体制不健全

1. 创新模式制度化建设滞后

回天地区创新模式尚未形成制度化建设。也就是说，回天地区缺少统一具体的社区志愿服务参与社区治理的保障和监管制度，无法在参与过程中对实际问题进行细化，无法应对可能出现的突发问题。

第一，保障制度缺位。回天地区志愿者参与社区活动的社会保障较少，当志愿者参与活动时遇到客观因素影响时，没有相应的保障制度来保护志愿者。志愿服务活动开展过程中活动主体之间产生矛盾时，也没有相关的社会保障制度来维护他们的权利，参与主体的正当权益得不到保障。加之每次志愿服务结束活动时，志愿者的志愿时长往往得不到有效兑换，这会挫伤志愿者的积极性，也让志愿者得不到相应的社会认可。

第二，监管制度难落实。首先，回天地区志愿服务组织在获得合法身份后基本上就处在"安枕无忧"的状态，后期监管不到位，没有相关的监管制度加以约束。其次，没有完整的规范体系。社区志愿服务的自主性相对较弱，志愿者管理和培训出现很多乱象。最后，资金监管不力。一些服务项目缺少评估环节，往往只是例行公事，形式主义色彩浓重，造成很多资金没有用在有用的项目中。

2. 创新模式运行机制不健全

社区志愿服务的运行机制关系到志愿服务模式创新的有序运行，在社区治理过程中发挥着重要的作用。社区志愿服务参与过程中还存在以下问题：

第一，志愿者招募机制不完善。一是志愿者注册登记率不高。一方面，老年人比重大，他们对志愿者注册登记的程序不熟练，无法操作线上注册程序，导致社区志愿者注册登记无法进行系统管理；另一方面，回天地区大部分居民流动性较强，大部分志愿者是临时的。二是没有统一的志愿者招募程序。回天地区志愿服务组织根据不同的服务项目招募不同的志愿者，不同的服务项目都有各自不同的招募需求，没有统一的招募程序。三是志愿者稳定性不强。回天地区没有定期招募志愿者，往往根据服务项目临时招募志愿者，既不能对其进行必要的专业技能培训，也难以形成统一的招募体制机制。四是志愿者网络招聘已成为组织招聘志愿者的主要手段，但是对网络志愿者的信息真实性和动机难以鉴别。

回天地区目前共有5支高校志愿者服务队参与社区志愿服务活动，大学生也是开展某些志愿服务活动时志愿者的重要来源。大学生的积极性和热情都是很高的，如果辅导员或者校团委的老师愿意跟它们合作，帮助它们宣传，报名人数是很乐观的。现在大部分人是通过网络平台来申请注册志愿者的。这是趋势。这些高校志愿服务队也在管理和维护相关的网络。但有一个问题是，相关工作人员太少，无法一一核实每个志愿者提交的信息，也就无法确定这些高校志愿服务队中目前到底有多少真正的志愿者，只能确定注册志愿者有多少，这也是组织在志愿者管理方面有待提高的一个方面。

第二，社区志愿服务绩效考核评估不到位。回天地区志愿服务组织在日常的组织内部运行和志愿服务活动开展过程中，没有真正意义上的绩效考核评估办法。针对具体的志愿服务组织，设置有志愿者代表和监事会，但是这种内部自我监督的实际效果不能真正起作用。组织内大多是"熟人"，绩效考核也是某种象征性评估。在开展志愿服务活动的过程中，服务对象大多是社区老人，来自服务对象的反馈也有限，没有具体的准则来判断志愿者在服务活动过程中的表现孰优孰劣。

回天地区志愿服务组织整体上趋于稳定。我们平时的内部监督也没有严格按照标准，大多数时候睁一只眼闭一只眼。

开展志愿服务活动的时候，基本上都是志愿服务队伍的领队直接跟志愿者接触，告诉他们做什么、怎么做。活动结束了，大家也就互相告别了。有时候，志愿者群里还有一些沟通。开展相关志愿服务活动的志愿服务组织也不会对志愿者做更多的考核评估，大家都能看得到就行。

可见，回天地区志愿服务存在招募机制不完善和绩效考核评估不到位这两方面的问题，这会导致志愿者队伍缺乏明确规范的管理制度，表现为进出混乱和奖惩不力。这是回天地区志愿服务管理与运作机制不健全的关键因素。

（二）参与力量薄弱

社区志愿服务参与社区治理的参与模式核心在于政府、社会、社区、社区志愿服务组织、志愿者等多元主体之间保持力量的平衡和互补，但是社区志愿服务组织和志愿者的参与力量有限，创新模式不能很好发挥作用。

1. 社区志愿服务组织能力有限

社区志愿服务组织的能力涉及方方面面，不同的志愿服务项目要求具备不同的能力，能力重要程度也因志愿服务项目的不同而不尽相同。

第一，社区志愿服务组织的管理能力缺失。首先，缺乏独立自主能力。目前，回天地区志愿服务组织参与社区治理过程中，大部分活动的开展都是在国家相关法律和政府政策的框架下运行的。同时，回天地区志愿服务组织既受北京市志愿服务联合会管理，也受社区主管部门管理。在这种双重管理的体制机制下，社区志愿服务组织开展活动受到限制。其次，缺乏资金筹集能力。当前，社区志愿服务组织的资金筹集能力较弱。回天地区志愿服务组织自身运作和参与社区治理的资金筹集的渠道单一，也没有运营出志愿服务品牌，自身形象的塑造能力不足，公信力不足，向社会筹集资金时困难重重。此外，社区志愿服务组织获取政府扶持、向社会募捐都需要一定的方法和技巧，它们没有意识到这一点。

第二，社区志愿服务组织的参与能力不足。首先，社区志愿服务组织参与保障不足。其一，社区志愿服务组织定位不明确。社区志愿服务组织目标管理错位，导致社区志愿服务组织参与社区治理过程中目标定位模糊。其二，资金支持体系不够完备。志愿服务活动开展的资金主要依赖中央政府和地方政府的拨款，资金支持体系单一，单靠政府的扶持远远不能充分发挥社区志愿服务组织的独特优势。这也是社区志愿服务组织面临的极其普遍的问题。其次，社区志愿服务组织自身不完善，参与能力不强。其一，组织结构不健全，缺乏自律机制。据调查统计，回龙观社区有志愿服务组织的章程、志愿服务组织的法人地位及内部运行机制相应规定的占40%，有理事会、监事会正式决策机构的占38%，没有专职服务人员的高达77%。其二，缺乏现代管理理念。很多社区志愿服务组织在参与社区治理实践中没有制定相关的组织战略规划，没有进行志愿服务需求分析，开展的活动没有针对性，导致社区志愿服务组织参与能力不足。[①]

第三，社区志愿服务组织的动员能力薄弱。首先，社区志愿服务组织动员机制不够完善。社区志愿服务组织参与社区治理的实践创新了社会治理体系，但仍缺乏规模化、体系化的运作机制，无法扩大社区志愿服务的实践范围，主要原因是社区志愿服务组织的动员机制不够完善，没有一套科学健全的长效动员机制。其一，缺乏社会支持网络，提高社区志愿服务组织的动员能力需要通过政府机构、企事业单位、社会机构和媒体的支持。其

---

① 董秀.深圳非政府组织（NGO）参与社区治理模式研究——以深圳社工组织为例[D].武汉：武汉大学，2010.

二，社区志愿服务组织动员方式单一。社区志愿服务组织动员的方式主要依靠社区居委会的上传下达，利用互联网渠道进行动员的范围较窄。其三，动员内容不是社区居民真正关心的，甚至违背居民诉求，不能提高社区志愿服务组织的动员能力。其次，社区志愿服务组织动员范围狭窄。回天地区接近75%的注册志愿者处于"沉睡"状态。每次志愿服务时长超过8小时的仅占2.01%，志愿服务时长为4—8小时的占11.46%，志愿服务时长为2—4小时的占42.98%（见图7-1）。各类社区志愿服务组织全年活动次数和总时长也相对不足。

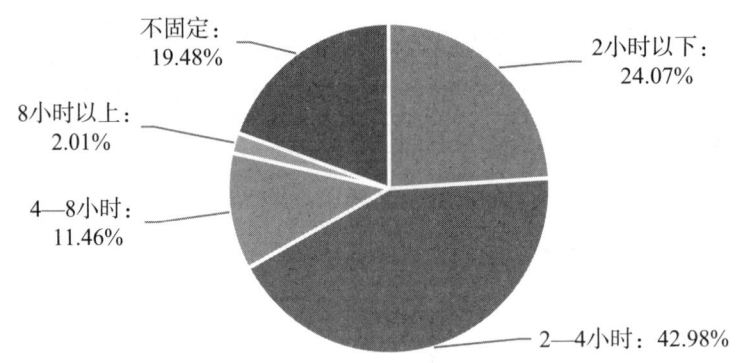

图7-1 志愿服务时长统计结果

可以看出，社区志愿服务组织动员的广泛性不足，动员范围狭窄，志愿服务时长超过8小时的人数较少，社区居民参与志愿服务的广泛性不足。

2. 社区志愿者存在质和量的短缺

志愿者队伍是社区志愿服务参与社区治理的重要组成部分。

打造一支素质良好、结构合理、专业能力强的志愿服务队伍能够有效提高社区志愿服务工作的整体质量。目前，回天地区存在志愿者参与质量不高、志愿者参与人数紧缺、志愿者服务能力不足等问题。

第一，志愿者参与质量不高。首先，社区志愿者素质不高。回天地区社区志愿者大多以老年人和青少年为主，老年志愿者大多是退休人员，青少年志愿者大多是农民工子女，这两类人员作为社区志愿服务组织的组成人员比重较大。他们的知识面比较窄，在参与社区志愿服务的过程中只知其一不知其二，心有余而力不足，服务质量不高。其次，社区志愿者专业能力不足。其一，志愿服务准入门槛低。目前，随着社区志愿服务需求量的增多，大多数社区志愿服务组织存在一个普遍的现象：招聘不到专业对口的志愿者，就降低了志愿者的"准入门槛"。这一做法降低了对志愿者参与社区志愿服务的标准和要求，非专业志愿者比重大，社区志愿服务工作难以开展专业水平较高的志愿服务活动，长期保持在一个较低水平的状态，难以满足社区居民多元化和复杂化的志愿服务需求。其二，志愿服务缺少专业培训。志愿服务组织往往只在志愿服务活动开展前做出形式化讲解，在技巧、流程、沟通等环节没有专业人员讲解，导致社区志愿者专业水平和技术能力依然处于较低水平。

第二，志愿者参与人数紧缺。首先，专业人才引进不足。其一，人才流动机制不健全。回天地区志愿服务尚未建立志愿者骨干人才配置机制和人才储备机制，缺乏引进专业人才的政策，难以扩大社区志愿服务人才队伍和提高志愿服务水平。其二，人才使用环境不理想。对于专业人才而言，回天地区没有完善的激励制度和分配制度，高层次人才的劳动价值与分配不成正比，专业人才的价值得不到发挥。此外，引进人才的保障制度不完善，社会工作者频频跳槽，人才流失严重。社区专业志愿者人数不断减少。其次，社区购买服务力度不大。志愿者参与人数紧缺的其中一个重要因素是政府购买服务力度不大，无法满足社区不同群体对志愿服务的多样化需求。

第三，志愿者服务能力不足。首先，社区志愿者自我认知能力不够。根据对回天地区居民的访谈，社区居民有很大一部分对什么是志愿服务和志愿者所做的工作详情不了解。每当遇到社区居民询问志愿者所做的工作时，志愿者不能详细解释自己的工作内容和工作领域。这说明回天地区志愿者的自我认知不清晰，不清楚自己感兴趣的服务领域，约有72%的志愿者不清楚自己擅长的领域。志愿者认知能力不足导致他们无法向社区提供更好的志愿服务。如何提高志愿者自我认知能力成为一个重要环节。其次，社区志愿者的团队合作能力有待提高。社区志愿者和志愿者之间没有邻里一家亲的意识，他们各自做各自的任务。因此，提高社区志愿者的默契配合度，是社区治理中比较重要的内容。此外，社区志愿者沟通技巧能力有待提升。社区志愿者具备良好的沟通技巧能够使志愿服务活动顺畅开展。当前回天地区志愿者在参与活动过程中沟通不足，志愿者与服务对象之间不能有效沟通。尤其很多服务对象都是老年人，缺乏有效沟通导致了志愿者工作效率不高,服务成功率低。

(三) 多元主体参与不足

社区志愿服务参与社区治理的合作是回天地区的创新理念。把以街道、社区居委会为主体开展社区志愿服务活动转变为社区居民、志愿者主动参与,党团组织、政府、社区、社区组织和社区居民之间互动合作,但它们之间的合作存在不足之处。

1. 合作渠道不畅通

首先,缺乏社区志愿服务参与的合作机制,没有相应的法律法规支撑。合作治理没有相关的法律约束,部门化导致各自为政。

其次,相关责任主体不明确,社区志愿服务参与的合作工作难以推动。社区志愿服务合作治理责任主体不明确,导致社区志愿服务合作工作的开展不到位。加上各部门没有明确的职责约束,出现相互推诿等现象。高一层级机构没有发起社区志愿服务合作需要,无法保障下一层级机构合作,也就无法推动社区志愿服务合作。

2. 合作中交互式合作不健全

社区志愿服务交互性合作的目的是社区志愿服务多方都能提供资源。目前,回天地区的志愿服务平台都只是单向发布关于社区的志愿服务信息,没有实现志愿者与服务对象之间的相互交流与反馈,志愿服务信息资源没有实现有效对接。

搭建回天地区"互联网+志愿服务"平台,促进各行业与"两微一端"的拓展融合是大势所趋。但是，回天地区"互联网+志愿服务"平台在管理过程中出现了交互性较弱、各自为政、推广不足等问题，只是在网络平台的基础上进行简单的技术嫁接。目前，回天地区使用的市级志愿服务平台和区级志愿服务平台各自封闭运行，不能实现信息资源共享，无法实现用户相互交流，"互联网+志愿服务"平台没有真正发挥应有的作用。

另外，回天地区在使用"志愿北京""回龙观社区志愿服务网"的基础上，开发了手机客户端，但志愿服务的交互性依然很弱，没有设计出符合用户体验的产品。经试用，回天地区开发的"回天志愿服务"客户端，在页面设置、技术支撑、信息发布、审核管理等方面存在诸多问题。

3. 合作平台不规范

目前，社区志愿服务参与社区治理的合作平台主要是网络平台，但对业务熟悉度不够，上下级沟通不足，平台使用过程中常常出现问题。另外，平台功能优化滞后，较少考虑志愿者的实际需求和反馈意见。

五、促进社区志愿服务参与社区治理模式创新的对策建议

在推行社会治理的大背景下，社区志愿服务参与社区治理模式创新的工作应该多方支持，包括政府、社会组织、社区、志愿者等，方能实现长效运行。社区志愿服务组织参与社区治理的模

式创新不仅帮助政府解决基层的公共管理问题，建立与公民沟通的桥梁，还能大力宣扬志愿服务精神，促进我国公民意识的觉醒。现阶段，社区志愿服务参与社区治理的模式有许多问题亟待解决。为此，我们必须结合我国实际情况，挖掘社区志愿服务参与社区治理的创新模式。

（一）建立健全参与制度

结合当前社区志愿服务参与社区治理的创新模式，建立一套科学完整的社区志愿服务创新管理体制，引导社区志愿服务的创新模式健康快速发展。

1. 构建志愿服务制度化管理

志愿服务活动的开展离不开制度的规范与保障。首先，构建良好的顶层设计。良好的顶层设计为社区志愿服务组织参与奠定制度基础。注重系统规划，提高志愿服务资源的整合功能，才能增强社区志愿服务组织参与社区治理的合理性与科学性。其次，健全及时供给制度。及时供给制度是社区志愿服务组织参与社区治理的前提，要实现社区志愿服务组织有效参与社区治理就需要优化志愿服务制度供给的体制机制，加快制度供给的及时性。最后，完善志愿服务的制度体系。针对部门化、碎片化等问题，通过建立完善的制度体系，形成结构合理、动态适应、相互配合的制度链条与制度体系，有效发挥制度体系的整合与协同功能。

2. 完善相关的法律和法规

首先，《志愿服务条例》的颁布为我国社区志愿服务组织开展活动提供了法律保障，但相关配套的法律法规尚不健全，必须加快志愿服务领域的立法，完善志愿服务相关主体的地位、权利和义务。其次，需要加强志愿服务组织参与社区治理相应的法规、措施并建立系统化的配套制度与机制，在具体社区志愿服务组织参与社区治理的过程中，发挥应有的法律效力。最后，在社区志愿服务组织参与社区治理的过程中，必须考虑相关法规条例的可操作性，如对志愿者的注册、招募、培训、经费使用等方面的法规条例必须具体化，使社区志愿服务组织参与社区治理过程中具有相应的执行力和执行效果。

3. 完善创新模式运行机制

第一，健全志愿服务的注册、招募制度。建立志愿服务注册制度，促进社区志愿服务的规范化。积极普及志愿者注册的流程和方法，社区要做好志愿者注册登记的保障工作。当前注册志愿者有两种方法：一种是在各省市的志愿服务网站注册，待社区管理人员核实后自动成为注册志愿者；另一种是到有关机构填写个人信息资料。为规范社区志愿者招募及录取程序，保证志愿者队伍整体素质，必须建立健全志愿者招募制度。志愿者招募制度包括制定志愿者招募的原则、志愿者招募的基本条件等。

第二，健全志愿服务的监督保障制度。构建志愿服务的监督机制是服务型政府建设的重要内容。对社区志愿服务组织的监督，主要是监督社区志愿服务组织设立的条件、规章制度、人员配备和人员行为的基本要求。对志愿服务过程的监督，主要是监督志愿服务项目的开展形式，志愿服务项目的开展方法，志愿服务项目的开展效果,服务对象的反馈。对志愿者的监督,主要是监督志愿者的签到情况、志愿者的服务时长、志愿者对服务对象的态度等。

(二)强化参与主体力量

在社会转型的过程中,新的社会问题和社会需求层出不穷。解决这些问题,社区志愿服务组织仅靠政府力量已经远远不够,必须在社会转型的过程中探寻自主发展的空间,通过创新志愿服务组织发展模式逐步增强自身的能力,这样既可以减少对政府的依赖,也可以获得社会公众的信任,进而促进社区的发展。

1. 完善社区志愿服务组织自身建设

第一,完善社区志愿服务组织。首先,在社区志愿服务组织管理方面,应设立志愿服务组织内部的行政管理及业务部门,明确各岗位的职责与权限;建立科学合理的服务质量管理体系,对服务项目、服务投诉、评价与改进进行管理;以建立"党建+志愿服务"的模式定期开展形式多样的志愿服务活动。其次,在志愿者管理方面,有计划地招募志愿者,合理评估社区志愿服务组织的宗旨、目标,以及对志愿者的需求,建立一套行之有效的志愿者招聘体制,广泛招募志愿者,扩大志愿者资料库;增强志愿者凝聚力,减少其流动性。社区志愿服务组织的工作目标是志愿者参加志愿服务的推动力,管理者应适时向志愿者阐明组织目标,增强凝聚力,对志愿者提供技能培训,完善志愿者内在和外在的激励机制。

第二，加强社区志愿服务组织的内部凝聚力。首先，建立共同的价值观和信念。共同的价值观和信念是志愿服务组织的核心，它们能紧密团结志愿服务组织内部人员，激励成员的群策能力，把社区志愿服务组织的成员聚集在一起，释放出巨大的能量。在调研过程中，回天地区社区志愿服务组织出现人员流失的情况，其原因也是回天地区社区志愿服务组织没有建立共同的价值观和信念，暴露出社区志愿服务组织缺乏凝聚力。其次，倡导人性化管理。在社区志愿服务组织内部公共关系管理上，成员关系的处理占据主要位置。成员与成员之间的关系为社区志愿服务组织的凝聚力提供了重要基础，这种基础就是从尊重成员之间的关系出发，倡导人性化管理。社区志愿服务组织内部管理就是一种人性化管理，注重对人的尊重和信任。最后，加强信息沟通。一方面，通过沟通让成员了解社区志愿服务组织的目标；另一方面，通过沟通让其成员了解组织发展中的各种相关信息，缩短成员与组织之间的距离感。

2. 探索创新志愿服务组织工作模式

第一，公益孵化器孵化社区志愿服务组织。公益孵化器就是一个社区公益生态圈，通过搭建集体平台，整合多方资源，拓宽参与互动渠道，形成社区志愿服务组织融合功能的规模效应。随着政府职能的转变，很多提供公共服务的职能需要下放到社会组织去完成。因此，孵化一批社区志愿服务组织来提供社区服务是社区治理的当务之急。公益孵化器正是聚集各方资源，孵化具有创新性、专业性、可持续性的公益项目，培育一批有发展潜力的公益组织，满足社区居民的服务需求。公益孵化器作为一种公益组织孵化、培育模式，旨在为初创期社会公益组织提供关键性支持的公益项目，能够获取场地、资金的支持，逐步提升自身的能力，更好地运作组织，融入公益组织同行网络，在与同行的交流中深入了解整个公益组织领域。

第二，开拓新生的志愿服务项目。随着社会城市化水平不断发展，社区治理的难度随之也在加大。社区志愿服务组织努力开拓新的志愿服务项目，让志愿服务更加多元化，突出志愿服务长期化、规范化和专业化。首先，志愿服务组织也要积极探寻社会化的工作模式，以青年志愿者协会作为纽带突破区属概念，大力加强"区校共建"，使青年志愿者深入街道（乡镇）、社区开展志愿服务活动。其次，将重点志愿服务活动与社会热点结合，以多项内涵深刻、生动形象的志愿服务品牌为平台，凝聚志愿服务力量，服务社会需求，形成积极的品牌效应。对社区居民而言，打造特色志愿服务品牌可以提高社区居民对社区志愿服务组织的信赖度，强化社区志愿服务组织的品牌意识，与之产生心理上的共鸣，最终形成差异化优势。

3. 提升社区志愿服务组织的外部整合能力

第一，整合政府资源，构建新型政社关系。首先，政府应开创管理新思路，对社区志愿服务组织应当由控制转向协助。同时，政府应当完善购买服务体系，充分发挥社区志愿服务组织的桥梁纽带作用。其次，社区志愿服务组织要主动协调与政府的关系，主动与政府进行沟通，积极配合相关的工作安排，加强双向沟通，使社区志愿服务组织与政府在社区治理过程中更好服务居民。最后，社区志愿服务组织与政府之间要构建多元渠道参与模式，构建多元化信息交流平台并建立联盟机制，加强双方的合作与联系。

第二，整合社会资源，打造社区志愿服务组织的公益品牌。社区志愿服务组织参与社区治理逐渐常态化，但是有影响力的社区志愿服务品牌不多，志愿服务公益品牌创建较为薄弱。品牌是志愿服务组织提升影响力的象征和标志。随着社会资源的竞争激烈，社区志愿服务组织需要打造自身的品牌。打造公益品牌可以激发成员的忠诚感和归属感，进而增加组织的凝聚力。

（三）推动多元主体参与

任何一种参与治理模式在实践中都不是完美无瑕的，只有根据实际情况灵活运用各种模式，才能解决社区治理中出现的"政府失灵""市场失灵""社会失灵"等问题，满足社区居民的需求和利益点，进而推动社区有效治理。

1. 充分发挥现有模式优势

从政府层面来看，政府推动参与模式不仅强化政府基层治理的权威性，也促进政府公共服务的效能。这一模式可以强化政府主导社会治理的格局，推动"小政府、大社会"的治理格局的形成。政府可以通过公共财政支出，购买社会服务，整合各种社区资源，实现政府对基层社区的管理，强化政府在基层社区的权威。

从社会组织层面看,"三社联动"模式可以提供社会组织生存和发展的空间。在"三社联动"模式下,政府通过购买服务,使以非政府性、非营利性、志愿性、公益性为特征的社会组织拥有发展的物质基础,为社会组织参与基层社会治理创造必要条件。正是基于社会组织的一系列典型特质,社会组织能够在具体的社会服务中较好地弥补政府和市场参与社区治理实践中存在的不足之处。

从居民自身治理的层面看,邻里守望参与模式契合社区多元化和居民多样化参与的需求。通过邻里守望参与模式,使居民力量进入基层社区治理实践。同时,吸引社会组织和居民参与社区公共事务,会在一定意义上改善社区治理的主客观环境,提升社区居民参与社区公共事务的意识和能力,为真正实现社区自治创造良好的氛围。

2. 构建创新模式包容性管理体系

第一,构建任务多元价值体系。目前,社区服务需求呈现为多元化价值需求,需要进行科学分类,确定服务范围,分解细化任务目标,确定各任务阶段的目标要求、内容标准和评估指标。社区志愿服务项目经过精心策划和多次修改,要形成明确的目标和时间节点。然后,设置合理的任务指标。任务指标的设置要从社区志愿服务的整体框架出发,构建社区志愿服务体系,防止出现因指标设置和评估方式不适用而带来标准一致、理解不一致、执行不一致、反馈不一致等问题。因此,要根据服务对象的需求和实施地点的具体情况来设置任务指标,要考虑承接机构的接受能力和项目领域的难易程度，还要在具体实施过程中根据不断变化发展的实际情况，对考核指标做出调整和修改。

第二，构建多元管理组织体系。要构建市、城区、社区三级垂直管理体系，也要构建平级监督管理体系。市级设立社会服务工作中心，城区设立社工办公室，社区设立社工站。这种模式有助于把握需求分析，完善项目设置，针对不同的项目类型和服务对象，实施精准帮助的工作项目。

第三，建设创新模式的人才队伍。按项目管理团队的运作方式，以志愿服务人才为主，成立创新模式队伍，选配团队成员。同时，加强创新模式人员的继续教育和培训，建议设定专项培训任务目标，对创新模式人员进行系统化培训。政府要积极推进"放管服"改革，创新社区志愿服务组织参与社区治理模式。

第四，提供创新模式技术支撑，优化创新模式流程。首先，优化创新模式管理，确保创新模式的有效程度。其次，规范创新模式的执行，严格控制创新模式管理。再次，注重创新模式质量。充分考虑创新模式的时间、内容、形式、覆盖人数等因素影响，进行合理创新。最后，建立健全创新模式评估体系和监督机制。

第八章　社区志愿服务项目化运营与管理

一、回天地区社区志愿服务项目化运营与管理现状

志愿服务项目是回天地区社区志愿服务的重要组成部分。回天地区通过志愿服务项目化运营与管理为居民提供多元化服务内容，满足居民多层次服务需求。

（一）项目化运营与管理的类型

1. 文体娱乐类

随着社区居民生活水平整体性提高，对精神文化的需求日渐强烈。回天地区通过项目化形式为居民提供服务。如："回天映像"志愿服务项目，旨在号召社区居民以"随手拍"形式记录身边风景和好人好事，增强社区居民归属感与主人公意识。

2. 救济关爱类

邻里互助是我国优良传统。但在现代社会，邻里关系则面临着前所未有的挑战。由此，回天地区聚焦老年人、贫困户、残疾人，以及青少年、妇女等特殊群体，以志愿服务形式动员社区居民为其提供慰问关怀、生活便利、金钱捐助、物资捐赠等力所能及的救济，解决他们的生活难题，增进邻里情感。如：紫金家悦社区服务中心的"幸福社区　悦享你我"项目以幼儿家庭教育为切入点，社区全职妈妈自发组成"妈妈团"，协助年轻妈妈解决家庭养育难题。

3. 绿色环保类

绿色环保类项目是回天地区见效较快的社区志愿服务项目。因为垃圾分类、义务植树等项目执行完毕后，能够使当时的环境有所改观。如：回天地区的志愿服务活动"分小萌"垃圾分类，重点宣传普及垃圾分类相关知识，倡导绿色生活理念。

4. 专业技能类

专业技能类项目旨在为社区志愿服务提供专业服务，促进社区志愿服务组织转型，以满足深层次居民需求为变革方向。"G+"健步走、井上添画等志愿服务项目均由专业人士组成项目团队核心成员，指导社区居民健康运动。

（二）项目化运营与管理的模式

基于历史条件和时代背景，回天地区社区志愿服务项目的组织与管理融合了行政力量、社会力量等，是社区志愿服务组织转型升级的产物，也是现阶段保障社区志愿服务有序运作的必然选择。由此，回天地区社区志愿服务项目化管理模式大致划分为行政动员式、外部嵌入式和社区内生式。

1. 行政动员式

回天地区志愿服务项目化的运作形式起步较晚，发展前期多以自上而下的方向推动社区志愿服务项目开展。这主要表现在两个方面：一是政府发起志愿服务项目并向下传递志愿服务任务，社区依照行政要求动员志愿者配合完成。在此过程中，政府是志愿服务项目的直接管理者。二是政府采购志愿服务项目。政府不直接参与志愿服务项目，而是通过政策性引导号召志愿服务组织承担社区志愿服务项目的组织与过程管理责任，并付诸实践行动。政府在其中扮演支持者、监管者和验收者的角色。

2. 外部嵌入式

相对独立于社区系统的社会力量在社区场域内组织开展志愿服务项目，独立完成项目整体运作与管理是外部嵌入型志愿服务项目化管理模式的核心要义。受到社区志愿服务持续向好趋势的影响，越来越多的社会力量在回天地区探寻志愿服务资源，扎根志愿服务工作。这种外部力量大多为共青团、妇联等半官方群团组织，以及回天社区网、辖区企业等营利性市场组织。

3. 社区内生式

内生型社区志愿服务项目的组织管理是由社区居民自发组

织、自我管理的民间行为，多发端于文体娱乐、邻里互助等活动，经由长期磨合与社区支持固定为项目化形式。此类志愿服务项目规模较小，通常由活动发起者担任项目管理者，在管理规范上偏向基础性、灵活性，不拘泥于理论上的流程制度。

（三）项目化运营与管理的成效

自社区志愿服务项目化管理模式在回天地区萌芽以来，回天地区就不断探索与优化社区志愿服务项目化管理体系，发展本土化志愿服务项目化管理模式，加强社区志愿服务建设与创新，破解特大型社区治理难题。

1. 不断完善志愿服务项目化管理资源对接机制

回天地区将志愿服务诉求表达与反馈机制作为项目化管理的首要突破点，通过发挥团组织整合资源、穿针引线的作用，将体制内的工作资源、社会组织的服务资源与社区居民的实际需求对接起来，形成一个个志愿服务项目。首先，昌平区政府针对回天地区的不同社区实际情况和切实需求，向其提供社会组织服务项目资源清单，为各社区提供点单式服务与"量体裁衣"的精准化服务。其次，建立反馈机制。社区居民可通过微信后台留言、跟帖留言、论坛留言等方式，反映身边事，以及对社区志愿服务建设的意见和建议。

2. 逐渐推进合作式志愿服务项目化管理

回天地区社区志愿服务活动建立了以志愿服务组织与社会组

织为合作主体的项目化合作机制。志愿服务活动合作化主要由社区（村）牵头，在持续开展一项涉及某一专业的志愿服务活动过程中，将社会组织专业化服务资源与志愿服务团队专家资源整合起来，建立长期合作机制。如："G+"健步走志愿服务活动就是回龙观志愿服务协会与社会企业共同为社区居民普及专业健康运动理念和专业运动技能。

3. 重视打造多元化、品牌化志愿服务项目

作为北京市典型的大型居住区，回天地区具有人口基数大、地域广、服务需求多而杂等地域特征。由此，多元服务与品牌建设成为回天地区志愿服务项目化管理的普遍共识，具体表现在：其一，志愿服务项目内容多元化。回天地区累计开展以环境整治、秩序维护、文化提升、健康管理、文明倡导和安全保障为主的"回天有我 志愿先行"系列志愿服务活动100余次，基本实现社区志愿服务需求全覆盖。其二，志愿服务项目形式多元化。依托社区网络与专业志愿服务组织，开展线上线下志愿服务活动，融入竞赛、美术、课堂等元素，增强志愿服务项目趣味性与竞技性。此外，通过专业化、项目化管理流程，回天地区涌现了一批品牌志愿服务项目，培育了一批有经验的社区志愿者骨干，使具有特色的志愿服务项目在不同社区推广。

二、回天地区志愿服务项目化运营与管理的成功案例

"回+"周末绿跑项目是以绿色环保、社区服务、健身慢跑为

主的志愿服务活动，在回龙观社区共开展20余期，吸引1000余名志愿者参与，具有较高的社会影响力。因此，笔者选取"回+"周末绿跑志愿服务项目为案例，对项目化管理效能进行梳理与分析，从而发掘项目的成功因素与不足之处。

（一）案例概述

1. 项目成立背景

在北京市回天地区三年行动计划着力补齐发展短板、推动城市有机修补更新的总要求下，昌平团区委紧密结合回天地区实际，于2018年发起"回+"周末绿跑项目，旨在吸引广大社区居民支持、参与、见证三年提升行动计划工作，倡导文明出行、绿色环保理念，改善社区人居环境，树立破解超大型城市基层治理困境的典范。

2. 项目主要内容

"回+"周末绿跑志愿服务项目遵循"主动参与，自觉行动，勇于担当"的活动组织原则，号召社区居民成为建设美丽社区的宣传者、践行者和监督者。它的具体内容如下：

①带领志愿者学习歌曲和手势舞《回天有我》，为"回天三年行动计划"实施和"回天有我"社区服务活动开展助力添彩，增强居民地区归属感，坚定共建美好家园的决心。

②志愿者向辖区商户宣传"门前三包"责任制，规劝社会单位自产垃圾随意丢弃、私搭乱建、占道经营等行为，向沿途市民发放《关于"回天有我"社区服务活动中群策群力解决三项突出

问题的倡议书》，引导社区居民自觉发挥主人公精神，共同参与社区环境日常维护工作。

③引进当下流行的跑步捡垃圾，要求志愿者在跑步过程中不丢弃垃圾，并捡拾垃圾，清理违规小广告。同时，设计寻宝环节，沿途投放装有三年行动计划内容的锦囊，发现锦囊者可被聘为"特约见证人"，代表回龙观人监督、见证三年行动计划的各项工作进度，增强了活动趣味性，加深了民众对于三年行动计划的理解和认可。

④在行程终点设置垃圾分类回收处和绿植兑换处，向社区居民普及垃圾分类知识，激发其环保积极性和主动性。

3. 项目化管理流程

昌平团区委统领，与昌平区志愿服务指导中心共同负责项目开发与计划，包括项目目标、服务内容、组织架构、项目周期等内容的设计与筹划，在项目启动后协调社区资源，为项目顺利推进提供便利。回天地区的15社区青年汇负责项目实施，社区居委会与辖区院校协助执行，主要包括活动流程策划、志愿者的招募与培训、观察记录每次活动执行情况、收集活动现场照片、影片用于后期宣传、应对活动过程突发情况等任务，对项目执行效果负责。第三方外包机构社工事务所派遣项目督导员对项目执行进行监管与跟踪支持，依据项目计划所设定的绩效标准评估项目执行方，提出整改建议，对项目执行中所遇到的问题进行及时协调解决。项目参与方共同完成项目收尾工作，社区青年汇将活动开展情况进行整理上报，昌平区志愿者联合会归总项目实施成果，形成项目可复制经验推广至其他地区。

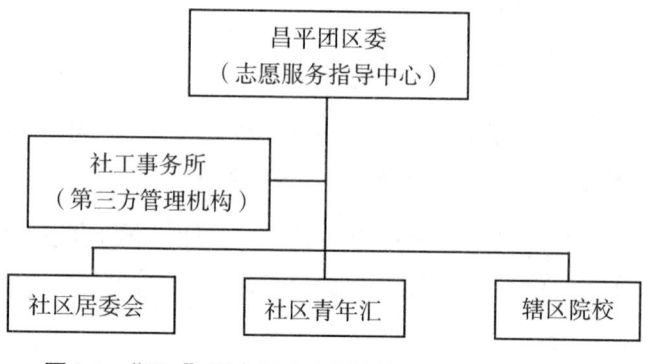

图8-1 "回+"周末绿跑志愿服务项目管理组织结构

（二）案例分析

1. 项目价值分析

在"三圈"理论中，价值要素处于根本性地位。对志愿服务项目而言，能否在项目开发阶段立项成功的前提条件在于是否具备公共价值。从项目目标定位和项目实践现状来看，"回+"周末绿跑志愿服务项目的公共价值主要体现在三个方面：

首先，增强民众环保意识，整治社区脏乱差环境。回天地区位于京郊地区，公共服务相对落后，存在基础设施薄弱、人车混行、商贩占道经营等不良问题，对当地社区居民有序生活造成极大困难。项目创立之初便针对环境乱象设计了捡拾垃圾、规治人行道、引导商户负责门前公共卫生等服务内容，促使社区民众以主人公姿态自觉践行环境保护，改善人居环境。

其次，关爱青少年，维护青少年健康成长。社区青年汇作为以共青团为枢纽的社区青年活动平台，始终围绕青少年全面发展需求，结合青少年群体特性，开展新颖服务活动。"回+"周末绿跑项目鼓励青少年以家庭为单位参与活动，能够有效增进青少年与父母间的情感交流，使青少年获得成长安全感，降低心理疾病发生率。此外，融入慢跑形式是缓解我国青少年身体素质水平普遍偏低的创新手段，也是中小学生劳动素质教育政策背景下青少年践行劳动实践的新途径。通过环保理念引导、垃圾分类实践等活动内容帮助青少年在价值观形成的关键期树立正确的价值观，培养其社会责任感。

再次，赋予居民参与权，建设公民社会。社区环境是区域内居住者面临的共同问题，涉及群体公共利益。"回+"周末绿跑项目着重强调群众是社区治理的主要力量，尊重其公民参与权，在活动过程中建立双向互动关系，调动社区居民参与志愿服务的积极性。

可以说，"回+"周末绿跑志愿服务项目在开发阶段找准价值定位，确保了项目设计合理性，具有较高的社会效益。

2. 项目能力分析

"回+"周末绿跑志愿服务项目能力评估主要是从微观层面分析项目成本与进度管理、项目沟通管理、项目团队管理等项目实施能力。社区青年汇作为项目主要承办方，在长期活动筹备过程中形成了一套相对成熟的人员、物资管理机制，实行预算审批制度、责任分工与绩效考核机制，能够严格把控资金的合理使用，并在规定时间内完成项目活动，在项目成本管理、进度管理等基础管理方面表现良好。

在沟通管理上采取线性沟通，以项目督导为纽带向下传达决策信息，向上传递问题与建议。这种信息沟通形式具有延迟性，会在一定程度上降低沟通效率。此外，决策层与执行层的分离容易产生信息不对称，从而造成理解误差，影响项目执行结果。

在项目团队管理上，社区青年汇建立了社会工作者+志愿者的协作机制。从社会工作者的管理来看，社区青年汇社会工作者的管理由昌平区志愿服务指导中心外包给社工事务所，由其对工作者进行选拔、培训与考核。从志愿者管理来看，招募层面有稳定的志愿者来源，即：以青少年为主体力量，组建绿跑少年行动队，辐射社区在职党员、团员、青年志愿者家庭成员，由点及面构建起规模化的志愿者存储库。在培训层面，基于主要活动内容开展流动性的培训，包括开跑前的热身活动培训、垃圾分类知识培训、门前三包政策宣传技巧与要求培训等。在激励层面，以志愿服务时长或绿植作为实体奖励，以五星志愿者荣誉称号为精神奖励，与我国志愿服务激励形式基本保持一致。

总体而言，"回+"周末绿跑志愿服务项目在执行管理能力上处于中等水平，在更深层次的风险控制、团队建设等方面缺乏专业化管理能力。

3. 项目支持分析

"回+"周末绿跑志愿服务项目的支持方主要包括昌平区志愿服务指导中心、社区青年汇和志愿者。通过分析其在项目支持中的角色定位，笔者归纳了影响其支持力度的因素。

昌平区志愿服务指导中心作为团区委直属单位，是项目开发的参与者与统筹者，为项目提供必要的资金支持、协调支持等。社区青年汇是项目的执行者，为项目提供人力支持、宣传支持等。项目成效的好坏与志愿服务指导中心、社区青年的工作能力、社会形象均有直接关联性，二者在项目全周期皆全力提供职责范围的支持，保证了项目资金获取与人员的稳定性。

志愿者是项目的服务主力，为项目提供人力支持、服务支持等。志愿者的支持力度有较大变动，项目运行前期志愿者参与积极性较高，单次活动参与人数能够达到60余人，而后期志愿者参与积极性则有所下降，参与人数维持在20人左右。这与"回+"周末绿跑志愿服务项目后劲不足有一定关系。在项目前期，团区委将本项目作为主推项目，与区环保部门、区媒体、院校密切合作，对项目进行了大力宣传，使项目在一定时期内获得了极大的社会反响。但随着后期志愿服务项目活动开展成为常态，团区委退出，社区工作者与志愿者陷入倦怠期，叠加社区工作者规范化项目管理意识不足等因素，该志愿服务项目后期开展僵化。

4. 项目绩效分析

为进一步评估"回+"周末绿跑志愿服务项目化管理成效，笔者以志愿者视角从项目适当性、项目满意度和项目影响力三个方面对135名志愿者展开了问卷调查。

（1）项目适当性调查结果分析

项目适当性适用于评估项目服务理念与社会所需之间的契合

度。总体而言,"回+"周末绿跑志愿服务项目具有较高的社会认可度,与志愿者需求保持基本的一致性。有60.00%的志愿者认为本项目比较满足自身对社区志愿服务的需求,有22.86%的志愿者认为本项目非常满足自身对社区志愿服务的需求(见图8-2)。

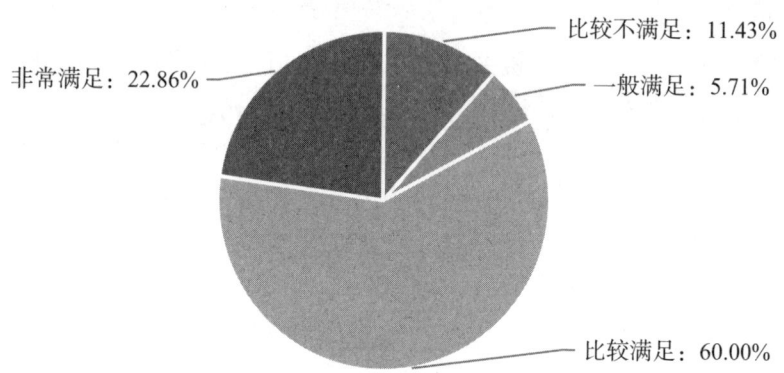

图8-2 项目满足自身对社区志愿服务需求的程度调查结果

具体而言,在是否认可本志愿服务项目的社会意义与价值上,有62.86%的志愿者选择非常认可(见图8-3)。

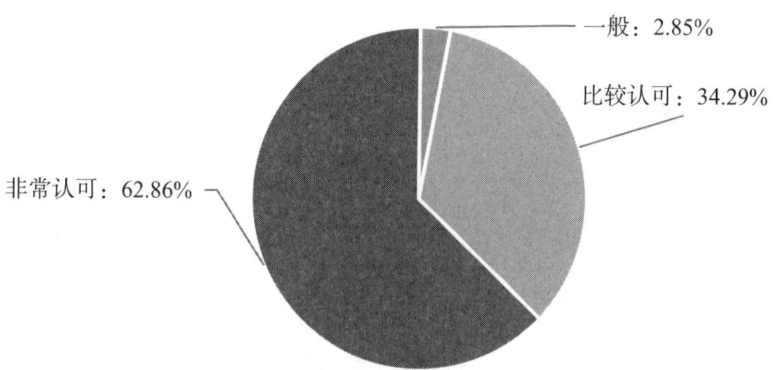

图8-3 是否认可本志愿服务项目的社会意义与价值调查结果

在家人是否支持参加本志愿服务项目上,有57.14%的志愿者表示其家人非常支持(见图8-4)。

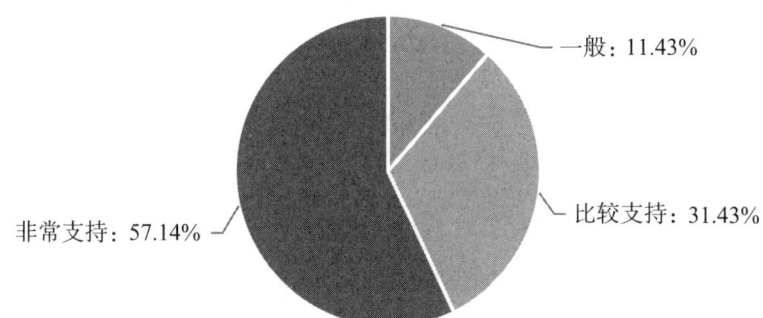

图8-4 家人是否支持参加本志愿服务项目调查结果

在参与本项目的动机上,有88.57%的志愿者将参与志愿服务视为对社会有意义,有80.00%的志愿者出于为社区环境治理做贡献,没有人非自愿参与(见图8-5)。

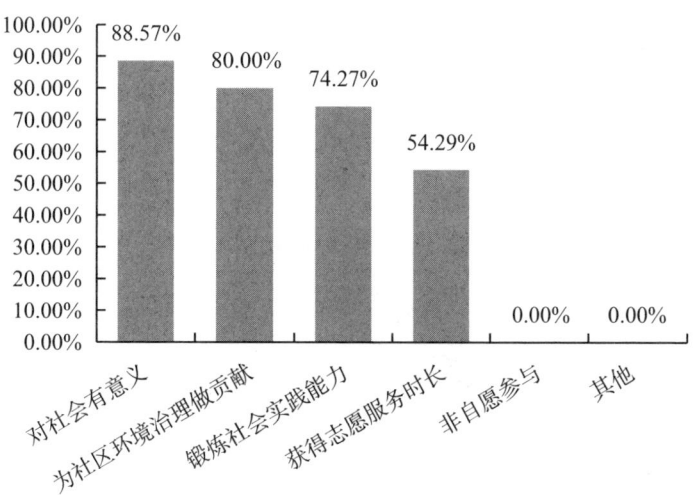

图8-5 参与志愿服务动机调查结果

（2）项目满意度调查结果分析

志愿者对项目各方面的满意程度，从侧面反映了项目化管理的成效。"回+"周末绿跑志愿服务项目获得了极高的志愿者满意度，但仍有一定提升空间。对于项目的活动内容与形式，有54.29%的志愿者感到比较满意，约有40%的志愿者感到非常满意（见图8-6）。

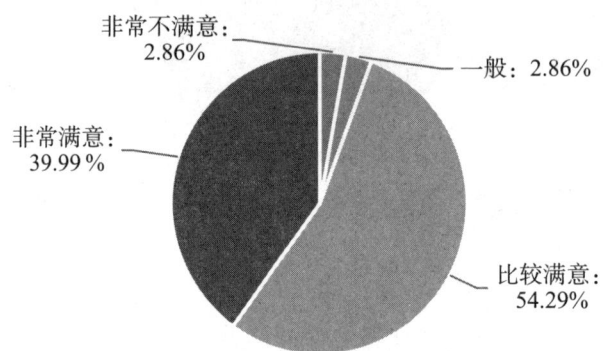

图8-6 志愿者对项目各方面的满意程度调查结果

其中，在志愿者对项目的流程安排满意度上，有45.71%的志愿者感到比较满意，有48.57%的志愿者感到非常满意（见图8-7）。

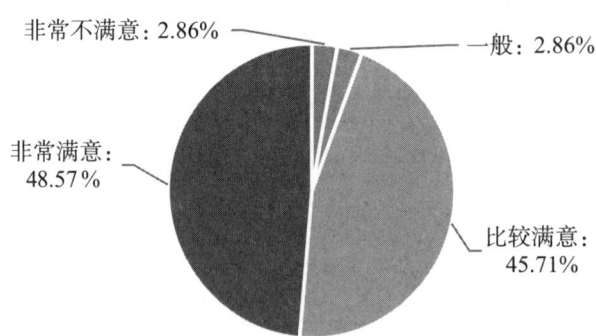

图8-7 志愿者对项目的流程安排满意度调查结果

在对项目组织者的服务能力满意度上,有40.00%的志愿者感到比较满意,有48.57%的志愿者感到非常满意(见图8-8)。

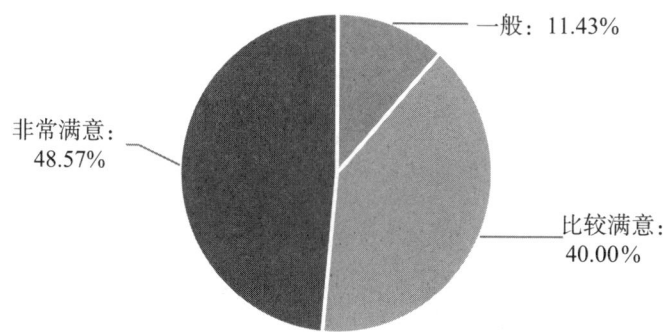

图8-8 志愿者对项目组织者的服务能力满意度调查结果

在对项目的奖励满意度上,有57.14%的志愿者感到比较满意,有42.86%的志愿者感到非常满意(见图8-9)。

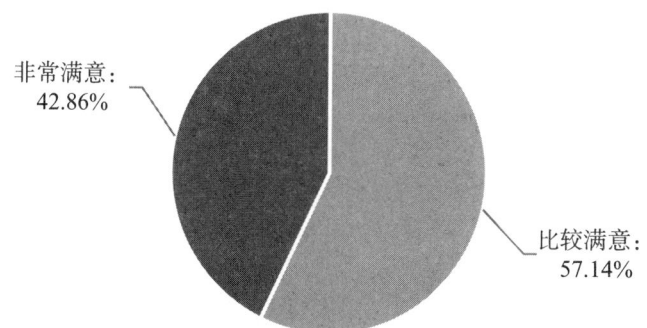

图8-9 志愿者对项目的奖励满意度调查结果

(3)项目影响力调查结果分析

项目影响力主要分析志愿者观念与行为在多大程度上受到项目参与的影响。在是否知道本志愿服务项目的服务目标或服务理念上，仅有54.28%的志愿者知道项目的服务目标或服务理念（见图8-10）。这意味着"回+"绿跑项目对志愿者观念及日常行为的影响延伸程度并不深，未能完全达到项目目标预期。

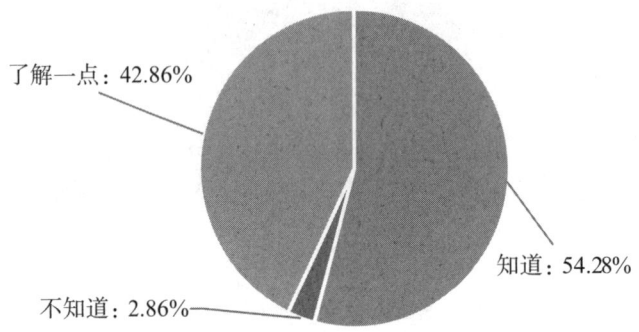

图8-10　志愿者是否知道本志愿服务项目的服务目标或服务理念调查结果

其中，在环保意识提升上，有51.43%的志愿者认为参加项目使自身的环保意识有较大提升（见图8-11）。

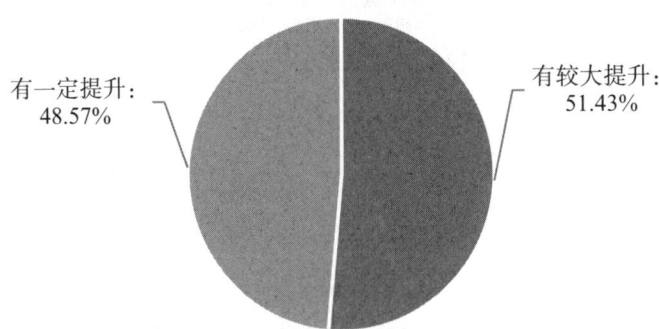

图8-11　对参加项目使自身的环保意识提升程度调查结果

在社区责任感增强上，有51.43%的志愿者认为他们在社区责任感上有较大增强（见图8-12）。

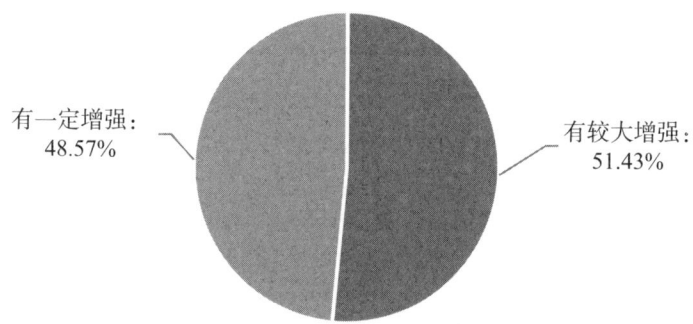

图8-12 对社区责任感增强程度调查结果

在志愿服务积极性提升上,有45.71%的志愿者认为自身的志愿服务积极性有较大提升(见图8-13)。

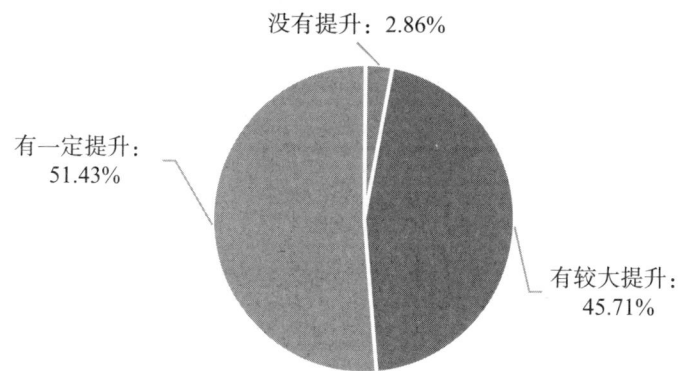

图8-13 对志愿服务积极性提升程度调查结果

实际上,有34.29%的志愿者在参与活动后会经常将他人随意丢弃的垃圾捡拾入桶,有22.86%的志愿者在参与活动后会经常制止他人的不文明行为(见图8-14、图8-15)。

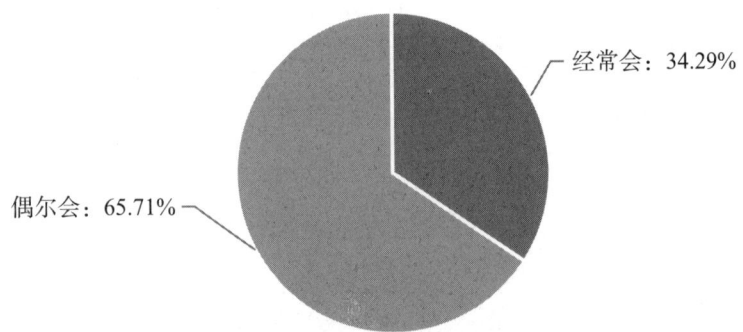

图8-14 将他人随意丢弃的垃圾捡拾入桶频率调查结果

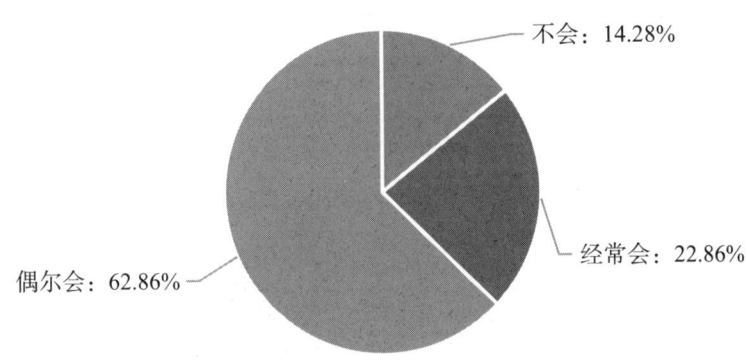

图8-15 制止他人不文明行为频率调查结果

三、回天地区志愿服务项目化运营与管理存在的问题

基于前文对回天地区社区志愿服务个案项目管理效能的评估,笔者可以发现其社区志愿服务项目化管理模式正逐步由萌芽阶段过渡到成长阶段,为社区建设注入了正能量。但在志愿服务

项目化管理的实践过程中，仍然存在碎片化、应急化等弊端，缺乏对志愿服务项目化管理系统的规划设计、清晰的执行思路和健全的制度保障，社区志愿服务的长效发展面临着艰巨挑战。笔者结合回天地区实际，梳理当前我国社区志愿服务项目化管理所存在的疑难病症。

（一）项目开发专业性不足

项目开发是志愿服务项目化管理的起点，有效的志愿服务项目开发必须以满足多元化需求为目标，遵循专业性、组织性、创新性的项目开发。从实际运作情况看，回天地区在志愿服务项目开发要求上仍存在不同程度的欠缺。

1. 志愿服务项目需求调研不全面

志愿服务项目落地的基础是需求的满足。我们既要着眼于项目服务对象的期望，也应关注志愿者的服务意愿与志愿服务组织的服务范围，达成三者间需求的有机统一。目前，项目需求调研的重点仍是普遍意义上的社区需求，往往认为有需求即可立项，忽视了对已有或潜在志愿者参与动机的思量，以及服务供给者能力的分析，以致志愿服务项目开展动力不足。

2. 志愿服务项目内容设计不新颖

项目开发或来源于实证调查或已有项目经验。无论何种形式，均须结合实际对项目进行设计加工，创新志愿服务内容、形式等。然而，受决策权力集中、参与渠道有限等因素影响，志愿服务项目创新动力明显不足，未能迎合新时代要求激发创新思维。以回龙观社区为例：其所开展的社区志愿服务项目同质化现象严重，环境保护、治安巡逻、文体娱乐等传统服务内容占社区志愿服务项目的70%左右。

3. 志愿服务项目可行性分析不规范

项目开发需要从人力、财力、目标、政策等多重维度对项目可行性进行论证，确保项目建立在广泛社会支持的基础上。实际上，项目可行性分析作为项目开发的必要环节未受到重视，主要体现在分析过程流于形式，仅凭文字论证而非依靠管理技术工具对项目内外部环境进行可靠分析，一些无立项申请需要的项目甚至直接省去此环节，无法客观评估项目实施能力。

4. 志愿服务项目目标层级划分不清晰

志愿服务项目通常期望获得更多产出，最大程度上解决更多社会问题，在项目目标的选择上也偏向多元化。显然，如何对项目目标进行分解，按照重要性或紧迫性原则将多元目标转化为目标体系是社区志愿服务项目开发过程的空白。目标是一个项目的精神支柱所在。一旦目标定位错误，将带来极大的消极结果。目标层级混乱也从侧面反映了对项目服务核心问题把控不准确。

（二）项目规划战略性不强

社区志愿服务项目化管理作为一个完整独立的系统，内含志愿者、志愿服务组织、管理机构、行动物资等若干相互联系的要素，某一要素的不良反应均会影响志愿服务项目的整体效果。因此，志愿服务项目化管理的有效运行必然要以细致的规划为前提，但社区志愿服务项目规划过程普遍缺乏预判性与联系性思维。

1. 志愿服务项目计划性不强

在志愿服务项目规划阶段应对项目生命周期全过程制订管理计划并编制项目计划书，包括项目管理章程、资源管理计划、进度计划、变更计划等。在实际规划过程中，志愿服务项目管理计划并未从项目立项中抽离出来，没有关于项目长期计划和短期计划的详尽描写。志愿服务项目计划的简化，直接导致项目指导与项目控制重要依据的缺失。

2. 志愿者主体地位不突出

志愿服务项目的主要推动力来自志愿者，对志愿者进行合理分工与角色定位是项目人力资源管理的基础。但多数志愿服务项目对志愿者的职责划分混乱。首先，未能依据项目需求科学设计志愿者服务岗位数量，出现因志愿者人数不足而一人身兼数职的现象，将志愿者作为免费劳动力过度使用，严重打击了志愿者的积极性。其次，志愿者的岗位责任与权限不对等，志愿者作为志愿服务活动的主要执行者，未能享有更广泛的权利。志愿者往往以被管理者的身份加入志愿服务活动，而并非以参与者的身份在志愿服务活动的组织与管理过程中发挥作用。

3. 基层志愿服务资源整合不足

在规划阶段，未能对社区志愿服务资源进行盘点，未能对不同层级、不同内容的志愿资源进行有效识别与融合，未能形成规模效应，从而无法使社区志愿服务具有系统性与价值性。目前，资源供需对接主要是纵向体系上的，横向社区间的志愿资源整合机制仍未建立。社区志愿服务普遍处于"单打独斗"的状态，缺乏统一领导，造成对资源的重复利用与浪费。尤其小型社区，受资源分配不均衡的影响，推行志愿服务化管理就明显有劣势。正如某社区居委会主任介绍："我们社区志愿服务活动场地实在有限，最多容纳十几人，仅能满足老年志愿者文体娱乐类日常活动需求，也就很难开展规模化志愿服务项目。某些社区活动场地大，能够容纳上百人。但借人家的场地一两次可以，次数多了，人家也不愿意借给我们。"

4. 技术管理工具运用不到位

项目化管理模式对志愿服务活动的时间安排、品质保证、成本支出等均有着高标准的要求。在项目规划阶段，为保证计划编制质量则必须依靠管理工具的运用。但工具运用的必要性尚未在项目规划中成为共识，鲜少有项目管理团队能运用目标分解等工具细化项目活动任务并制作进度对照表，这就难以提供及时有效的信息，帮助管理者判断项目进度是否合理，是否符合项目总目标，项目活动调整也缺乏事实依据。这些不当行为极不利于志愿服务组织健康稳定发展。

（三）项目执行效率不高

项目执行管理标志着项目化管理进入实务操作部分，管理操作的规范程度将直接影响项目的成功与否。以管理实践经验来看，在志愿服务项目实施过程中，最大的痛点就在于各项机制功能弱化，难以保障项目实施流畅度。

1. 监督管理机制不完善

社区志愿服务执行管理尚未形成全方位的监督管理体系，主要表现在监督主体不明确、局限化，以及监管法制落后。一般而言，社区志愿服务组织日常项目的管理由业务部门主管。但受组织规模的影响，小型志愿服务团体没有直属业务部门，社区居委会也难以承担监管责任，造成志愿服务项目监管主体空缺。即便成熟的志愿服务组织，其内部对志愿服务活动的监管规定仍不完备。志愿服务执行中物资使用、现场监控等流程未建立与之配套的监管程序，也未向外界提供有效的监督渠道，受助者、志愿者不能被纳入监管体系。正如某项目执行者谈道："我们没有特别规定对志愿服务项目的监管，只是上级部门的领导或者项目负责人偶尔会到活动现场看看就走了，但是次数很少。社工事务所的督导会不定期到机构指导工作，有问题可以向督导请教。"

2. 沟通协调机制不畅通

社区志愿服务活动的组织与管理正朝向合作化趋势发展，其中必然涉及不同组织间、不同主体间的沟通与协调。但社区志愿服务项目的沟通效率并不理想。就组织内部沟通而言，管理主体沟通地位不平等，决策者在沟通中掌握话语主导权，信息交流表现出自上而下层级式传递，降低了信息真实性与时效性。就组织外部沟通而言，项目化志愿服务活动往往要求跨部门合作，充分发挥各部门专业优势，以实现志愿服务资源的协调与整合。然而，部门在长期实践中所形成的本位主义使其不愿主动配合其他部门工作。制度层面上也未形成规范化的协调沟通机制，合作部门间的指挥服从关系不明晰，多依靠人情关系、口头约定等非正式沟通推进志愿服务活动开展。

3. 风险管理机制不健全

志愿服务活动过程中出现的道德风险、人员流动风险、项目变更风险、人身健康风险等会造成损失，提高志愿服务成本。因此，为防范和降低风险的发生及其带来的损失，必须事前制定风险应对机制，以保证志愿服务活动健康运行。就实际情况来看，志愿服务活动的风险管理仅仅体现在活动开始前的注意事项宣读、志愿者保险购买等，未建立健全风险管理体系，对活动中可能出现的风险等级及其应对措施分别做出规定。从长远来看，一旦风险发生，没有相关的应对程序则会产生不可估量的社会矛盾或经济损失，违背志愿服务活动的价值追求。正如某项目负责人说："我们开展活动最大的阻碍就是志愿者的不确定性，有些志愿者在活动开展前一天突然告诉我，他们不能来了，我也无可奈何。人员流动也是志愿服务项目不能持续的重要影响因素。"

4. 资金筹措机制不灵活

志愿服务项目的运行必然会产生一定的成本。社区志愿服务资金的主要来源是政府采购服务经费、群团组织服务经费、社区群众活动经费、辖区营利性组织赞助等。行政性支持在社区志愿服务资金获取中占据相当大的比例。以回龙观志愿者协会为例：现存志愿服务项目约有80%是政府采购社会组织项目。的确，现阶段就我国社区志愿服务发展情况而言，政府对志愿服务项目提供资金支持极为重要，但这也会造成志愿服务项目资金自主性不足，一旦失去政府资金支持，项目难以为继。笔者了解到，小微项目是昌平区志愿服务联合会针对没有在民政局注册的志愿服务队伍，在昌平区志愿服务联合会注册满一年，即申请的项目必须实施满一年，个人服务工时达到40个小时以上，可以申请小微项目，经过第三方机构答辩，决定批不批复。资金最多10 000元，而且这10 000元也不是直接打给负责人，而会拨给第三方机构，由第三方按类别批复经费，比如宣传费、培训费，还有就是志愿者补助金，但不能超过总费用的40%。

（四）项目评估机制僵化、不灵活

建立在绩效管理基础上的激励机制不仅能有效激发志愿服务工作者的热情与动力，也能为志愿服务活动管理引入成本—收益的分析方法。但绩效管理机制在社区志愿服务项目化管理过程中仍是比较薄弱的环节，对绩效评估、绩效衡量、绩效追踪等主要功能存在认识上的不足和实践上的滞后。

1. 绩效衡量指标的设置难以支持绩效评估

绩效评估的实现赖于一套科学的衡量志愿服务活动绩效的标尺，但志愿服务活动具有公益性，无法制定过多可量化指标，致使管理者不重视绩效指标的制定，仅仅通过志愿者满意度、活动开展次数这样的问题代替衡量指标，难以客观全面反映志愿服务的实际成效。在实际工作中，志愿服务组织也没有绩效评估的做法。某社区青年汇负责人介绍说："一般就是团市委给我们发布任务。比如：这个项目要求一个月至少举办三场活动，我们按照要求完成就可以。活动结束后，也没有对参与者或者受助者做过调查，有时候会简单问一下对活动的建议。"

2. 长跨度的绩效追踪难以支持志愿服务常态化

志愿服务项目评估贯穿整个项目过程，对项目进行月度、季度、年中、年末的绩效追踪是现代化项目管理的先进之处。但社区志愿服务项目绩效管理仍沿用年末测评的绩效管理手段，未能持续对整个志愿服务活动过程进行绩效监测、记录与考核，无法实现动态化绩效评估与改进。

3. 结果导向的评估观念难以支持目标的实现

志愿服务项目验收多强调结果导向，而忽视对过程的监测，志愿服务项目的验收也流于表面化文字材料，不注重志愿服务项目实际效能的发挥和过程的优化，这无疑违背了志愿服务弥补政府"失灵"的功能追求。

（五）项目成果转化率不高

加强社区志愿服务项目成果可复制、可推广机制建设社区志愿服务项目化管理工作的一大要点。通过创新性、典型志愿服务项目评选及其经验分享，为社区居民提供高质量志愿服务。实际上，社区志愿服务项目的影响范围有限，项目成果转化率也不高。

1. 志愿服务项目成果转化认知不足

在意识层面，项目管理者未能体认到终期总结与反思的重要地位，缺乏理论上的探索与研究，在实践上表现为盲目追求表面的高绩效，而忽视对绩效背后原因的分析与归纳，无法形成书面化正式材料供其他团队参考。甚至部分项目团队受到"本位主义"的影响，不愿对外共享项目实施经验。此外，成果转化也不是强调一味地复制、粘贴，而应是建立在评估基础上的成果转化，根据社区实际需求与实施能力有选择地进行推广。但回天地区在具体转化过程中明显不符合该要求，对志愿服务项目、活动的创新造成不良影响。

2. 志愿服务项目宣传力度不足

随着志愿服务活动发展的多样化、价值观的多元化，人们的可选择性逐渐增多。通过有效的宣传手段和途径，吸引公众关注活动并转化为实际参与行为，扩大志愿服务项目辐射范围的过程也是项目成果转化的组成部分。然而，社区志愿服务活动的组织实践过程并未表现出对宣传这一环节的高度重视，未能意识到向大众传播志愿服务理念、塑造志愿者社会形象的重要性。多数志愿服务活动的宣传手段仅仅停留在微信告知层面，宣传范围也局限于本社区的志愿团体，削弱了社区志愿服务活动的影响力，难以实现志愿服务活动规模化运作的愿景。

四、国内社区志愿服务项目化运营与管理经验借鉴

至今，我国社区志愿服务仅仅只有30余年的发展历程，在项目化管理模式上更是处于初步探索阶段。笔者选取了我国一些地区的社区志愿服务项目管理的典型案例，并总结出可供借鉴的经验。

（一）国内经验

1. 上海市打造社区志愿服务资源整合平台

2013年，上海市11个区级志愿服务指导中心、220个街道（乡镇）社区志愿服务中心全面建设完成，打通志愿服务体系"最后一公里"，形成市、区、街道、社区四级志愿服务管理体系，以及"居民区项目发布—区域单位资源配置—社会组织专业设计—社区综合统筹"的社区志愿服务项目化管理链条。社区志愿服务中心功能定位于志愿服务需求与资源的对接，整合社区志愿服务力量，从而高效化配置志愿者资源的招募与使用，规范化培育社区志愿服务项目。同时，上海市出台了《上海市社区志愿服务中心功能优化评估标准》《上海市区级志愿服务指导中心功能优化评估标准》，突出强调社区志愿服务中心在服务资源供需对接、志愿服务组织与志愿者注册认证、志愿服务项目孵化、志愿服务资源整合、志愿服务组织能力建设、志愿服务团队培育、志愿服务指导与监督、志愿者激励保障、志愿服务文化建设等9项

功能的有效发挥。目前，上海市社区志愿服务中心在助老助残、环境保护等领域发展出一批品牌项目工程，使志愿服务成果切实落实到基层。

2. 天津市开创党建引领项目化管理模式

天津市以社区党组织为轴心，发挥党支部在社区志愿服务的领导作用，协同有关部门、社会组织开展社区志愿服务项目。社区党组织作为资源枢纽平台，积极融合服务力量、动员志愿者参与，规正社区志愿服务项目化管理方向。党建引领社区志愿服务的亮点在于党员先锋模范作用的发挥。通过党员社区报到机制，组建党员志愿服务队伍，采用"一人一岗"服务制度，志愿服务项目依据内容设定岗位，党员结合自身实际选择项目岗位。通过志愿服务的形式践行党员全心全意为人民服务的初心和使命，展现服务型政党的鲜明时代特征。

同时，天津市创建"党建+社会组织"的志愿服务联盟，为社区志愿服务项目化管理注入专业元素。在党组织的思想指导下，专业化社会组织挖掘社区志愿服务资源，排查社区问题，梳理居民服务需求，孵化志愿服务项目，弥补政府和社区党群服务中心在志愿服务项目管理技能方面的不足。通过议事协商机制，天津市将物业、共建单位、街道办事处纳入社区志愿服务管理体系，推动社区志愿服务项目化管理朝向纵深发展。

（二）国内经验启示

1. 专业的组织能力是规范项目化管理的前提

从社区志愿服务发展水平较高国家的项目化管理经验来看，

它们对志愿服务组织的专业能力建设十分重视。我国社区志愿服务组织的成长路径与发达国家存在本质上的差别。受历史因素的影响，西方志愿服务组织的发展路径为：社区矛盾的出现推动组织形成并解决问题，而后政府介入并提供必要扶持。因此，发达国家的志愿服务组织具有相对独立的自主运营系统。与市场组织相似，受到优胜劣汰法则的制约，志愿服务组织的长久生存必然建立在规范化管理制度与不可替代的专业优势之上。专业的组织管理能力不仅为志愿服务项目的高效持续运作提供基础性保障，也有利于明确项目化管理的程序，提供项目化管理制度范本，推动项目化管理标准的统一。

2. 有序的志愿参与是衡量项目化管理的要素

社区志愿服务项目化管理模式的目的之一，就在于通过科学的人力资源管理，保障志愿者合法权益，吸引更多志愿者参与志愿服务。志愿者的参与积极性也是衡量项目化管理质量的重要指标。以往社区志愿服务项目设计较少考虑志愿者的意愿。在社区志愿服务项目与社区志愿者的志愿服务机会失衡的情况下，就会造成大量志愿服务机会的错失，以及有效人力资源的浪费。社区志愿服务不是单向输出的过程，而是注重项目内容与志愿者之间的双向互动。志愿服务项目志愿者的招募与激励必须根据项目的双向诉求做出适时调整，不断提升社区志愿服务项目化管理的效能。

3. 多元共治是项目化管理的方向

社区志愿服务项目是多元价值叠加的公共性服务产品，其属性就决定了多元主体合作的必然性。不同主体在自愿平等的原则下以某一方为主，共同参与社区志愿服务管理，就基本的价值观念达成共识，打破行政权力对社区志愿服务单向线性关系的约束。这种多元共治的合作模式是社会力量成长的结果，也是迎合我国社区志愿服务时代特色的选择。即便在发达国家，仅依靠志愿服务组织的力量，也难以维持整个项目周期的运转。社区志愿服务项目化管理的未来发展方向必将围绕"多元共治"主题，以构建现代化社区志愿服务管理体系和社区良性社会形态为目标，以"多元主体、多元平台、多元服务"为根本。

五、促进社区志愿服务项目化运营与管理的对策建议

（一）构建合作式项目化管理模式

美国学者埃莉诺·奥斯特罗姆和文森特·奥斯特罗姆夫妇二人提出的公共服务理论将公共服务利益群体划分为安排者、生产者和消费者。这对社区志愿服务合作治理机制创新具有重要指导意义。在社区志愿服务项目化管理中，分离主体角色，厘清主体功能定位，强调优势互补，形成主体间的有机衔接与良性互动。

1. 强化政府与社区居委会服务意识

政府在公共服务供给中时常陷入"失灵"的困境。在社区志愿服务管理中，若延续行政依附的形态，则难以全面贯彻志愿服

务精神。结合社区志愿服务项目化管理的需要，政府必须转变传统思维，增强服务意识。政府在社区志愿服务中应作为间接安排者对志愿服务进行方向指引与必要协助，其主要功能为：制定志愿服务项目化管理规范，提供项目政策与资金资源支持，监管志愿服务项目过程，等等。

社区居委会作为基层群众性自治组织，是政府、居民、社会组织关系网络的集结点，在社区信息的收集与传递上极为灵敏。社区居委会应作为直接安排者，以居民代言人的身份，在社区志愿服务中发挥纽带作用，统筹协调需求、信息和资源的流转。以社区需求为导向，采用民主方式收集居民需求，为社会组织提供信息数据服务，打造高质量志愿服务项目。

2. 提升志愿服务组织服务能力

政府和社区居委会将社区志愿服务的"生产过程"让渡给社区志愿服务组织，以社会化机制运营志愿服务项目。志愿服务组织作为生产者介入志愿服务，凭借其技术优势推动社区志愿服务项目化管理效能提升，这正是志愿服务组织立命之根本。为此，志愿服务组织必须通过良好的内部治理结构，增强自我发展能力。一是加快组织建章立制工作的进度，完善志愿服务项目立项、执行、评估、收尾标准与程序，规范有序开展志愿服务项目化管理工作。二是重视组织内部造血功能，组建高水平、高能力的项目工作团队，特别是在组织领导者的选择上，要注重知识、经验等特质。利用组织成员的人脉关系、影响力等拓宽筹资渠道，减少行政依赖性。三是创新组织工作模式，建立内外联动机制，借助高校、研讨会等平台引入外部专业力量，畅通第三方机构的介入途径，填补组织短板。积极探索国内外志愿服务项目管理典型案例，通过经验交流内化为组织更新动力。

3. 倡导社区成员服务精神

在狭义上，社区志愿服务的消费者特指项目受助群体；在广义上，居民、辖区企业等社区成员同样扮演着消费者的角色。社区成员通过积极参与，表达志愿服务偏好，提供志愿服务需求信息，明确志愿服务项目生产者的设计目标。立足于服务供给角度，社区成员也是潜在志愿服务生产者，他们在志愿服务精神的驱动下加入生产者行列，投入志愿服务精力与时间，扩展社区志愿服务空间。我们要壮大志愿者队伍，营造全民志愿的社会氛围，必须采取多元化激励手段，从精神与物质双重维度为志愿者提供支持。如：进一步拓展志愿服务时间银行激励模式的应用范围，扩充时间银行兑换、支付功能；将志愿服务纳入征信系统，给予其公共生活的优先性；借鉴企业团建经验，激发志愿者内生道德涵养，增强志愿者的服务认可度与忠诚度。

（二）提升志愿服务项目规划与开发专业度

理想的志愿服务项目是建立在系统规划与缜密设计的基础上的，要将社区志愿服务打造成社区成员、志愿服务组织、政府三者关系的支点，做好志愿服务项目的立项调研，确定项目的必要性与可行性，提升项目化管理的活跃性。

1. 加强志愿服务项目整体性规划

志愿服务项目规划的第一步就是研究并回答"为什么要组织本次活动？"即：明确社区志愿服务的发展愿景与目标。这是志愿服务活动的立意所在，也是活动质量评估的依据所在。社区志愿服务项目化管理的终极目标在于：以高质量志愿服务项目为载体，激发群众社会责任感和奉献意识，为打造共建、共治、共享的社会治理新格局贡献力量。总体而言，志愿服务项目目标可以定位在4个方面：①弥补政府与市场的不足，满足社会溢出需求。②提供公民参与社区治理的有效渠道。③提升志愿服务组织的服务质量与能力。④增强志愿服务的主动性与趣味性。

若要实现志愿服务项目目标，组织者需探索完成目标的最佳手段。为此，管理层必须仔细筹谋策划，制订志愿服务项目计划书与实施方案。①根据志愿服务项目目标群体与覆盖范围，确定资源获取计划，对所需人力、物质、经费等资源数量、资源获取渠道、资源利用做出合理规定。②将志愿服务利益相关团体纳入统一的管理计划内，包括项目的组织结构，即项目的信息传达与沟通方式，以及项目管理者、志愿者、外部扶持者的角色定位与职责。③建立志愿服务项目细分计划，对志愿服务项目进度做出详尽安排，合理安排人员培训方案，确保在规定时间内高效完成目标要求。

2. 精准定位项目开发需求

项目开发的关键在于需求的梳理与确定，志愿服务组织通过识别社会需求与利益相关群体的期望，结合组织自身能力与资源现状，设计志愿服务项目内容，形成具有可行性的志愿服务项目策划书。志愿服务项目需求调研通常包括：①受助群体的需求。收集社区潜在服务内容，特指政府与市场无法解决的溢出需求，如空巢老人养老、残障儿童教育等。②服务群体的需求。了解志愿者所期望参与的服务范围、服务形式，将其转化为志愿者个人成长机制内涵。为此，社区居委会、街道办等组织机构可以开展志愿服务项目大赛等，鼓励志愿服务组织提升志愿服务项目创新能力，开发更多适合基层社区的新颖志愿服务项目，激发志愿服务项目化运作的活力。同时，政府要通过政策引导，促使更多专业经理人投入志愿服务项目开发工作。

3. 规范志愿服务项目职责分工

根据管理实践，组织活动中职务、权力与责任是互为条件的。社区志愿服务项目分工应遵循职责明确、权责一致原则进行合理设计，具体可从以下几方面着手：①依据志愿服务活动内容科学设置服务岗位，并以书面形式确定岗位名称、岗位职责、岗位要求及其所需人数，保证事事有定人，人人有定事。②依据个人专长与意愿合理分配岗位。为适应志愿者个人成长要求，将其分配至有挑战性的工作岗位，调动志愿者的服务积极性。同时，授予志愿者决定权，让他们自主处理本岗位的某些状况，强化志愿者的主人公意识。

4. 强化志愿服务项目管理工具运用

与其他志愿服务活动不同，志愿服务项目有一定生命周期，长度由几个月至几年不等。在不断变化的环境中,志愿服务项目存在的基础或目标也会随之发生改变,这就要求项目团队在项目规划阶段发展工具思维,借助管理工具调整志愿服务项目状态。第一,创建志愿服务项目逻辑框架,以结构化的方式动态指导项目管理。志愿服务项目逻辑框架列出项目目的与结果、项目投入与行动、项目影响因素、项目信息来源等。逻辑框架包含整个项目周期的管理阶段,志愿服务组织必须在实际操作中根据项目环境因素进行定期修正。第二,以绘制项目任务时间表,包括项目周期内所有活动时间、活动内容、负责人、开始时间、完成时间等,帮助管理者、监管者了解项目进度,为阶段性项目评估与调整提供信息。

(三)推进志愿服务项目执行管理机制建设

没有规矩,不成方圆。机制的约束是社区志愿服务项目化管理的保障。建立监管、沟通、奉献、资源整合机制,通过机制管理,达到每一个步骤都有据可依,使服务生产者明晰行为原则,提升项目管理效率。

1. 完善监督管理机制

志愿服务责任是指志愿服务组织和志愿者在志愿服务过程中承担的社会责任。缺乏良好的责任控制机制,可能导致志愿服务"失灵"。对此,以监督促责任,将监督控制机制纳入回天地区社区志愿服务活动全过程已成为必然。首先,应加强志愿准入监督,规范主管部门审批备案标准,严格把控志愿服务项目门槛,杜绝一切借助志愿服务名义牟取私利的项目。以规章制度明确不同规模、不同类型的志愿服务项目审批归属部门，尤其要加强基层志愿服务项目的监管。其次，建立项目信息公开制度，对项目信息公开原则、公开方式、公开范围做出详细说明。利用现代信息系统向全社会公开活动资金使用、考核评分等重要内容，将志愿服务置于透明环境，避免暗箱操作。再次，构建内外多维度监督体系，开设违法行为举报通道。以管理者、志愿者、受益者为内部监督主力，形成三者互相监督制衡机制。同时，发动普通群众，形成活动执行阶段的外部监督力量，促使志愿服务活动的纯洁性得以实现。

2. 畅通沟通协调机制

沟通是多主体之间通过特定的渠道接收与传达信息、态度、观念的过程，可以确保志愿服务活动涉及人员获得各自所需，增强合作效率。有效沟通依赖于正式的沟通程序。回天地区志愿服务组织应与政府形成合力，搭建体制内外沟通渠道，以制度安排落实纵向沟通、横向沟通和斜向沟通。第一，纵向沟通依照"社区成员—社区居委会—街道办""志愿者—志愿服务组织—志愿服务联合会"逻辑设置。下行沟通可用于较高层次人员向下层传递志愿服务活动的计划和要求，上行沟通可用于较低层次人员向上层表达志愿服务活动的需求和建议。第二，横向沟通遵循平等便利原则，强调同一层次人员之间的协调配合，旨在打破本位主义，促使志愿服务组织实现活动前期资源共享和后期经验交流。第三，斜向沟通遵循及时高效原则，针对不同系统不同层次人员之间的直接沟通，以缩短沟通传递时间，提高跨部门协作的联动效力。此类型沟通渠道是前两种渠道的补充，可用于志愿服务项目的特殊情况。

3. 健全风险管理机制

志愿服务的风险管理机制应是一种全过程管理的行为和主张，即：对志愿服务活动过程中潜在的危险以系统的方式予以监控、确认、分析和处理。据此，志愿服务项目健全风险管理机制必须做到以下几点：首先，践行风险识别意识。找出志愿服务活动中可能存在的危险及其造成损失的程度，形成风险等级评定。一般而言，志愿服务风险识别可从道德风险、运作风险、人身风险、经济风险、信用风险等方面考虑。其次，制定风险预案。着眼于风险发生前的预防性工作，包括一系列风险准备、风险应对计划、事前确定风险发生时的行动程序，如谁负责指挥协调、谁负责人员疏散撤离等。在项目活动开始前，进行风险预案的培训与演练，提高参与人员的风险防范意识。最后，以权变思维建立动态化风险管理。一方面，实时监测志愿服务过程是否存在不安全因素，一旦发现危险则立即采取恰当的风险管理措施；另一方面，要根据危险的实际状况，实时调整志愿服务风险应对策略，最大限度地降低风险损失。

4. 优化资源整合管理机制

资源整合发端于企业战略调整，核心理念在于善用合作手段获得利益共赢，增强服务能力。以企业为标杆，将资源整合要点引入社区志愿服务项目管理。首先，整合顾客资源。在某种程度上，志愿者对志愿服务组织来说是极为重要的顾客资产，其可依照其个人意愿选择参与或不参与活动。为志愿者提供差别化的服务机会，与其建立长期的伙伴关系是顾客资源整合的有效途径。因此，打破"一类服务一个队"的固化模式，整合不同志愿服务团队的志愿者资源，建立志愿者共享机制，为志愿者提供岗位轮换的机会，增强其志愿参与的持续性，也为解决活动志愿者资源不均衡的现状提供新思路。其次，整合能力资源。能力资源既包括志愿服务所需的实体资源（如活动场地、设备等），也包括志愿服务所需的技能资源（如活动负责人的组织能力、志愿者的知识能力等）。以服务创新为刺激点，推动能力资源整合是组织广泛采取的手段。对此，笔者建议鼓励志愿服务创新活动，打造资源供给小站，以3—5个社区为单位，建立一体化资源使用与储备平台，整合社区现有资源形成资源供给清单，引导社会组织入驻资源小站，以提供专业化技能培训为主。

（四）深化志愿服务项目评估与结果管理

志愿服务项目具有一定的阶段性，如何将志愿服务项目的阶段性成果转化为持续性的社区志愿服务福利就涉及对志愿服务项目的结果管理。志愿服务项目的成果转化通常从两个方面入手：对项目进行深入分析，了解项目的优势与不足；对项目的范围与内容进行拓展，增强项目普适性。

1. 加强绩效评估管理

志愿服务绩效可用作表示通过志愿服务活动投入得到的个人收益与集体收益，也可反映志愿服务组织及志愿者在志愿服务过程的综合素质。绩效管理作用发挥的机制为：设定合理的志愿服务项目与志愿者个人绩效目标，通过有效的绩效评估与奖惩措施使整体行为贴近目标方向。首先，应收集绩效信息，确立绩效目标。志愿服务项目必须通过比较以往绩效经验与现有绩效资源，阐明预期绩效并制订绩效管理计划与方法。其次，根据志愿服务目标成果设定可以衡量和实现绩效评估指标，以服务时间、服务质量、服务态度、服务热情、服务能力等评定志愿者个人绩效等级，以服务满意度、服务效果、管理者组织能力、志愿者成长性等评估志愿服务活动绩效。绩效是志愿服务评定优秀志愿者、优秀志愿服务等荣誉的重要数据来源。最后，持续监测志愿服务活动绩效，增强绩效追踪意识。做到"一事一评"，及时对单次志愿服务活动绩效与个人绩效做出评估，形成完整的绩效报告，为绩效改进提供建议与支持。

2. 提高志愿服务项目成果可转化性

志愿服务项目成果转化是"服务产出效益最大化"的必然要求，也是推动社区志愿服务长效运行、可持续发展的应有之义。为此，成果转化意识要在项目团队内形成广泛共识。第一，建立志愿服务项目成果共享机制，尽可能扩大志愿服务项目成果覆盖范围，使更多项目团体从中获益。实现志愿服务项目成果共享是一项长期任务，要将其融入志愿服务项目计划，保证项目团队的每个人都能对志愿服务项目的推广做出承诺。第二，注重志愿服务文化产品的创新，增强志愿服务项目的文化底蕴。文化是项目的内在价值，展现着活动的独特魅力，在增强团队凝聚力、项目辨识度中发挥着重要作用。我们要借鉴一些大型志愿服务项目文化建设经验，结合志愿服务项目内容，提出具有项目特色的志愿服务文化理念。

3. 强化志愿服务项目宣传管理

宣传作为一种强有力的动员手段，是应对志愿服务社会关注度不足、公众认知度不高的良药。志愿服务项目社会形象的树立，以及志愿者参与积极性的高低，均依赖于一个高效率、高水平的宣传工作体系。为此，志愿服务项目宣传需要做到以下3点：①及时在官方渠道或有社会影响力的平台发布志愿服务项目信息，尽可能在最大范围内保证活动的知晓度，营造"人人可为，时时可为"的志愿服务氛围。②利用社区平台对活动志愿者进行宣传报道，展示优秀志愿者的工作风采，增强志愿服务参与带动效应。在志愿服务过程中，志愿者以自身行动向社会传播"奉献、友爱、互助、进步"的志愿服务精神，为促进社会文明起到表率作用，唤醒公众对志愿服务的重视意识，激发公众内心深处的美好品质。③与媒体形成常态化合作机制，充分利用媒体资源的影响力和引导力，向社会宣传和传达活动精神内涵。通过收集以往活动素材、建立素材库、制作活动宣传短片等方式持续不断为媒体平台提供宣传内容，提高志愿服务活动的支持率与参与率。

第九章　社区志愿服务"互联网⁺"平台建设与运行

一、回天地区志愿服务"互联网⁺"平台建设与运行现状

（一）平台总览

志愿服务"互联网⁺"平台承担了志愿服务项目线上发布及管理、志愿者注册备案、志愿者招募等职能，扩展了志愿服务项目的覆盖范围，提升了志愿服务工作效率。打造志愿服务"互联网⁺"平台是深化志愿服务工作的一条重要途径。回天地区主要利用"志愿北京"平台开展线上工作，其下属部分街道、社区创建了服务于本社区的APP、微信公众号等新媒体平台。如：霍营街道建设运营了微信公众号"新霍营"，霍家营社区建设运营了APP"霍家营社区"和微信公众号"霍家营社区"。回天地区利用

这些平台，主要开展志愿服务项目宣传、居民沟通交流等偏外向型工作，而志愿服务项目管理，以及志愿者注册、备案、招募等偏内化型工作则较少涉及。

（二）平台类型

目前，回天地区已经建成的志愿服务"互联网⁺"平台分为两类：一类是综合性志愿服务"互联网⁺"平台，另一类是专业性志愿服务"互联网⁺"平台。

1. 综合性横向志愿服务"互联网⁺"平台

综合性横向志愿服务"互联网⁺"平台具备覆盖范围广、管理功能全、用户数量多等优势，尤其在对志愿服务项目管理、志愿者服务时长认证、志愿团体注册等方面有突出优势。回天地区目前利用的"志愿北京""新时代文明实践中心""志愿昌平"等平台都属于此类。

（1）"志愿北京"平台

"志愿北京"作为北京市志愿服务联合会主办的志愿服务"互联网⁺"平台，在醒目位置设计了求助者、志愿者和志愿团体进入专属界面的功能。

在志愿者个体管理功能层面，主要有实名注册认证、在线培训、参加志愿团体、参加志愿项目、志愿时长认证、下载志愿服务证书等。平台访问者可在志愿者详情页面查看已认证志愿者的主要信息，包含志愿者所在区域、编号、注册日期、志愿服务时长、曾参与的志愿服务项目、加入过的志愿服务组织等。其中，志愿服务时长排名激发志愿者参与志愿服务的热情，服务评分促进志愿者提高自身的服务技能、态度等。

在志愿服务项目管理功能层面，"志愿北京"平台提供了按照项目区域、服务类别、项目状态、报名范围、服务对象、项目人数等属性进行筛选的功能，协助志愿者精准定位，报名参与感兴趣的项目。志愿者可通过志愿服务项目详情页面了解项目主要信息，涵盖项目地点、项目起止日期、服务类别、所服务对象、已报名志愿者简要信息等，还可以一键报名参与，为志愿者提供了畅通便捷的参与渠道。

在志愿服务组织管理功能层面，主要有组织注册认证、发布志愿服务项目、招募志愿者、评价志愿者等。用户可以按照志愿服务组织所属行政区域、提供的志愿服务类别、组织类型、组织人数等属性进行精准定位，快速找到所对应的志愿服务组织。志愿服务组织详情页面则展示了已注册组织的各项信息，如该组织所在区域、详细地址、人员规模、正式成员、加入方式、成立日期、登记机关、发起的志愿服务项目、主要联系人等，增强了该志愿服务组织对潜在志愿者的吸引力。

总体上看，"志愿北京"平台在功能设计层面较为合理，尤其是志愿服务时长记录和认证功能，受到志愿者和志愿服务组织的广泛认可。

（2）"新时代文明实践中心"平台

"新时代文明实践中心"内置于昌平区主办的北京昌平政务服务APP。这样的设置有助于扩大志愿服务在群众中的影响力，整合昌平区基层公共服务资源，调配志愿服务力量，提供综合线上管理，等等。"新时代文明实践中心"平台提供了志愿者认证申请、志愿服务项目发布及报名、志愿服务活动宣传等功能。需要说明的是，该平台与"志愿北京"平台实现了数据互通，可高效开展区域性志愿服务工作。

"新时代文明实践中心"平台的"点单"与"发布需求"功能是对志愿服务项目的移动化精细管理，志愿者可通过"点单"功能来报名参与已发布的志愿服务项目；求助者可利用"发布需求"功能寻求相关志愿服务。从实践层面看，"点单"与"发布需求"功能提高了志愿服务项目的参与度，提升了志愿服务项目的发布频率，强化了志愿者与求助者的联结纽带。

（3）"志愿昌平"微信公众号平台

"志愿昌平"微信公众号推送志愿服务的任务、队伍和项目，完善志愿服务积分兑换奖品机制，展示志愿服务组织工作成果，其核心定位为志愿服务供需对接移动互联网平台。而类似志愿服务项目的线上管理、志愿者注册、服务时长认证等功能则跳转至"志愿北京"平台，简化了用户操作程序，与"志愿北京"在数据层实现了互联互通。

2. 专业性纵向志愿服务"互联网+"平台

专业性纵向志愿服务"互联网+"平台具有受众精准、功能聚焦、用户黏性强等特点，尤其在志愿服务项目的人员招募、活动宣传、用户交流等方面有着得天独厚的优势。如：回天地区下属街道、社区依托微信公众号打造的本地化志愿服务微平台、社区服务APP都属于此类。以下着重对"霍家营社区"APP、"新霍营""霍家营社区"微信公众号进行介绍。

（1）"霍家营社区"APP

"霍家营社区"APP引入志愿服务积分管理制度，社区志愿者通过它参与志愿服务项目。社区居民在该APP注册成为志愿者，他们获取的社区志愿服务项目激励以积分形式存入个人账户，可兑换实物奖品或其他居民的志愿服务。通过该机制，社区一级形成了志愿服务良性循环，体现了"人人为我，我为人人"的互助理念。

（2）"新霍营"与"霍家营社区"微信公众号

"新霍营"与"霍家营社区"微信公众号的功能主要聚焦于宣传霍营街道和霍家营社区的志愿服务活动，一般不涉及志愿服务项目管理、志愿者注册、服务时长认证等。它们的优势在于覆盖范围十分广泛，受众精准，将其应用于社区一级的志愿服务宣传，可实现志愿服务宣传效果倍增，赋能志愿服务的"最后一公里"。

（三）平台特点

"互联网+"平台对推动志愿服务在回天地区的发展起到了十分重要的桥梁和纽带作用。各具优势的"互联网+"平台组合形成了回天地区的"一核三翼"志愿服务平台矩阵（见图9-1）。

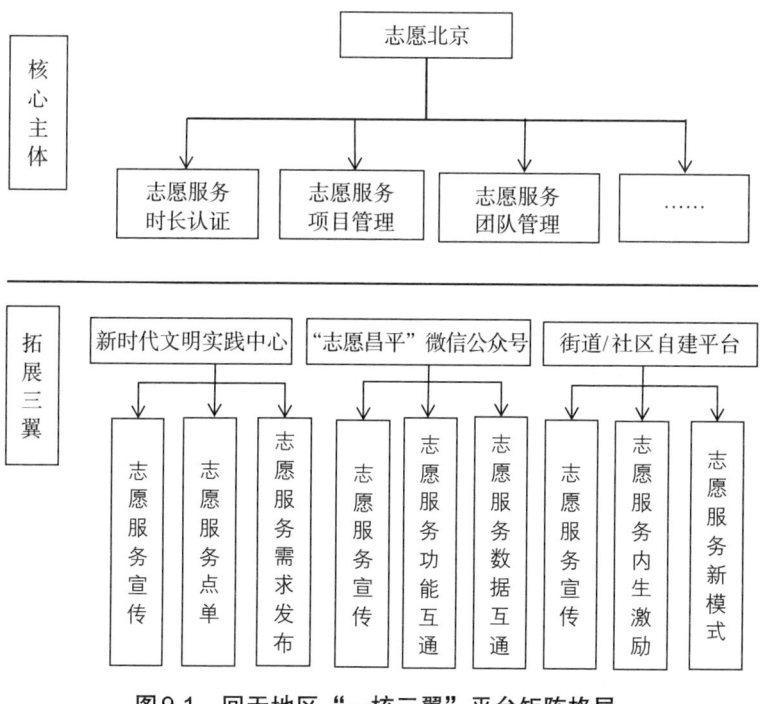

图9-1 回天地区"一核三翼"平台矩阵格局

1. "一核"

回天地区志愿服务"互联网⁺"平台的核心主体是"志愿北京"。"志愿北京"平台提供了志愿服务时长认定、志愿服务项目管理、志愿服务团队管理等综合性功能,在回天地区志愿服务线上管理工作中起着举足轻重的作用,尤其在志愿服务时长认证、志愿服务组织注册管理等方面。此外,"志愿北京"为回天地区的其他志愿服务"互联网⁺"平台提供了管理支撑,在数据层面基本实现了互联互通,破除了以往志愿服务组织各自为政、多头管理的藩篱。

2."三翼"

北京昌平"新时代文明实践中心"、"志愿昌平"微信公众号、街道/社区自建平台作为回天地区志愿服务线上工作的拓展和延伸，提供了志愿服务宣传、志愿服务供需对接、志愿服务数据互联互通等专业性管理功能，吸引全社会关注、参与和推动志愿服务在回天地区的发展。回天地区的霍营街道和霍家营社区在自建社区志愿服务"互联网$^+$"平台方面做出了有益的探索与实践。霍营街道利用"新霍营"微信公众号，强化了对街道志愿服务活动的宣传，吸引了街道居民对志愿服务工作的关注。霍家营社区利用 APP 的志愿服务积分互换功能提高了社区居民参与志愿服务项目的热情，在社区一级形成志愿服务内生激励，其先进经验值得在其他社区全面推广。

二、回天地区志愿服务"互联网$^+$"平台建设与运行成效

回天地区志愿服务"互联网$^+$"平台的运行成效显著，改善了回天地区志愿服务发展的环境，提高了回天地区志愿服务工作的效率，深化了回天地区志愿服务组织的改革，探索出回天地区志愿服务激励的新途径。

（一）覆盖面扩大

截至目前，昌平区在"志愿北京"平台实名注册的志愿者总

数已超过37万人，志愿服务团队近6000支。其中，回天地区实名注册志愿者人数超过8万，超过昌平区实名注册志愿者的1/5。回天地区利用"互联网⁺"平台的时空优势，持续开展志愿服务活动，加强志愿服务团队建设，创新志愿服务工作形式，形成了来源广泛、覆盖全面、内容丰富的社区志愿服务工作新格局，做到了下属街道小区的志愿服务全覆盖。

（二）便捷性提高

"志愿北京"平台功能十分全面，但用户在具体使用上则比专业性纵向志愿服务"互联网⁺"平台复杂。尤其是未经过系统化、长期化培训的工作人员和年龄偏大的志愿者，他们往往不能顺畅利用该平台开展志愿服务工作。有鉴于此，"北京昌平"APP内置的"新时代文明实践中心"与"志愿昌平"微信公众号在设计上进行了针对性功能优化。一方面，前台以通俗易懂的形式呈现给相应人员，极大简化了线上操作步骤，优化了志愿者注册认证、志愿服务项目发布、服务时长认证等详细流程；另一方面，将较为复杂的注册认证、服务时长认证、项目发布管理等功能整合于后台，打通了与"志愿北京"的数据连接，增强了志愿服务"互联网⁺"平台用户的使用便利性。

（三）关注度提升

回天地区志愿服务"互联网⁺"平台以志愿服务为载体，深度参与回天地区的社会治理，强化多元主体参与的贡献度，营造良好的社会氛围。社区居民和社会力量参与志愿服务的意愿进一步增强。

1. 综合性服务"互联网+"平台的关注程度

通过对"志愿北京"平台调研,使用第三方网站流量统计工具对2019年10月1日至12月31日的访问量进行统计(见表9-1),笔者发现"志愿北京"平台的月平均访问量与月平均访问深度保持在较高的量级。

表9-1 "志愿北京"平台2019年10月1日至12月31日的访问量统计结果

平台名称	月平均访问量(人次)	月平均访问深度(人次)
志愿北京	11 840	68 000

搜索指数的数据基础来源于网民在搜索引擎的搜索量,统计对象为具体关键词,经搜索频次加权算法计算得出,可用于监测特定关键词的搜索热度,在一定程度上可反映相对社会关注度。笔者以"志愿服务""志愿北京"作为指数关键词,限定地域范围为北京市,限定时间为2019年10月1日至12月31日,进行搜索指数统计后发现,"志愿服务""志愿北京"搜索指数整体呈递增趋势,关键词搜索量级整体处于较高水平,从侧面说明了志愿服务的社会整体关注度持续增强。

"志愿昌平"微信公众号每月集中发布志愿服务主题,开展志愿服务活动,通过这些具体措施,拓展了志愿服务活动的外延,吸引当地居民持续关注。另外,"志愿昌平"微信公众号与线下设立的城市志愿者服务站形成联动效应,实现志愿服务信息与资源无缝衔接，促进城市志愿者人数、累计志愿服务时长、服务群众人数实现跨越式增长。

2. 专业性纵向"互联网⁺"平台社会关注程度

以"新霍营""霍家营社区"为代表的一批优秀街道/社区微信公众号发挥了基层阵地作用，吸引回天地区社会组织、志愿服务组织、社区志愿者和社区居民广泛参与志愿服务项目，带动回天地区的1.7万余名城市志愿者成为社区志愿服务工作的骨干力量，实现了志愿服务活动深入社区，服务社区，带动社区，回天地区居民对志愿服务活动关注度大幅提升。

三、回天地区志愿服务"互联网⁺"平台建设与运行中的问题

（一）社区自建平台困难

回天地区已经形成"一核三翼""互联网⁺"志愿服务平台矩阵格局，但只有极少社区自建了志愿服务平台，街道/社区自建平台成为其中最薄弱的一环。这当中既有平台建设资金不足的问题，也存在社区工作人员对社区自建志愿服务平台发展定位不清晰的问题。

1. 缺乏平台建设与运行资金

客观上志愿服务"互联网⁺"平台建设与运行资金需求量大。在建设资金方面，社区志愿服务活动有较强的公益性，加之社区

自有资金不足,社区志愿服务开展的资金渠道有限,阻碍了社区志愿服务"互联网$^+$"平台的建设。在运行资金方面,志愿服务"互联网$^+$"平台后期运维的高额资金直接制约了社区志愿服务平台的开发。以整个昌平区为例:昌平区共青团2019年的志愿服务工作经费是50万元,2020年增至70万元,而这些经费只用于昌平区所属街道/社区志愿服务开展基本的活动,若细化到具体的街道/社区,它们能够得到的工作经费极为有限,根本不能满足建设志愿服务平台的需求。回天地区社区自建志愿服务平台只能通过自筹方式来获取资金。正因为如此,几乎所有社区都将志愿服务信息整合到社区内部的微信公众号发布,而没有专门的社区志愿服务平台。但就社区现有的微信公众号而言,志愿服务平台只能实现志愿服务活动信息发布与活动宣传的功能。霍家营社区建立了"霍家营社区"APP,作为社区内部专门的志愿服务平台,社区志愿者可以直接通过APP参与志愿服务项目,与霍家营有自筹资金的渠道是分不开的。据霍家营社区负责人介绍:"社区志愿服务组织活动开展的经费一般要去街道报批,而我们社区有自己的商业用地,有自己的经费来源。"

2. 社区自建志愿服务"互联网$^+$"平台发展定位不清晰

社区通过自建志愿服务"互联网$^+$"平台,便于社区志愿服务活动的开展。这在一定程度上也会增加基层工作人员的工作量,使社区工作人力资源更加紧缺。从长远来看,社区自建志愿服务"互联网$^+$"平台有利于社区的自我管理与自我服务。我们在访谈过程中发现,部分社区负责人认为社区自建志愿服务"互联网⁺"平台与中办下发的文件《关于解决形式主义突出问题为基层减负的通知》要求相矛盾，因为文件明确要求不得以微信工作群、政务APP上传工作场景截图或录制视频来代替对实际工作评价。这实际上也暴露出部分社区工作人员对社区自建志愿服务"互联网⁺"平台发展定位不清晰的问题，也曲解了相关政策文件的要求。社区自建志愿服务"互联网⁺"平台的目的在于更加便捷地开展社区的志愿服务活动，而不是应对上级的工作检查。简单地说，社区自建志愿服务"互联网⁺"平台的根本目的在于服务，而不在于应付工作。在当前志愿服务平台发展极不充分、志愿服务"互联网⁺"平台数量严重不足的情况下，社区自建的"互联网⁺"平台是志愿服务"互联网⁺"平台体系的重要补充。此外，部分社区负责人对社区志愿服务"互联网⁺"平台建设的重视程度不够。有的社区负责人表示社区现有的志愿者以老年人为主，而他们不擅长使用信息技术，社区内部也就没有必要自建志愿服务"互联网⁺"平台。这种观点暴露出部分社区工作人员将志愿服务"互联网⁺"平台利用不畅的问题归结到平台建设上，而不是平台功能优化上。

（二）平台功能不完善

回天地区志愿服务平台功能仍有待完善，志愿服务平台功能不完善体现在平台功能有待扩展、平台缺乏维护、平台交互性不强等方面。

1. 平台功能有待扩展

（1）个人需求功能缺少

"志愿北京"、"新时代文明实践中心"、"志愿昌平"微信公众号等综合性志愿服务"互联网$^+$"平台已经具备志愿者认证申请、志愿服务项目报名、志愿服务项目发布、志愿服务活动宣传等功能，但目前普遍缺乏社区居民志愿服务"点单式"服务的功能。这种功能的缺乏使得现有综合性志愿服务平台的志愿服务项目发布都以团体的形式开展，而居民个人不能通过平台发布自身的服务需求，寻求志愿者的帮助，即：虽然有"点单式"志愿服务项目，但都是以团体"点单"的形式开展的，没有考虑到不同居民个性化的志愿服务需求。

（2）缺乏志愿时长公示功能

这具体是指志愿者在完成一项具体的志愿服务活动后，直接通过平台对时长进行了记录，但未将记录情况进行公示，接受公众监督，社区居民也无法得知平台记录的时长是否公平。

（3）不利于老年人操作

在回天地区的志愿者当中，中老年人占绝大多数，而老年人普遍不能熟练使用网络技术。以最简单的志愿者注册为例：多个社区负责人表示社区老年人在"志愿北京"进行注册几乎都是通过社区工作人员完成的，很多老年人根本不会用手机注册，这也增加了社区工作人员的工作量。

2. 平台界面规划有待加强

回天地区志愿服务平台页面布局规划设计有待加强。以"志愿北京"平台为例：平台的主界面几乎完全被通知类、新闻报道类信息占满，类似于政府的门户网站。平台功能以发布信息为主，未对发布的信息进行整合归类，造成了页面布局不简洁等问题。"志愿北京"设立了"求助中心"专栏，用于解答公众疑问与咨询，但未对公众咨询与提问进行科学归类整理。现有平台只是简单地将公众咨询的问题分为"微心愿""系统使用""其他"三个类别，而未进行更加细化的分类。公众咨询的问题和平台回复内容只是简单地按照时间顺序显示。

3. 平台链接内容不全面

回天地区志愿服务"互联网+"平台功能不完善还体现在平台链接内容不完善。"志愿北京"作为综合性的志愿服务平台，网站内部除了具备全国性的志愿服务平台链接入口外，应该具备各个区级志愿服务平台的链接入口。在"志愿北京"平台，链接内容以全国性志愿服务行业网站为主，包括北京市青年联合会、北京外企志愿者协会、首都社区志愿服务网、北京文化志愿者等，缺乏下属区级和高校志愿服务平台的链接入口。在区级层面，当前"志愿北京"链接只包括海淀区、昌平区与西城区这三个志愿服务平台，没有其他区的志愿服务平台链接入口。除了链接入口不完整，"志愿北京"还存在链接入口不实用的问题。例如：点击昌平志愿服务网的链接入口时，网页直接提示链接入口不可访问。

4. 平台交互性弱

志愿服务"互联网+"平台除了具备志愿服务信息发布、志愿服务活动征集、志愿服务时长记录等功能外,必须具备互动交流功能,实现平台与公众的互动,解答公众咨询的问题。在平台交互性上,"志愿北京"平台通过在线客服、在线咨询、求助中心等渠道回应公众,但这些渠道都有优化完善的空间。首先,回天地区志愿服务平台现有互动交流渠道不完善。其次,电话在线客服没有详细注明电话咨询的具体时间,公众无法明确什么时间段不可以进行咨询。再次,在线咨询渠道不通畅,无法实现交流功能。最后,求助中心功能不完善,未对公众经常咨询的问题进行归类,未梳理出热点咨询问题。需要强调的是,通过梳理求助中心中公众咨询的问题可以发现,许多问题大同小异,已经回复的内容完全可以直接显示在页面上,而不需重复咨询、重复解答。另外,志愿服务平台互动交流渠道单一。回天地区现有志愿服务平台沟通渠道都是自下而上的公众咨询类渠道,缺少获取公众意见、汇集民情民意类自上而下的沟通渠道。

(三)平台兼容度不高

回天地区已建立多种类型的志愿服务平台,但是管理部门职能交叉,导致平台管理责任不明确,各类平台分散管理,平台兼容度不高。

1. 平台缺乏统一管理

当前回天地区志愿服务平台都有明确的管理主体,各主体只负责管理自己的平台,缺乏统一的管理主体。其中,"志愿北京"平台的管理主体为北京市志愿服务联合会,"志愿昌平"微信公众号由共青团北京市昌平区委员会主管,社区自建的平台由社区负责管理。各管理主体分散管理,一方面造成了各志愿服务平台部分功能趋同化、重复性建设,另一方面也浪费了大量平台建设资金,降低了志愿服务活动效率。在访谈过程中,部分社区居民表示,他们在很多志愿服务平台都填写了相关信息,但是他们也不知道这些平台的管理主体,而且很多平台需要填写的基本信息都差不多,相当于重复注册了。这也从侧面反映了各志愿服务平台管理主体之间日常缺乏有效沟通和交流。

2. 平台彼此间未联通

各志愿服务"互联网+"平台分散管理最直接的表现就是平台之间未联通。首先,缺失彼此联通的链接入口。回天地区"昌平区新时代文明实践中心"和"志愿昌平"微信公众号已经实现了与"志愿北京"平台互联互通。它们不仅有直接链接至"志愿北京"的入口,还实现了志愿服务数据、信息共享。但"志愿北京"平台缺乏链接至"昌平区新时代文明实践中心"与"志愿昌平"微信公众号的链接入口。而社区自建的志愿服务"互联网+"平台完全成为独立运营、各服务功能都是基于社区自身需求、缺少上级志愿服务平台的链接入口,上级志愿服务平台也无法联通至社区内部的志愿服务平台,造成了社区志愿服务平台的"孤岛"现象。其次,各志愿服务"互联网+"平台未完全实现信息共享。目前,只有"昌平区新时代文明实践中心"、"志愿昌平"微信公众号已经实现与"志愿北京"平台的信息共享。社区自建的志愿服务"互联网+"平台重新设计了志愿时长记录方式,未利用已有平台记录的志愿时长。以"霍家营社区"APP为例：社区自创了"霍币"的积分方式，社区居民参与的社区志愿服务项目以积分形式存入个人账户，能够兑换物品或等价换取其他居民的志愿服务，没有把社区居民之前的志愿服务时长计算在内。

（四）平台活跃度较低

1. 平台信息更新不及时

志愿服务"互联网⁺"平台信息长期不更新，会逐步演化为"僵尸平台"。在信息更新速率方面，北京市级和昌平区级的志愿服务平台表现一般，而社区平台的志愿服务信息更新速率偏低，各平台的信息更新速率均有待提高。以"志愿北京"平台为例：信息更新速率最高的版块集中在团体动态，平均每两天更新一次信息，但"志联动态"与"媒体报道"更新速率较慢，平均每10天更新一次信息。"志愿北京"微信公众号的信息更新速率更慢，信息集中于同一天发布，每个月只集中发布两三次信息，2019年12月只在5日与13日进行了两次信息发布。

在"志愿昌平"微信公众号中，信息更新速率较慢，最慢为20天一次。社区内部的微信公众号信息更新速率更为缓慢，普遍为开展过一次志愿服务活动后才更新一次信息，而不注重平时宣传志愿服务理念，以及对市级、区级、街道等的志愿服务动态的转发。

2. 平台利用率不高

回天地区各类志愿服务"互联网⁺"平台注册率很高。以"志愿北京"为例：回天地区所有志愿者都已在"志愿北京"注册，各高校每年的新生也会进行注册成为志愿者。"志愿北京"平台2019年最后三月平均访问量达11 840人次。但在巨大的注册志愿者基数前，"志愿北京"平台的访问量仍相对较低。在访谈过程中，很多社区居民表示他们只在"志愿北京"平台上面注册过，之后就不再登录"志愿北京"平台。调查结果表明，志愿者获取志愿服务信息的渠道多，其中通过社区活动预告获取志愿服务信息的人数最多，占比为74.19%；其次是通过志愿者微信群、QQ群，占比为48.06%；最后是通过志愿服务组织，占比为45.81%。通过微信公众号或APP获取志愿服务信息的人数相对较少，占比仅为9.68%。这也说明当前社区志愿者使用频率最高的是微信群和QQ群这类志愿服务"互联网$^+$"平台，而综合性、专业性的"互联网$^+$"平台的使用频率不高。

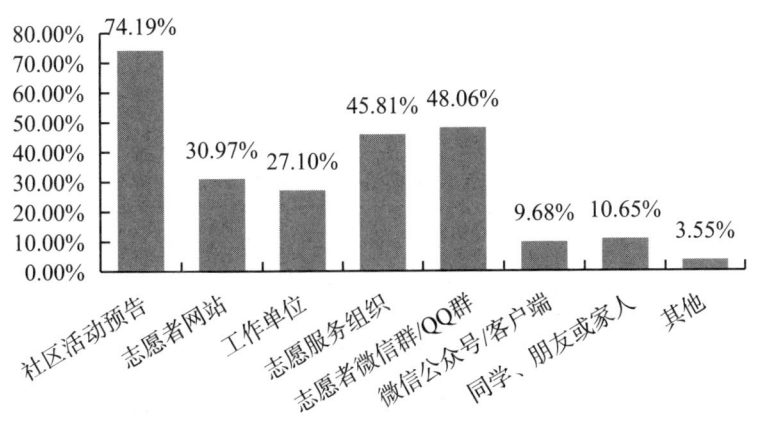

图9-2　志愿者获取志愿服务信息的渠道

志愿服务"互联网+"平台使用率不高的原因主要有：一是老年志愿者操作困难。回天地区老年志愿者是开展志愿服务活动的主要力量，但相比年轻人，老年人使用互联网和微平台往往面临很多障碍，比如输入法运用不熟练，对志愿服务网站功能不熟悉，担心误操作和视力不好。二是缺乏平台操作专职人员。自"回天有我"社会服务活动开展以来，回天地区组织开展了大量志愿服务活动，各类活动的发布、志愿者服务时长记录等平台操作工作需要大量的时间和精力。经过调查发现，社区的志愿服务活动信息主要依靠居委会工作人员完成。三是平台管理障碍。笔者通过访谈发现，线上平台由上级部门委托第三方开发。志愿者对业务熟悉度不够，以及上下沟通不足，导致平台使用过程中常常出现问题，如审核滞后、无相关人员负责审核等，有时还出现注册不成功、无法注册、系统登录故障等问题。总之，志愿服务"互联网+"参与平台种类和数量能够满足志愿服务的需求，但需要强化平台的科学管理。

四、促进社区志愿服务"互联网+"平台建设与运行的建议

（一）完善平台建设架构

要保证志愿服务"互联网+"平台规范建设与正常运行，需要志愿服务"互联网+"平台建设组织架构，加强志愿服务"互联网+"平台建设与运行的组织保障。一方面，要加强志愿服务

"互联网⁺"平台建设的人才保障；另一方面，要健全志愿服务"互联网⁺"平台运行的责任机制。

1. 加强平台建设人才保障

首先，提升政府工作人员管理能力和服务水平。志愿服务"互联网⁺"平台是由政府相应的职能部门主管的，直接决定着志愿服务"互联网⁺"平台的发展方向。政府工作人员需要了解最新的技术发展趋势，主动将技术优势运用到日常工作中，明确志愿服务平台发展定位。其次，加强志愿服务"互联网⁺"平台运维人员的技术培训。志愿服务"互联网⁺"平台的运维是相应的技术公司来负责的，政府相应的职能部门只负责主管。在某种程度上，负责志愿服务"互联网⁺"平台运维的技术公司的技术水平决定了志愿服务"互联网⁺"平台的服务水平。志愿服务"互联网⁺"平台的功能是随着技术进步与社区居民需求不断优化与完善的，这就需要志愿服务"互联网⁺"平台运维人员不断更新专业技能，结合其他地区志愿服务"互联网⁺"平台的优秀做法，创新本地区志愿服务"互联网⁺"平台的功能运用。最后，加强社区工作人员技术培训。社区居民在使用志愿服务"互联网⁺"平台过程中遇到问题时，通常先寻求社区工作人员而不是平台运维方的帮助。这就需要社区工作人员具备强大的技术素养，熟悉志愿服务"互联网⁺"平台的各项功能，了解志愿服务平台的常见问题及其解决方案。

2. 健全平台运行责任机制

志愿服务"互联网⁺"平台通常包括主办方、运营与维护方和技术支持方，部分平台还有承办方。以"志愿北京"网站为例：主办方为北京市志愿服务联合会，技术支持方为"志愿云"——志愿者信息管理系统。在志愿服务"互联网$^+$"平台建设与运行中，需要健全责任机制，明确各主体的责任。缺乏明确的责任制度，就会使志愿服务平台疏于管理。其中，志愿服务"互联网$^+$"平台主办方主要负责平台的总体规划与协调，制定志愿服务"互联网$^+$"平台各项管理规定，为志愿服务"互联网$^+$"平台发展提供宏观层面的制度。此外，志愿服务"互联网$^+$"平台主办方要加强平台的监管与监督，及时督促运维单位整改相关问题。志愿服务"互联网$^+$"平台技术支持方、运营和维护方负责具体管理志愿服务"互联网$^+$"平台，除了及时更新平台信息外，还要不断探索平台的新功能，优化用户体验。更为重要的是，志愿服务"互联网$^+$"平台技术支持方、运营和维护方等必须保证平台安全平稳运行，提高平台安全性，保障平台用户的信息安全。

（二）优化平台功能设计

志愿服务"互联网$^+$"平台功能实用易用才能让志愿者乐于使用平台开展志愿服务活动。回天地区志愿服务平台功能需要依托技术发展与志愿者使用需求不断优化。

1. 完善平台功能

首先，要具备志愿服务的"点单"功能。从调研情况看，在回天地区志愿服务平台中，只有北京昌平"新时代文明实践中心"与少数社区自建的志愿服务平台具备志愿服务"点单"功能。因此，当前需要将志愿服务"点单"功能逐步整合到"志愿北京""志愿昌平"等平台，加强社区居民志愿服务需求的搜集。其次，要开发志愿服务项目在线服务功能。当前，回天地区志愿服务"互联网$^+$"平台主要的功能是发布志愿活动、招募人员、推送志愿活动信息等，注重平台的志愿服务项目管理与监督作用，但忽视了志愿服务项目的指导与评估作用。而对志愿者招募仅仅提供志愿活动时间、地点、志愿者条件等基础信息，对志愿者应该发挥什么作用、履行什么职责却没有说明。志愿服务活动结束后也没有后期的评估过程，服务对象不能通过平台对志愿者的服务进行评价，难以衡量志愿服务活动取得的实际效果。再次，要探索志愿服务"互联网$^+$"平台的无障碍运用。回天地区志愿者既然以老年人为主，志愿服务"互联网$^+$"平台的功能开发就必须考虑到老年人的实际情况，开发出专门满足老年人使用功能的程序。如：通过开发志愿服务平台的无障碍版本，让老年志愿者更加便捷地使用平台。

2. 提高平台内容完整性

首先，确保志愿服务"互联网$^+$"平台搜索功能实用。在回天地区各类志愿服务"互联网$^+$"平台中，"志愿北京"网站的搜索功能最为实用，可以通过关键词模糊搜索到平台的相关信息。其他类型的志愿服务平台普遍没有信息搜索功能，平台访问者不能快速找到需要的信息，"志愿北京""志愿昌平"等微信公众号只能通过精确关键词进行信息搜索，不能进行模糊搜索。因此，需要不断完善志愿服务"互联网$^+$"平台的信息搜索功能，提高搜索功能的多样性。其次,要提高志愿服务平台链接内容完整性。志愿服务"互联网⁺"平台需要具备行业平台、下属志愿服务平台与高校志愿服务"互联网⁺"平台三类平台的链接入口。如果链接平台的名称或网址发生变动,就要及时修改和更新链接入口,链接入口不可用的要明确说明不可用的原因。

3. 增强平台交互性

志愿服务"互联网⁺"平台除了发挥开展志愿服务活动外,还有管理志愿者的重要作用。因此,志愿服务"互联网⁺"平台要努力发展为与志愿者的沟通渠道。在志愿服务"互联网⁺"平台中,除了具备求助中心这类平台使用咨询类交流渠道,还要开发出主动与志愿者、社区居民沟通的渠道。在日常工作中,可以通过志愿服务"互联网⁺"平台了解居民对志愿服务工作的意见与建议,争取居民对志愿服务活动的支持,吸纳民众参与志愿服务活动筹划,提高居民参与志愿服务活动的积极性。此外,要重点关注志愿者的需求,通过志愿服务"互联网⁺"平台了解他们的日常工作。努力探索志愿服务"互联网⁺"平台的志愿者沟通功能,让志愿者可以通过志愿服务"互联网⁺"平台分享每次志愿服务活动的心得体会和工作经验,并且可以将这些工作动态同步分享到自己的社交渠道。另外,志愿者可以通过志愿服务"互联网⁺"平台找到兴趣相投的同伴,使志愿服务"互联网⁺"平台具备交友功能。

（三）提升平台兼容程度

回天地区志愿服务"互联网⁺"平台需要整合平台现有的资源，推动数据资源共享，提升平台的融合度，形成平台合力，保障志愿服务活动的有效开展与志愿者的科学管理。

1. 加强平台统一管理

回天地区应在昌平区成立志愿服务"互联网⁺"平台管理工作组，对回天地区所有志愿服务"互联网⁺"平台进行统一规划与管理。首先，要统一规范。从区级层面编制回天地区志愿服务"互联网⁺"平台建设与管理规范，对志愿服务"互联网⁺"平台建设标准与运行职责做出明确规定，确保志愿服务"互联网⁺"平台的规范化运行。其次，要统一平台。对回天地区现有志愿服务"互联网⁺"平台功能进行梳理，对于重复性的功能可以整合到"志愿北京""志愿昌平"等综合性志愿服务平台。再次，要统一监管。昌平区志愿者联合会作为志愿服务的主要负责部门，要承担起回天地区志愿服务"互联网⁺"平台的主要监管责任，保证志愿服务"互联网⁺"平台监管全覆盖。最后，要实现分级维护。各志愿服务"互联网⁺"平台的主办方负责平台的日常维护，并及时更新平台的信息。

2. 确保平台互联互通

首先，要使各志愿服务"互联网⁺"平台都具备相应的平台链接入口。街道、社区等自建的专业性志愿服务"互联网⁺"平台必须有"志愿北京""志愿昌平"这类综合性志愿服务平台的链接入口。"志愿昌平"平台要具备街道层面志愿服务平台的链接入口,而街道层面的志愿服务平台要具备下辖社区的志愿服务平台。其次,要确保各志愿服务"互联网⁺"平台的数据信息实现共享。对志愿服务时长,要确保各志愿服务"互联网⁺"平台能够联通数据,志愿者无论通过什么平台参与志愿服务活动,都能够实现时长的认可。对社区自建志愿服务平台的志愿时长换取服务功能,志愿者也可以根据已有志愿服务时长换取相关服务,而不需重新建立志愿服务积分形式。

(四)强化平台宣传推广

回天地区志愿服务"互联网⁺"平台需要加强平台宣传推广,扩大志愿服务"互联网⁺"平台的传播力与影响力。回天地区既要推广平台使用,提升平台认知度;又要扩展平台移动化应用,增加志愿服务平台的受众。

1. 推广平台使用

首先,要充分利用报纸、杂志、广播、电视、网络等媒体宣传回天地区志愿服务"互联网⁺"平台发挥的作用与取得的工作成效。通过加大宣传力度,提高社区居民对志愿服务"互联网⁺"平台的认知度,从而提高志愿服务"互联网⁺"平台的使用率。其次,要编制志愿服务"互联网⁺"平台使用指南。要将志愿服务"互联网⁺"平台使用指南置于平台的主界面,以方便公众查询。志愿服务"互联网⁺"平台使用指南要详细介绍平台所有功能,以及各项功能的使用方法,并且要在指南中梳理出平台使用过程中常见的问题解答。再次，要加强志愿者的志愿服务"互联网+"平台使用培训。通过在志愿服务"互联网+"平台内置平台操作视频课程进行线上培训，或在社区内举办专门的志愿服务线下培训课程，让志愿者能够熟练运用志愿服务"互联网+"平台开展志愿服务活动。

2. 扩展平台移动化应用

回天地区志愿服务"互联网+"平台以网站和微信公众号为主，专门的志愿服务APP几乎没有，缺乏志愿服务"互联网+"平台的移动化应用。扩展志愿服务"互联网+"平台的移动化应用是强化平台宣传推广、提高志愿服务平台传播力的重要渠道。首先，要扩展当前志愿服务网站的移动版。手机网页与PC端网页呈现的内容常常有差异，手机网页的部分视频内容也常常因缺少插件而无法正常播放。回天地区志愿服务网站应该扩展网页的移动版，访问者通过点击移动版选项就能跳转至适应手机的移动版界面，便于访问者进行操作和浏览相关信息。其次，要建立综合性的志愿服务APP应用。"北京昌平"APP承担了志愿服务的相关功能，但并非专门针对志愿服务设计的。"志愿北京"作为综合性最高、功能最完善、志愿者注册最多的志愿服务平台，应该逐步开发APP应用，满足用户的新需求。

第十章 社区志愿服务体系创新与能力提升

一、新时代社区志愿服务创新与能力提升面临的机遇与挑战

在新时代,经济发展进入新常态,更加注重高质量发展。在文化发展方面,坚定文化自信,推动社会主义文化繁荣兴盛;在国家治理方面,强调创新社会治理,更加重视人民各方面的需求。新时代社区志愿服务的发展要在新时代背景下抓住发展机遇,克服发展挑战,提升社区志愿服务的创新能力等。

(一)志愿服务面临的机遇

新时代社区志愿服务的蓬勃发展与我国新时代全面深化改革有着密切关系,经济、政治、社会、文化等领域充满了机遇。

第一,完善的市场经济体制为社区志愿服务发展提供了经济

基础。社区志愿服务发展需要有良好的经济基础，我国市场经济体制也越来越完善。2020年5月18日，中共中央、国务院发布了《新时代加快完善社会主义市场经济体制的意见》，提出了创新政府管理和服务方式，完善宏观经济治理体制；坚持和完善民生保障制度，促进社会公平正义；坚持和加强党的全面领导，确保改革举措有效实施等7项关键领域的改革措施，为社会组织提供了大量活动空间、资金和人力资源的渠道。

第二，政府的职责改革为社区志愿服务发展创造了有利政治条件。社区志愿服务发展很大一部分是弥补政府在社区治理方面的"失灵"，政府为社区志愿服务发展创造了条件。2018年2月，中国共产党第十九届中央委员会第三次全体会议通过《中共中央关于深化党和国家机构改革的决定》。2018年3月，第十三届全国人大一次会议批准《国务院机构改革方案》，政府机构改革进入具体实施阶段。这次政府机构改革，强化了政府职责，明确了政府职能，使政府能处理好与社会和市场关系。政府积极培育、发展和规范"第三部门"参与社会管理事务，大量公民和社会团体参与到公共事务中来，为社区志愿服务的发展创造了有利条件。

社会治理建设是社区志愿服务蓬勃发展的社会基础。党的十九大报告指出，我国社会主要矛盾由人民日益增长的物质文化需要同落后的社会生产之间的矛盾转为人民日益增长的美好生活需要和不平衡不充分的发展之间的矛盾，提出要建立共建、共治、共享的社会治理格局，提高社会治理社会化、法治化、智能化、专业化水平。这为社区不同群体和个人建立合作、沟通与协调的关系创造了条件，也有助于形成社区志愿服务的开展所需的社会基础。

文化自信推动了社会主义核心价值观与志愿服务精神的融合。人民群众产生志愿服务行为，是对志愿服务精神的认可。而对志愿服务精神的认可离不开文化自信。特别在社会主义核心价值观的教育下，人民对志愿服务精神有了更广泛的认知。2020年10月29日，中国共产党第十九届中央委员会第五次全体会议通过《中共中央关于制定国民经济和社会发展第十四个五年规划和二〇三五年远景目标的建议》，提出要繁荣发展文化事业和文化产业，提高国家文化软实力，强调健全志愿服务体系，广泛开展志愿服务关爱行动。文化事业的强大为社区志愿服务注入了可持续发展的力量，使社会主义核心价值观与志愿服务精神有效统一，不断满足人民的文化生活需要。

（二）志愿服务面临的挑战

志愿服务在提升社区公共服务水平与质量、拓展社区公共物品供给、集聚社区治理资源、吸引社会资本进入社区等方面发挥了积极作用。然而，受历史、经济发展等影响，我国社区与基层社会结构呈现出离散化、碎片化等特征。[1]我国社区志愿服务组织的发展面临着持续发展的挑战、社会信任的挑战和创新的

---

① 郭彩琴，张瑾."党建引领"型城市社区志愿服务创新探索：理念、逻辑与路径［J］.苏州大学学报（哲学社会科学版），2019，40（03）：15-20.

挑战。

第一,持续发展挑战。志愿服务机制作为一种对市场和政府"失灵"的有效弥补机制,被学术界和公共管理者推崇,认为志愿服务是社会管理回应民众需求的有效途径。但是,志愿服务机制不是社区治理的"万能药",志愿服务也会"失灵"。据了解,当前我国城市社区志愿服务普遍存在"失灵"的情况。

其一,资源不可持续。按照组织依赖理论的解释,任何组织的发展和维系都必须与外部环境进行互动,获取组织生存必需的资源和能量。大部分基层志愿服务组织缺乏稳定而有力的资源,导致其志愿服务活动的开展缺乏经费保障,不利于志愿服务长期开展。

其二,人民参与性不可持续。在我国大部分城市,社区志愿服务的参与者大多数是老年人和中小学生,占社区人口绝大多数的中青年居民专注于个人事务,无暇或无心参与社区公共事务。他们即使参加志愿服务活动,也存在偶然性和阶段性,缺乏可持续参与的情况。

总之,我国社会志愿服务组织起步较晚、力量薄弱,自身力量不够,加之无法吸引人民有效地可持续参与志愿服务活动,大部分基层社会组织尚未建立制度化、常态化的志愿服务项目。

第二,社会信任挑战。目前,志愿服务在我国可依照发起机构和倡议者的不同而分为三类。第一类是行政主导型。政府和其他公共性机构发起正式服务,如中国红十字会、中华慈善总会、中国青年志愿者协会,及其下属各省市的红十字会、慈善协会、志愿者协会等。第二类是社会倡导型。社会名流、商界精英、文化贤达等发起正式志愿服务，如韩红爱心慈善基金会、壹基金公益平台、腾讯公益基金会等。第三类是民间参与型。民间人士或社区居民自发组织非正式志愿服务。第一类志愿服务组织有政府的权威支撑。鉴于人民对政府的高度信任，人民对政府举办的各类志愿服务组织是最信任的。第二类志愿服务组织是有社会权威性人物发起举办的。鉴于人民对权威性人物相对信任，人民对公众人物的发起的志愿服务组织的信任程度次之。第三类志愿服务组织是非正式志愿服务组织，人民对此类组织的信任程度排在末尾。我国城市社区志愿服务组织大多属于基层志愿服务组织。行政主导型和社会倡导型的志愿服务有政府或企业大力支持，资金充足，起步早，规模大，覆盖面广，管理科学，专业性强。基层志愿服务存在无固定场地、无经费、无制度、无管理等问题，志愿服务动能不足，服务效果不能满足人民需求。反过来，人民对它们志愿服务的满意度也不高，人民对此类组织的支持和信任度相对较低，不利于社区志愿服务的推广和发展。这已经成为社区志愿服务组织发展的一大挑战。

第三，创新的挑战。我国长期以来的"强政府—弱社会"国家—社会结构抑制了社会力量的培育和个体偏好的表达。在过去"强政府—弱社会"国家—社会结构下，人们对社区公共事务参与缺乏热情，导致社区志愿服务内生创新力量不足。在这种治理结构下，发挥志愿服务的力量依靠的是志愿服务创新，但社区志愿服务的志愿者大多是中老年人。拥有着创新优势的中青年人对志愿服务缺乏参与热情，而老年人和青少年有参与热情却缺乏创新技能，志愿服务参与人群的错位，导致我国志愿服务组织创新能力不足。

二、社区志愿服务创新与能力提升的未来趋势

社区志愿服务的蓬勃发展彰显了我国由社会管理向社会治理转变的时代进步，社区志愿服务事业的发展符合新时代社会主义发展的潮流，符合人民群众对美好生活向往的需求。正确认知和把握社区志愿服务发展的目标和未来趋势，对我国社会治理结构优化、经济社会协调发展具有重要意义。

（一）社区志愿服务多样化

随着我国经济发展和人民生活水平不断提升，社区志愿服务的类型也从特殊的单纯群众援助救济向普惠性的多样化社区志愿服务转型。社区志愿服务的多样化是社区公共服务成熟完善的重要表现。社区志愿服务多样化包含志愿服务需求多样化和志愿服务供给多样化。

在社区志愿服务需求多样化层面，一方面是人民群众对社区志愿服务的功能多样化需求，比如社区秩序维护、贫困帮扶、残弱救助等基本生活保障的需求；另一方面是国家对社区志愿服务的专业化需求，比如国家需要小区配合参与的重要活动、大型赛事、突发事件等应急专业志愿需求。

社区志愿服务供给多样化主要包括志愿服务组织多样化、志愿服务活动多样化、志愿服务模式多元化和志愿服务方式多样化。在志愿服务组织多样化层面，随着志愿者的广泛参与和志愿服务理念的弘扬，不同的社区志愿服务组织大量成立，比如社区志愿者、社区基金会、党员志愿服务队、机关单位创文创卫志愿服务队、企业社区服务队等。在志愿服务活动多样化层面，社区志愿服务的对象和内容不只是关爱老弱病残、送物资、走访慰问等形式，还出现了心理咨询、社区支教、慈善演唱会、文化沙龙、美术展、摄影展义卖等志愿服务，满足社区居民多层次的志愿服务需求。在志愿服务模式多样化方面，以前社区志愿服务的模式是志愿者、志愿服务组织来社区做服务；随着治理理念的深化和技术的进步，社区志愿服务的模式日益多样化，比如"互联网+医生志愿服务""社会工作+志愿服务""大学生志愿服务+兴趣小组"等。互联网的发展推动了不同志愿服务平台的联系与整合，形成了志愿服务组织、志愿者、志愿服务平台、志愿服务对象四者之间的多样组态，践行了"共享"的社会理念。另外，自从党中央深入推进"两学一做"学习教育以来，"党建先行+党员示范+社区志愿服务"的模式成为新时代社区志愿服务的主流模式。在志愿服务方式多样化层面，"直接"志愿服务向"直接"与"间接"志愿服务并重的转变，比如智能服务方式、自主服务方式等。随着志愿方式多样化，志愿服务也逐渐从行为服务拓展到技术、信息、资源等多方位服务。行为服务就是志愿者向社区居民提供援助、送上爱心；信息服务是指志愿者为受助者提供和整理所需的各类信息，包括开阔视野、网络授课、提供专业咨询等；资源服务是指志愿者将资源提供给受助者等。

（二）社区志愿服务专业化

改革开放40多年以来，社区居民对精细化的公共服务需求日益增长，专业化是未来社区志愿服务发展的主要趋势。随着我国大学教育进入普及化阶段，越来越多的人接受了大学的专业化教育，各类人才的专业化程度越来越高。这些专业人才成为志愿者，让志愿服务在科技、教育、文化、卫生、法律、信息、管理、市场等方面的专业能力也越来越高，这是我国教育发展的趋势，更是我国社区志愿服务的发展趋势。同时，社会对专业化志愿服务的需求量也越来越大，志愿者专业化培训也越来越多。进一步说，社区志愿服务专业化甚至可以带来社区志愿服务专业化。志愿服务组织也能为志愿者提供未来职业和经济发展的机会，即：社会人员在各种向社会和个人提供服务的志愿服务组织找到工作。

（三）社区志愿服务品牌化

社区志愿服务经过多年发展，一些群众满意度高、开展时间长久的志愿服务项目已经成为小区文化和社区生活的一部分。社区志愿服务的品牌培育，有助于扩大社区志愿服务的影响力，以引起人们对该志愿服务活动的关注。比如：北京市"回天有我"社区志愿服务活动，"微笑北京"志愿服务活动，"为老科学家、老教育家、老干部献爱心"等青年志愿服务活动,在开展过程中有自身的LOGO和影像资料,也有自身的文学作品和歌曲。随着志愿服务常态化发展,"邻里守望志愿服务"将为人民服务的宗旨、中华文明助人为乐的传统美德与志愿服务理念结合起来,成为中国社区志愿服务的品牌,在国际上充分展示了中国青年志愿者直面基层、扎根社区和服务人民的奉献精神,增强了志愿者对志愿服务的认同感,提升了社区志愿服务的社会美誉度。随着志愿服务活动越来越多,社区志愿服务活动难免会出现竞争发展。志愿服务品牌化是吸引志愿者加入志愿队伍和吸引投资的优势。

(四)社区志愿服务精准化

在当代,社区志愿服务需求群体的差异性愈发显著,我国社区群众对志愿服务多样化也会伴生着精准化。社区居民公民素养的提升和后现代意识潮流的引领,社区志愿服务需求群体日益"小众化",社区志愿服务的项目类型日趋"精准化"。社区志愿服务精准化,是指同一类型的社区志愿服务,如果服务对象需求不同,其做法就有很大不同。比如:向社区孤寡老人送爱心志愿服务,如果老人生活困难,就多给予老人物资和金钱;如果老人不缺钱,只是子女或亲人不在身边而缺乏感情寄托,志愿者就多走访聊天,陪伴老人做饭用餐,老人就会很满意;如果老人是退休后,不甘心养老赋闲的生活,志愿者就多为他们提供一些公益服务的信息,引导他们参与社会事业,老人会对志愿服务更加满意。随着社会的发展,社会分工越来越细,志愿服务需求也已经细化到社区公共生活的各个方面。因此，社区志愿服务项目针对个人进行志愿服务成为未来的发展趋势。志愿服务精准化也会成为社区志愿服务发展趋势之一。

（五）社区志愿服务特色化

社区志愿服务的多样化、精准化发展趋势，倒逼着志愿服务组织在社区志愿服务供给竞争中形成自身的优势，明确自身的定位，站稳一片根基，在新时代的发展中将形成自身的特色。特别是我国社区越来越体现出多民族聚居的特点，加之我国文明城市创建、卫生城市创建等城市文化品牌的营造，社区志愿服务在城市形象和特色打造的过程中也形成自身的特色。比如：在2017年"魅力中国城"大型城市文化旅游品牌竞演中，贵州省黔东南州雷山县西江千户苗寨景区，社区居民自发组织成立了芦笙表演服务队和锦鸡舞蹈表演服务队，在旅游旺季和苗族重要节日庆典主动到各大景区免费为外来游客表演，烘托了西江千户苗寨景区的民族文化艺术氛围，提升了"大美黔东南"的旅游城市形象。社区志愿服务特色化是我国社区志愿服务的趋势，既可以丰富我国志愿服务的多样性与民族性，也会对强化志愿服务理念与筑牢中华民族共同体意识融合起着不可磨灭的作用。

（六）社区志愿服务法治化

自《广东省青年志愿服务条例》实施（1999年9月20日）以来，我国志愿服务法治化道路就从未停歇。目前，我国社区志愿服务法治化建设仍面临诸多问题：第一，解决志愿者合法权益的保障问题。第二，解决志愿服务组织管理法律关系混乱的问题。第三，解决因志愿者故意或过失而造成损失的赔偿问题。第四，解决志愿服务资金的筹集和使用中存在的法律保障和监管问题。[①]具体而言，志愿者会面临一些现实问题。比如：当下社区志愿服务组织对普通志愿者的招募和聘用基本不签订合同。又如：志愿者通常不被归类为雇员或工人，他们无权享受国家最低工资，导致他们享受到的物质收益由市场决定，而不受法律保障。社区志愿服务法治化，是构建社区志愿服务体系的基石。未来社区志愿服务的开展和运作必然更加依赖法律支持，从而让社区志愿服务更好嵌入基层治理，发挥更为重要的社会作用。

（七）社区志愿服务国际化

随着我国开放水平进一步加深，许多境外人士在我国长期工作、留学和定居。特别在发达城市，境外人士居住的社区志愿服务具有了显著的国际化特征。

在北京，望京街道从2007年开始邀请一些韩国志愿者作为社区顾问参与社区管理，其主要职责包括定期到社区居委会、物业管理处和社区警务室进行现场办公，参与社区管理；向外籍业主宣传中国的法律法规，为社区居民提供多种语言的免费法律咨询、调解服务等。社区志愿服务国际化也使得志愿者能吸收和借鉴海外先进志愿服务的经验和模式，将志愿服务精神与公共治理

---

① 任朋辉.论志愿服务法制化[J].教育教学论坛，2013，102(21)：273-274.

取向融合起来,推动我国社区和谐发展。深圳不仅是全国第一座建设"志愿者之城"的城市,也是第一座成立国际志愿者学院的城市。深圳社区志愿服务的国际化也反作用于广东省,乃至整个珠三角地区的服务贸易的国际化。

党的十八大以来,我国高度重视加强民间团体的对外交流,夯实国家关系发展社会基础,志愿服务对外交流已经成为新时期民间外交的重要领域,有利于让世界增进对中国的了解,树立中国人的友善形象,提高国家软实力。[1]因此,社区志愿服务国际化不仅包括国内的国外志愿者参与社区志愿服务,也包括我国社区志愿服务组织或志愿者直接或间接参与国际志愿服务。

(八)社区志愿服务网络化

随着网络技术的普及和发展,志愿服务组织可借助需求发布与响应平台,充分了解社区居民对公共服务的动态需求,实现志愿服务项目与社区居民需求之间的精细化对接。比如:志愿服务组织可以利用网络调查工具,科学有效地收集公众对社区公共服务的需求。志愿服务组织还可以利用网络空间弘扬志愿服务精神,宣传社区志愿服务先进事迹,发布社区志愿服务公告和宣传资料,讨论社区志愿服务项目,呼吁和动员志愿者参与社区志愿服务,增强社区志愿服务的民主性和人民性。比如:志愿服务组

---

[1] 陈光.首都志愿服务应主动走出去[N].北京日报,2016-02-03(003).

织可以通过"志愿北京"网站的"对接服务""在线培训""沟通交流"等版块拓展自身在社区志愿服务的影响力。此外,在北京、上海、杭州、广州等地,志愿服务组织通过微信公众号、微博公众号等媒介推送,在报刊、论坛开辟志愿服务专栏,播放公共交通广播,开发社区志愿服务APP等方式,传播志愿服务理念,宣传志愿服务活动,发布志愿服务项目,招募志愿者,等等。社区志愿服务网络化是发展趋势,为社区志愿服务事业的发展畅通了社会资源汲取通道,也为志愿服务组织更好服务大众提供了新的方式。

(九)社区志愿服务共治化

社区志愿服务的发展进步离不开政府、社会和志愿服务组织协同耦合,形成合力,共同治理。任何一个机制出现问题,都会导致社区治理"失灵"和志愿服务"失灵"。传统上,我国更加注重政府与志愿服务组织合作。目前,我国逐渐加强三方合作。"十三五"规划提出,要加强和创新社会治理,建立共建、共享的社会治理格局。《中共中央关于制定国民经济和社会发展第十四个五年规划和二〇三五年远景目标的建议》提出,要建设人人有责、人人尽责、人人享有的社会治理共同体。社区志愿服务机制的合力化需要从"顶层设计"的视角来构建完善三类机制:第一,社区志愿服务组织与公共部门的合作机制。第二,社区志愿服务组织的内生治理机制。第三,志愿服务组织与社区居民的社会协作机制。社区志愿服务机制的合力化是我国创新社会治理的新探索，必将成为发展趋势。

（十）社区志愿服务智慧化

社区志愿服务智慧化是新时代科技发展与社会治理融合的结晶，符合社会先进生产力的发展要求，符合新时代社区志愿服务的发展规律，是社区志愿服务未来发展的新方向。得益于我国5G通信技术的突破，人工智能和机器深度学习的研究成果的产业化应用，VR虚拟现实技术的成功，大数据产业的发展，电子商务和电子政务的普及和相关规则的完善，"万物与人互联"已成为现实。但我国的社区志愿服务智慧化还处于起步阶段。不过，社区志愿服务有了一个美好的蓝图。比如：基于大数据的信息的匹配和处理，人工智能可以精准判断某一时期的个人志愿服务需求，从而向受助者推送相应的志愿服务组织和机构信息。同样，人工智能可以将这个人的需求信息推送给相应的志愿服务组织和机构，有效克服信息不对称带来的"志愿失灵"，实现精细化社区志愿服务的高效对接。

在实际应用中，社区志愿服务智慧化得到有效应用。2020年，新型冠状病毒疫情防控期间，智慧化技术降低了对志愿者专业化的刚性需求，为社区疫情防控提供了更高质量的志愿服务。比如："健康码"的出现减轻了医护志愿者的劳动强度，大数据信息匹配节省了大量交通服务和公安服务志愿者的精力，无人配送机器人给小区居民送快递降低了快递员和社区志愿者的感染风险。

三、促进社区志愿服务创新与能力提升的对策建议

(一) 构建"一核五层"体系

我国社区志愿服务体系创新来源于中国社会管理进步发展的现实需求，我国社区志愿服务体系创新是理论与实践的有机结合，是继承与改革的有机结合，是自上而下的顶层设计与自下而上的路径突破的有机结合。社区志愿服务创新只有嵌入或根生于社区志愿服务体系的内生结构，创新相对于系统而言才能起到正面的促进作用。结合我国志愿服务发展的阶段和现实，社区志愿服务体系创新应在"一核五层"的框架里内嵌集成。这样的创新对于社区志愿服务体系而言，是"进化"，而不是"突变"或"异变"。

在"一核五层"社区志愿服务体系中，"一核"即社区志愿服务核心价值体系，"五层"即社会精神文明引导层面、社区志愿服务受助者层面、社区志愿服务支撑保障层面、社区志愿服务组织层面、社区志愿服务时代背景层面（见下页图10-1）。

1. 社区志愿服务核心价值体系

社区志愿服务核心价值体系包括志愿服务使命、志愿服务愿景和志愿服务核心价值观。志愿服务使命是指推动志愿服务社会事业健康长远发展。志愿服务愿景是指建成中国特色的社会志愿

服务体系，促进社会发展与社会管理创新。志愿服务核心价值观包含志愿服务理念、志愿服务精神和志愿服务情怀。其中，志愿服务理念是以人为本，志愿服务精神是奉献、友爱、互助、进步，志愿服务情怀是为人民服务、友爱奉献、公平正义、助人自助和乐人乐己。志愿服务核心价值体系内涵的构建和完善，为志愿服务创新提供了正确的理论、思想和导向。

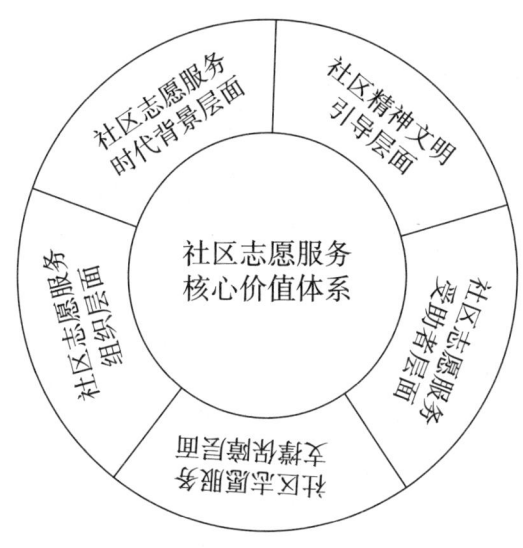

图10-1　社区志愿服务体系

2. 社区志愿服务体系的五个层面

（1）社会精神文明引导层面

社区志愿服务的目的是凝聚社会的最大共识，改善民生，营造良好的社会风尚，提升社会福祉，满足人民对美好幸福生活的需要。

（2）社区志愿服务受助者层面

社区志愿服务受助者层面要从社区志愿服务受助者的"需求"和"供给"两个方面均衡改进和创新社区志愿服务。一切从人民群众的实际需要出发，尊重人民群众的主体性地位，相信"人民群众是历史最好的发言者"，是推动社区志愿服务朝高水平、高质量发展的驱动力量。

（3）社区志愿服务支撑保障层面

社区志愿服务的资金支持、法律支持、政策支持和制度保障是促进社区志愿服务事业可持续健康发展，实现社区志愿服务创新的必要条件。社区志愿服务的支持保障层面为社区志愿服务发展创造了宏观环境，也指明了发展方向。

（4）社区志愿服务组织层面

社区志愿服务队伍在团队建设、思想建设、人才培训、项目实施、管理运营等志愿服务业务的优化改进，有助于在动态学习中不断实现创新扩散，实现从量变到质变，促进社区志愿服务水平的提升。

（5）社区志愿服务时代背景层面

我国的社区志愿服务体制注重发挥党的主导作用，突出社区志愿服务在实现"中国梦"和"两个一百年"奋斗目标中应有的作用，强调中国特色社会主义理论体系对我国志愿服务事业的指引作用，强调社区志愿服务创新是实现中华民族伟大复兴战略的一环。我国社区志愿服务创新根植于我国当前新发展格局、"五位一体"建设、"四个全面"战略布局、国家治理能力和治理体系现代化、"制度优势"转化为"制度效能"的时代要求和时代背景。

"一核五层"社区志愿服务体系中每个层面都有其特定的目标、指标和价值导向,"五个层面"紧紧围绕社区志愿服务核心价值观,并非完全割裂,而是相互联系,互通有无。社区志愿服务体系在形态上表现为多条网络状的因果关系链条,这些因果链条使社区志愿服务体系形成一个共同体。在这一体系中,社区志愿服务的改进和创新,会在志愿服务核心价值体系的黏合下,在社区志愿服务体系中受到系统、集成、嵌入式的内生检验。构建"一核五层"志愿服务体系有助于推动社区志愿服务组织专注于目标实现,解决志愿服务组织内部的横向不协调、纵向不一致的问题,促进志愿服务组织不断发展变化,推动志愿服务长久发展。

(二)遵循"二维四端"路径

我国经济社会发展长期存在城乡差异、东西差距和南北差异,各地区的社区志愿服务水平与其供需要求也存在差异。社区志愿服务能力的提升应结合当地的经济、政治和社会发展的实际情况,逐渐补齐志愿服务的短板,实现社区志愿服务能力提升的"最优解"。

笔者结合我国志愿服务发展的历程,提出社区志愿服务能力提升的"二维四端"路径构想(见表10-1)。

表 10-1 "二维四端"路径构想

二维	四端	创始发展阶段	多样化发展阶段	规范成型阶段	现代多元阶段
政府支持	制度	资金支持	资金支持 政策支持	资金支持 政策支持 制度保障	资金支持 政策支持 制度保障 法律支持
	组织	团队建设	团队建设 思想建设	团队建设 思想建设 项目建设	团队建设 思想建设 项目建设 运营管理
市场运作	需求	多样化	多样化 专业化	多样化 专业化 个性化	多样化 专业化 个性化 常态化 网络化
	供给	多样化	多样化 专业化	多样化 专业化 特色化	多样化 专业化 特色化 科学化 智慧化 国际化 品牌化

"二维"构想的现实依据在于改革开放以来，我国经济快速发展，我国经济体制由计划经济向市场经济转变，政府和市场对社区志愿服务的影响呈现动态结构变化。在社区志愿服务能力提升路径构建中，政府应该更多采取参与、合作、协作等方式拓展社区志愿服务的网络结构，逐渐从志愿服务的主导者、参与者向志愿服务的顶层设计者、引导者和监督者转变。市场运行是社会

对社区志愿服务发展提出的新要求，以及社区志愿服务组织在市场机制下的自主发展，社区志愿服务能力提升的路径是有效率的"市场化运作，企业化管理"道路。

"四端"是指社区志愿服务的制度端、组织端、需求端和供给端。制度端是指社区志愿服务发展的支持体系。组织端是指志愿服务组织的建设。需求端是指社会对于社区志愿服务的需求。供给端是指社区志愿服务组织或团队供给的志愿服务。其中，制度端和组织端内嵌于志愿服务政府支持维之中，需求端和供给端内生于志愿服务市场运行维之中。随着社区志愿服务水平不断提升，"四端"的内涵和要素也在不断丰富和发展。

"二维四端"存在于我国社区志愿服务发展历史。我国社区志愿服务发展历史可分为创始发展阶段、多样化发展阶段、规范成型阶段和现代多元阶段。同时，"二维四端"在社区志愿服务发展的不同阶段均有相应的表现。

在创始发展阶段，政府对社区志愿服务最有效的支持是资金支持和团队建设，满足社会对志愿服务多元化的需求。团队建设具体表现为：政府招募志愿者并指导志愿服务组织的成立，资金支持变现为政府用财政拨款、购买志愿服务、鼓励社会捐赠志愿服务、政府成立、注资志愿服务基金等方式支持社区志愿服务的发展。

在多样化发展阶段，政府对社区志愿服务的支持不再局限于资金支持和团队建设，而是增加了政策保障和思想建设。在这一阶段，为了使社区志愿服务广泛引导社会力量参与，政府需要培养一批理论功底扎实、热爱志愿服务事业的理论工作者总结、分析中国志愿服务的发展规律，用社区志愿服务的理论指导实践。在政策上，各级政府将社区志愿服务纳入发展规划，出台相关政策文件，为社区志愿服务的开展提供便利，让社区志愿服务成为社会善治的重要参与力量。随着社区志愿服务领域扩展，社区志愿服务在多样化前提下，出现了专业化趋势：一是志愿服务组织专业化，二是服务对象专门化。

在规范成型阶段，政府除了对社区志愿服务进行资金支持、政策保障、团队保障和思想建设外，地方各级政府部门开始对社区志愿服务进行精细化、规范化管理，使社区志愿服务项目运作满足社会对志愿服务日趋个性化的需求。同时，各级政府不断完善社区志愿服务的各项制度，制定社区志愿服务组织和活动的相关标准，推动社区志愿服务组织逐渐走向合法、正规、自主和独立的发展之路。同时，社区志愿服务的精细化需求深入社会生活各个方面，订单式志愿服务项目与个性化志愿服务得到普及。因此，在这一阶段，志愿服务组织和志愿者的服务方式也是"个人善举—群体生活习惯—全民社会普遍自觉"的过程。

现代多元阶段主要指东部地区的社区志愿服务发展阶段。从政府支持来看，这些地区的社区志愿服务立法工作不断加强。东部发达地区社区志愿服务的丰富实践经验和改革成果，有力推动了从中央到地方层面对社区志愿服务的科学立法，促进了我国的社区志愿服务法律体系日趋完备。在社区志愿服务组织的管理上，这些地区的社区志愿服务组织管理逐渐专业化和规范化。比如：在社区志愿服务的动员、招募、管理、保障、激励、监督、评估构建了科学体系。从市场运行维来看，随着社区志愿服务社会认可度的提升，以及新闻媒介的发展，社区志愿服务组织更加注重计划性和时效性，社区志愿服务的需求朝着常态化和网络化发展。同时，随着中国与世界联系日益密切，社区志愿服务的国内外交流合作在沿海发达地区日益频繁，社区志愿服务呈现丰富的世界元素和多元融合的特征。在社区志愿服务多样化的发展过程中，优质社区志愿服务扩大志愿服务精神的社会影响，社区志愿服务的品牌化效应开始凸显。加之国家信息化战略的推进和网络通信基础设施的完善，社区志愿服务在"大数据"加持下日益智慧化和科学化。

在市场运作维方面，社区志愿服务的需求变化为：多样化—专业化—个性化—常态化—网络化；社区志愿服务供给变化为：多样化—专业化—特色化—科学化—智慧化—国际化—品牌化。这说明，不论社区志愿服务的需求端还是供给端，其目标越靠前越容易实现，越往后越难实现。从经济社会的发展程度来看，越发达的地区其社区志愿服务的需求越丰富多样，该地区的社区志愿服务供给也就越多元化和精细化。从社区志愿服务的市场维来看，越是市场机制发挥作用的地方，社区志愿服务的供给和需求也就越丰富。在社区志愿服务的政府支持维方面，制度端的演进顺序为：资金支持—政策支持—制度保障—法律支持；组织端的演进顺序为：团队建设—思想建设—项目建设—运营管理。这说明，不论是制度端还是组织端，其目标越靠前越容易达成，越靠后越难以实现。制度端的演进表明，随着我国国家治理能力与治理体系现代化的深入推进，我国社区志愿服务的制度体系逐步完善。组织端的演进表明，随着经济社会的进步发展，各种政策不断完善，社区志愿服务组织更有能力和空间自我壮大、自我完善、自我提升，社区志愿服务组织开始从团队建设向更好提升自身的战略和能力发展。

通过对社区志愿服务发展的历程进行"二维四端"分析，社区志愿服务发展的路径呈现一定的规律性特征。首先，从地区发展来看，社区志愿服务是一个先城市后乡村的过程，是一个先社区后村居的过程；发达地区的社区志愿服务在供给上、需求上、制度上和组织上均领先于不发达地区。其次，从社区志愿服务参与主体来看，志愿者的人员构成经历了由青少年向全市民转化的过程，志愿服务中青少年的志愿者角色也逐渐多样化和专业化。再次，从社区志愿服务规模来看，随着志愿者的专业化和多样化发展，志愿服务组织小型化是志愿服务的未来发展趋势，也是志愿服务受助方和供给方有效控制志愿服务成本的有效形式。最后，从社区志愿服务的业务水平和能力来看，随着志愿者专业技能提升科学技术进步，志愿者权益保障机制和激励机制不断完善，越来越多的精细化社区志愿服务得到普及。

（三）优化创新与能力提升机制

社区志愿服务能力提升的路径优化不仅要吸收西方发达国家志愿服务发展的有效做法和成功经验，更应该结合我国国情，将"制度优势"转化为"制度效能"，畅通社区志愿服务能力提升的路径和渠道。结合志愿服务开展的全业务流程，我国社区志愿服务能力提升的路径优化可以从动员机制、招募机制、管理机制、保障机制、激励和监督评估机制这六个方面来探讨。

1. 社区志愿服务动员的路径优化

长期以来，我国社区志愿服务动员主要采取的是政府主导的组织化动员与社会响应式参与相结合的办法。这种社区志愿服务动员机制在社区志愿服务发展初期，尤其在社区志愿服务精神培育和理念弘扬传播方面起到了积极的促进作用。但长时期采用这种做法，以政府为主导的社区志愿服务动员机制就会僵化和形式化，在一定程度上制约社区志愿服务组织管理者和志愿者能动性的发挥，甚至造成某些社区志愿服务组织完全依赖政府部门拨款才能生存下去。从社会治理的角度来看，社区志愿服务是人民群众自我供给公共服务的重要形式，社区志愿服务的社会化运作是未来的发展方向。因此，社区志愿服务动员的路径优化首先要尊重人民群众在社区志愿服务中的主体地位，充分发挥人民群众在社区志愿服务活动中的创造力与自组织能力。我国社区志愿服务动员是一种公益性和公共性的组织行为，社区志愿服务动员需要避免"集体行动的逻辑"带来的"搭便车"现象，有效处理好集体行动效率低下的问题。从我国社区志愿服务动员的实践来看，可以从以下三个方面来实现社区志愿服务动员的路径优化。

（1）优化调整志愿服务组织准入机制和管理机制，畅通社会力量参与社区志愿服务的渠道

1998年，我国发布了《社会团体登记管理条例》和《民办

非企业单位登记管理暂行条例》,确立了我国社区志愿服务组织的申请标准和管理模式,保证了我国社区志愿服务的稳定有序开展,但也导致社区志愿服务组织准入门槛过高的问题。比如:《社会团体登记管理条例》规定,成立社会团体应当有50名以上个人会员或者30名以上单位会员;有合法的资产和经费来源,全国性社会团体有10万元以上活动资金,地方性社会团体和跨行政区域的社会团体有3万元以上活动资金,等等。基层志愿服务组织往往不具备这些条件。尽管在社区志愿服务的现实中,基层志愿服务组织更有灵活性,可以更好发动潜在的志愿者人群,弥补政府部门无法触及的公共服务死角。但过高的准入门槛导致大多数基层志愿队伍无法以制度化、正规化和组织化的渠道参与社区志愿服务。因此,有必要优化调整志愿服务组织的准入机制,充分发挥基层社会组织在精准化、小型化志愿服务动员的优势,弥补现有社区志愿服务组织机制的不足之处。

长期以来,我国社区志愿服务组织处于登记管理机关和业务主管机关的双重管辖下。这种体制抑制了志愿服务组织活动开展的自主性和积极性,不利于志愿服务的开展。因此,探索符合中国国情的社团组织管理体制,优化社区志愿服务组织管理机制,才能发动更多社会力量参与社区志愿服务。

(2)构建和完善个人融入社区志愿服务的平台

关于鼓励和发动公民个人融入志愿服务平台的做法,可以通过技术和激励这两种方式来解决。第一,积极开发社区志愿服务信息应用平台。通过各类信息平台嵌入智能手机APP、微信小程序等方式，方便志愿者注册和使用，确保他们参与社区志愿服务活动时没有平台障碍。第二，设计有效可行的志愿服务参与激励机制。目前，我国社区志愿服务的参与激励主要是精神激励。这种激励方式不能最大限度地促使公民积极注册成为志愿者并参与社区志愿服务活动。我们可以结合不同志愿者角色的需要设计多种激励方式，让更多个人志愿者参与到志愿服务活动中来。

（3）全民弘扬志愿精神，将志愿服务嵌入学校教育

全民弘扬志愿精神，将志愿服务嵌入学校教育，具体来说可以从三个方面着手：第一，在家庭教育过程中，积极培育志愿服务精神。让潜在的志愿者和服务者更早认识到志愿服务精神是生活的一部分，青少年可通过与社区志愿服务活动的互动交流正确认识社区志愿服务，构建家庭教育与社区志愿服务良好互动。第二，将社区志愿服务的精神和技能培训嵌入学校教育。学校对青少年的教育具有科学性和系统性。因此，将社区志愿服务融入学校教育是社区志愿服务动员路径优化的最佳渠道。在课堂上，学校可以开展社区志愿服务讲座，培育青少年的志愿服务精神，激发青少年参与志愿服务的兴趣和成就感。在假期社会实践中，可以让学生参与社区志愿服务培训和实践，提升他们服务社区的劳动技能。在高等教育阶段，鼓励学生开展社区志愿服务研究，引导学生组织社区志愿服务活动。第三，鼓励社区志愿服务组织积极投入社会教育。志愿者年龄不论大小，都能为社区志愿服务贡献力量。因此，要鼓励和引导群众加入社会教育，让群众在社会教育中接受系统社区志愿服务培训，让社会教育承担起培育志愿

服务精神的责任。

2.社区志愿服务招募的路径优化

社区志愿服务组织科学招募志愿者，可以实现志愿者服务价值最大化。从我国社区志愿服务发展的实践来看，招募流程是志愿者招募准备到志愿者招募实施，再到志愿者录用。从志愿者招募准备环节来看，首先是充分研究和把握志愿者的需求，吸引潜在的志愿者群体；其次是根据社区志愿服务活动和项目的具体要求，明确招募岗位的具体职责和工作要求，在遵循社区志愿服务事业发展规律的前提下，科学设计志愿者的岗位；最后是统筹社区志愿服务的实际需求，做好社区志愿服务项目规划。从志愿者招募实施环节来看，首先是把握"广泛原则"，尽可能在允许范围内鼓励报名者成为候选人，然后根据候选人的具体信息和实际情况挑选最适合的志愿者；其次是把握"弹性原则"，在志愿者招募过程中，针对一般岗位和特殊岗位采取更为灵活的弹性做法，让更能胜任的志愿者去关键岗位；最后是把握"自愿原则"，将志愿服务组织安排和志愿者自我选择岗位结合起来，把实现志愿服务的目标和实现志愿者目标结合起来。从志愿者录用环节来看，首先是公示拟录用人员，接受社会对志愿者录用的监督；其次是审查志愿者信息和招募过程的遵纪守法情况；最后是结合实际情况签订录用合同，保障志愿者的合法权益。

以上流程存在的短板可以从两个方面来补齐。一方面，志愿者需求调查亟待加强。在志愿者招募之前，要明晰社区志愿服务的要求和目标，了解志愿服务对象的深层次需求，从而核定招募志愿者的数量和规模,以及对志愿者的要求。另一方面,充分利用专业化的人力资源机构。当前,我国社区志愿者招募方法专业化程度不高,社区志愿服务人力资源开发不足。究其原因,既有精通志愿服务和人力资源管理的专业人才匮乏的问题,也有合法健全的志愿者招募专业机构缺少的问题。专业化人力资源机构能够对志愿服务要求、志愿者任职配备等进行更专业的分析,从而提高招募工作的完成质量。因此,充分利用专业化人力资源机构,是社区志愿服务招募能力提升的有效路径。

3.社区志愿服务管理的路径优化

社区志愿服务管理的路径优化是指在确保政府有关部门对社区志愿服务组织有效监督的前提下,强化社区志愿服务组织的自主性和独立性,减少对社区志愿服务组织的行政控制,加强社区志愿服务组织结构的灵活性和弹性,提升社区志愿服务管理效率,节约志愿服务成本。社区志愿服务管理的路径优化可从两个方面着手。

(1)优化志愿服务组织管理结构

优化志愿服务组织管理结构是提升志愿服务管理能力的有效举措。现有社区志愿服务组织管理结构主要根据组织规模和职能情况确定组织管理结构的层级和扁平化程度。比如:基层社区志愿服务组织人数较少,管理者能力有限,主要适用于直线型管理结构。随着社区志愿服务组织的发展,社区志愿服务组织的职能不仅在于参加活动,还在于宣传志愿服务活动,监督志愿服务活动,使社区志愿服务组织适用于职能型组织管理结构。在社区志愿服务组织中，会出现一个组织服务多个社区的情况，这时可以以某个社区为基地，将相关活动的策划、宣传和监督合成一个相对独立的结构，使其适用直线职能制。各社区的志愿服务组织要相互配合，才能完成志愿服务活动，这时宜采用矩阵型组织管理结构。以上组织管理结构是一种"二维"结构，信息的传递基于层级之间逐级传递。随着现代信息技术和专业化发展，特别是通信技术的发展，组织管理结构可以加入信息管理维度，使得组织管理结构呈现出"三维"立体结构，即层级制、扁平化和信息化。这时的信息传递突破了层级逐级传递，同一条信息可以在组织同一时间进行传递。通过信息技术消解层级组织之间、扁平结构之间的信息壁垒，不仅可以提高服务管理效率，节约志愿服务成本，还有利于组织内部的信息沟通，强化志愿服务组织开展志愿服务的灵活性，让整个志愿服务组织呈现有弹性、有活力的状态。

（2）强化志愿者管理责任

目前，社区志愿服务管理倾向于管理活动的组织层面，对参与志愿服务活动的人员偏重于他们的自我管理和自我约束，很少约束他们参加志愿服务的责任，导致社区志愿服务活动往往倚重于有责任的某些热心志愿者。因此，社区志愿服务要强化志愿者责任，促进社区志愿服务管理整体发展。比如：志愿者提供真实信息的责任，帮助其他志愿者的责任，维护社区良好形象的责任，遵守规定的责任，维护志愿者形象的责任，等等。志愿者应对自己乱作为或不作为承担道德责任，甚至法律责任，志愿服务组织可以对不作为,甚至乱作为的志愿者予以内部处罚,有违法行为的承担相应的法律责任。以上责任都需要明确规定,志愿服务组织通过管理规范和提高志愿者责任,而不是仅依靠志愿者自己的责任感。

(3)加强志愿服务组织管理的社会性和行政责任

在早期开展的社区志愿服务活动中,我国社区志愿服务是政府主导的准公共行为,社区志愿服务组织被"授予"一定的准行政权力。但社区志愿服务行为明显是社会属性,与社区志愿服务行为实质上的行政属性冲突,导致我国社区志愿服务组织的责任与权力关系不匹配,也不对等。优化社区志愿服务管理路径要加强社区志愿服务组织管理的社会属性和行政责任。一方面,社区志愿服务组织在开展志愿服务时,要明确自身的职责,不能滥用公共部门的"授权",做"非志愿"的事。社区志愿服务组织不能做改变志愿服务基本运行机制的事,不能做违反志愿服务价值理念的事,坚持志愿服务的"社会性"。另一方面,我国社区志愿服务事业发展的"官方"出身,过去浓厚的"重权力轻责任"行政文化弥漫在社区志愿服务组织中,社区志愿服务组织出现了重政绩不重责任的组织特征。因此,强化社区志愿服务组织的责任意识建设,对调动志愿者积极性、提升志愿服务组织管理效率有着重要作用。

4. 社区志愿服务保障的路径优化

结合我国志愿服务保障的实际情况,可从法律保障和资金保障两个方面来实现社区志愿服务保障的路径优化。

（1）法律保障

当前，我国关于志愿服务保障的专项政策性法规主要有《中国红十字志愿服务管理办法》《中国社区志愿者注册管理办法》《中国志愿服务基金会章程》等，但它们不足以构造和完善我国志愿服务领域的根本规则。它们仅仅将志愿服务作为社会治理的补充或发动社会力量参与的工具，对志愿服务的保障本身没有详细规定，更没有对社区志愿服务的保障进行规定。特别是志愿服务法律保障存在真空地带。比如：志愿者有可能导致无意侵权或者重大过失，即基于善意却导致了不良后果。比如：在照顾老人的过程中，志愿者不知老人患有糖尿病，熬煮了含糖量高的食物给老人食用，导致老人病情加重。这种情况，《民法典》和《侵权责任法》都没有相关规定。因此，社区志愿服务组织要加强这方面管理的规定，给予志愿者一定的侵权责任豁免和帮助。这有助于确保有足够数量的志愿者在紧急情况下依然热爱社区志愿服务活动。

（2）资金保障

《志愿服务条例》第三十七规定，志愿服务组织和志愿者向志愿服务对象收取或者变相收取报酬的，由民政部门予以警告，责令退还收取的报酬；情节严重的，对有关组织或者个人并处所收取报酬一倍以上五倍以下的罚款。社区志愿服务组织是无法通过服务对象拓展资金来源的，只能依靠政府、社会或者志愿服务组织内部的资金来源保障社区志愿服务组织的发展。一方面，社区志愿服务活动的开展需要一定的硬件设施来配套支持，充足的资金保障可以确保硬件设施的完善，从而帮助社区志愿服务组织和志愿者提供更加优质的社区志愿服务。鉴于此，政府部门要对社区志愿服务组织提供资金支持。另一方面，志愿者在提供志愿服务的过程中，会面临突发事故、传染性疾病等风险。为社区志愿服务提供资金保障的目的在于保障志愿者的权益，有效降低志愿服务的风险，提高社区志愿服务质量和水平。社区志愿服务组织也有责任和义务对志愿者提供资金补助和购买保险服务，以免除志愿者的后顾之忧。社区志愿服务的资金保障为社区志愿服务的高质量开展奠定了坚实基础。

5. 社区志愿服务激励的路径优化

我国的社区志愿服务绝大多数是免费的，没有发展出收费的志愿服务。实际上，这与我国志愿者人数不足有关，导致社区志愿服务组织与志愿者相比是处于弱势的一方。也与我国目前社区志愿者服务基本上是志愿服务组织和志愿者直接对接，不需要中介平台。更深次的分析认为，这是与我国对志愿者参与社区志愿服务活动的认识有关。人们认为志愿者之所以成为志愿者，是因为他们无私奉献，这也是我们提倡的做法。但在现实中，能够达到这种认识水平的人大部分是物质生活较为丰富或者没有物质生活压力的人群。这也能解释回天地区大部分志愿者是中老年人。但社区志愿服务活动需要更多青年人。为了激励青年人积极参加志愿服务活动，需要强调参加志愿服务活动不仅可以对外部环境产生影响，也可以对青年人自身有很大的影响，比如扩大交友圈，获得更多的社会认同，获得免费的技能培训。另外，志愿者对功利性的目的追求，不会因为我们不提倡就不存在，这不是实事求是的做法。因此，我们要鼓励人民通过精神上的支持和认可参与社区志愿服务活动，也要从物质上激励他们加入社区志愿服务组织。

从我国志愿服务事业的发展来分析，不能盲目地人为增加志愿服务中介平台，要遵从我国社区志愿服务发展规律，从政府角度优化社区志愿服务的激励路径。

（1）加大政府部门对社区志愿服务的购买力度

政府部门购买志愿服务是一条促进社区志愿服务发展快、执行便捷、操作简单的激励路径。政府部门要将社区某些适合市场化的公共服务委托社区志愿服务组织来提供。这一做法通常通过政府购买社区志愿服务来实现。政府购买志愿服务可以为社区志愿服务组织提供足够的资金，社区志愿服务组织也可以充分利用这些资金并结合自身的需要对志愿者开展多样化和精准化的激励。我国社会经济发展不平衡、不充分，导致政府购买社区志愿服务的资金数额不足，而且政府购买志愿服务处于探索发展阶段，许多方面需要加强和改善。鉴于此，政府应该加大对社区志愿服务的购买力度，鼓励社区志愿服务组织充分发展，设计更为多元化的志愿服务购买项目，合理制定政府购买志愿服务的标准。特别是针对那些具有发展潜力，但目前实力还不是很强的社区志愿服务组织，政府可以专门设计项目，用政府采购激发社区志愿服务组织干事创业的积极性和能动性。

（2）出台优惠政策鼓励企业开展社区志愿服务

随着社会的进步与发展，企业对社区志愿服务组织的资金支持和服务援助的现象日益普遍。为了鼓励企业开展和参与社区志愿服务活动，许多国家规定，企业参与或开展社区志愿服务享有减税的政策优惠。当前，我国对企业参与和开展社区志愿服务活动的政策优惠主要是免除社区志愿服务组织所得税，但在财产税、商品税、消费税等可以减免的税收种类中，还没有优惠政策。此外，各地区出台的志愿服务优惠政策存在较大差异，而且不是以法律形式规定的，导致社区志愿服务的政策优惠可操作性不强。鉴于此，我国需要在国家层面制定和完善统一的社区志愿服务税收优惠政策，地方政府要加大社区志愿服务的政策优惠，切实激励企业参与和开展社区志愿服务活动。

（3）健全社会对社区志愿服务的支持政策

目前，国家和地方对社区志愿服务提供的政策优惠大多数是原则性、倡导性和临时性的，具体长期性的激励办法不多，比如不能与志愿者在实际生活中的学业、就业、生活等挂钩。从社区志愿服务长效发展的角度来看，建立和完善全社会对社区志愿服务激励的政策体系十分必要。举例来说：如果志愿者满足一定数量或者时间的志愿服务，其本人及其家人可以获得公园或景点门票一张、免费领取消费券一张等。通过社会对社区志愿服务的支持政策，让志愿者的志愿服务获得回报，可以激励更多民众参与志愿服务活动。

6. 社区志愿服务监督评估的路径优化

在我国，按照社区志愿服务的举办者不同，社区志愿服务大致可分为政府主导型、企业创办型和民间组织型三种类型。政府主导型社区志愿服务组织的成员大多为公职人员、国企和事业单位工作人员，在党政的直接领导下开展社区志愿服务，其资金保障主要是政府财政直接转移支付或大型基金会资助。这类社区志愿服务组织的监督评估主体和机制与政府部门的监督评估类似，主要以业务考核的办法进行。政府主导型社区志愿服务组织内部的监督部门通常分为理事会和监事会，其志愿服务的监督评估的重点为社区志愿服务组织的项目管理、财务收支、志愿者培训等。企业创办型社区志愿服务组织在当地工商部门注册并以企业形式来开展社区志愿服务。这类社区志愿服务组织与企业有着密切的联系，其监督评估的主体就是企业本身，监督评估的办法也与企业管理类似。政府部门对这类社区志愿服务组织的监督主要是批准和审核营业执照，对这类社区志愿服务组织的违法行为进行行政处罚。民间组织型社区志愿服务组织结构松散，人员较少，资金来源以自筹和接受捐赠为主，其内部的监督评估很难进行。

不论政府内外部监督、企业内外部监督，还是民间组织内外部监督评估，在新时代都有了新特点，社区志愿服务监督评估要结合时代特点优化内外部监督评估机制。

第一，建立健全社会监督评估的渠道。长时间以来，关于志愿服务的监督评估，社会上有一些片面认识，一些人认为志愿服务是个人自愿的无偿行为，其监督评估应由志愿者个人自行评判；还有一些人认为对社区志愿服务进行监督评估是对志愿者不信任的表现，会挫伤志愿者的积极性，不利于发动民众参与社区志愿服务。以上认识使社区志愿服务的监督集中于内部监督评估或者志愿者的自我监督评估，缺乏社区志愿服务的社会外部监督评估。这也印证了目前三种类型的社区志愿服务组织监督方式。在我国志愿服务事业的发展过程中，政府主导型志愿服务组织占据较大比重，这些组织开展的志愿服务具有非竞争性的特征。在相应监督机制缺位的情况下，外部对志愿服务组织和志愿服务的评估容易流于形式，存在"监督软约束"的情况。如果社区志愿服务缺乏社会监督评估，志愿服务精神和规则共识就无法在全社会建立起来，也会给一些人或团体利用社区志愿服务的名号牟取私利的机会。因此，要建立健全社区志愿服务社会监督评估的渠道，并且要结合时代发展特点进行监督评估，比如设立由非志愿者组成的社区志愿服务监督评估组织、设立社区志愿服务监督评估网站、开发监督评估智能程序、社区志愿服务组织内部设立监督岗位等。

第二，加强和普及监督评估的功能。按照《宪法》规定，中华人民共和国公民对任何国家机关和国家工作人员，均有提出批评和建议的权利；对任何国家机关和国家工作人员的违法失职行为，均有向有关国家机关提出申诉、控告或者检举的权利，但是不得捏造或者歪曲事实进行诬告陷害。对政府主导型社区志愿服务组织而言，人民对其有批评建议权、控告检举权和申诉权。在现实中，要保护监督人的隐私权。对另两类社区志愿服务组织，《志愿服务条例》没有规定相关志愿服务的监督评估权益，其监督评估的规范度不高，严格性较低，监督评估动力也不足。特别是民间组织型志愿服务组织生存周期短，发育程度不高，自身没有监督评估的动力。因此，要加强相关法律法规对社区志愿服务的监督规定。在没有明确规定的情况下，需要以宣传和奖励激发志愿服务监督管理的水平和动力，保障相关群众享有监督评估的权益。

  第三，创新社区志愿服务监督评估机制。一是建立全过程全方位的监督评估机制。全过程监督评估是指社区志愿服务监督贯穿志愿服务活动全过程的监督评估。全方位监督评估是指对志愿服务组织、志愿者和对服务对象进行监督评估。二是试点建立数字监督评估报告制度。随着技术的发展，社区志愿服务信息平台很容易收集志愿者和志愿服务组织的数字信息，例如"志愿北京"平台可以收集志愿者的服务时长及其志愿服务活动信息。因此，可以利用这些信息形成每月的志愿服务监督评估报告。前提是对个人数据的收集、使用和披露建立限制，对青少年数据的收集、使用和披露建立更严格的限制，规范监督评估报告的商业行为，并禁止或防止操纵营销行为。三是引入第三方评估机制。对大多数政府主导型的志愿服务组织的监督评估，可以采取引入第三方评估机制的做法。引入第三方评估机制，促使志愿服务组织的服务供给与社会需求保持一致，使监督评估取得实效，这对社区志愿服务监督评估机制的完善具有重要意义。

后 记

社区志愿服务是志愿服务的重要类型与构成，除具有公益性、无偿性、自愿性的志愿服务共性特点外，社区志愿服务还具有群众性、多元性、便捷性、互助性等特点。党的十九大报告指出："加强社区治理体系建设，推动社会治理重心向基层下移，发挥社会组织作用，实现政府治理和社会调节、居民自治良性互动。"作为社区建设的一支重要力量，社区志愿服务组织在社区治理中具有重要而独特作用。社区志愿服务有助于促进社区建设与治理，满足社区服务多样化需求，引领社区公共价值取向，增强社区自治能力。

本书由2019年北京团市委基金项目研究成果转化而来，凝聚了所有课题组成员的心血和智慧，是团体协作的结晶。作为本课题的主持人，笔者负责全书架构及各章节的设计，并对各章节进行统一修改与完善。本书主要撰写者为宋越（绪论），朱启国（第一章）、李瑾凡（第二章）、由振婕（第三章）、乔楚然（第四章、第八章）、杨叶（第五章）、白国杰（第六章）、李昀倩（第七章）、杜男杰（第九章）、胡剩铭、陆黎（第十章）。

  在相关问题研究中，本书引用并参考了大量已有数据与研究成果，在此向所有著者深表谢意。在实际调研中，北京团市委、昌平区政府、昌平团区委、回天地区各社区与相关部门及相关人员给予了我们大力支持，在此献上深深的敬意。由于种种条件限制，以及个人研究能力的局限，本书难免存在疏漏和缺陷，恳请广大读者予以批评指正。

党秀云
2021年于中央民族大学